U0451076

中山大学哲学精品教材

近代西欧哲学探源

徐文俊　著

中国社会科学出版社

图书在版编目（CIP）数据

近代西欧哲学探源/徐文俊著．—北京：中国社会科学出版社，2020.7
（中山大学哲学精品教程）
ISBN 978 - 7 - 5203 - 6755 - 4

Ⅰ.①近… Ⅱ.①徐… Ⅲ.①哲学史—西欧—近代—教材 Ⅳ.①B560.4

中国版本图书馆 CIP 数据核字（2020）第 117737 号

出 版 人	赵剑英
责任编辑	孙　萍
责任校对	季　静
责任印制	王　超

出　　版	中国社会科学出版社
社　　址	北京鼓楼西大街甲 158 号
邮　　编	100720
网　　址	http://www.csspw.cn
发 行 部	010 - 84083685
门 市 部	010 - 84029450
经　　销	新华书店及其他书店
印　　刷	北京君升印刷有限公司
装　　订	廊坊市广阳区广增装订厂
版　　次	2020 年 7 月第 1 版
印　　次	2020 年 7 月第 1 次印刷
开　　本	710×1000　1/16
印　　张	17
字　　数	229 千字
定　　价	99.00 元

凡购买中国社会科学出版社图书，如有质量问题请与本社营销中心联系调换
电话：010 - 84083683
版权所有　侵权必究

《中山大学哲学精品教程》
编委会

主　　编： 张　伟

副 主 编： 沈榆平

编 委 会（按姓氏笔画排序）：

　　　　　　马天俊　方向红　冯达文　朱　刚

　　　　　　陈少明　陈立胜　吴重庆　赵希顺

　　　　　　徐长福　倪梁康　龚　隽　鞠实儿

总　序

中山大学哲学系创办于 1924 年，是中山大学创建之初最早培植的学系之一。1952 年全国高校院系调整撤销建制，1960 年复办至今。先后由黄希声、冯友兰、杨荣国、刘嵘、李锦全、胡景钊、林铭钧、章海山、黎红雷、鞠实儿、张伟教授等担任系主任。

早期的中山大学哲学系名家云集，奠立了极为深厚的学术根基。其中，冯友兰先生的中国哲学研究、吴康先生的西方哲学研究、朱谦之先生的比较哲学研究、李达与何思敬先生的马克思主义哲学研究、陈荣捷先生的朱子学研究、马采先生的美学研究等，均在学界产生了重要影响，也奠定了中山大学哲学系在全国的领先地位。

复系五十多年来，中山大学哲学系同仁勠力同心，继往开来，各项事业蓬勃发展，取得了长足的进步。目前，我系是教育部确定的全国哲学研究与人才培养基地之一，具有一级学科博士学位授予权，拥有"国家重点学科"2 个、"全国高校人文社会科学重点研究基地"2 个。2002 年教育部实行学科评估以来，稳居全国高校前列。2017 年 9 月，中山大学哲学学科成功入选国家"双一流"建设名单，我系迎来了难得的发展良机。

近几年来，在中山大学努力建设世界一流大学的号召和指引下，中山大学哲学学科的人才队伍也不断壮大，而且越来越呈现出年轻化、国际化的特色。哲学系各位同人研精覃思，深造自得，在各自的研究领域均取得了丰硕的成果，不少著述还产生了国际性的影响，中山大学哲学系已逐渐发展成为哲学研究的重镇。

在发展过程中，中山大学哲学系极为重视教学工作，始终遵循"明德亲民"的"大学之道"，注重培养德才兼备、具有家国情怀的优秀人才。诸位同人对待课堂教学，也投入了大量的热情。长期以来，我系在本科教学和研究生教学工作中，重视中西方经典原著的研读以及学术前沿问题的讲授，已逐渐形成特色，学生从中获益良多。为了进一步提高教学质量，我系计划推出这套《中山大学哲学精品教程》，乃从我系同人所撰教材中择优出版。这无论对于学科建设还是人才培育而言，都具有十分重要的意义。

《中山大学哲学精品教程》的编撰和出版，是对我系教学工作的检验和促进，我们真诚地希望得到学界同人的批评指正，使之更加完善。

《中山大学哲学精品教程》的出版，得到中国社会科学出版社的大力支持，在此谨致以诚挚谢意！

中山大学哲学系
二〇一八年元月六日

序

徐文俊教授所著《近代西欧哲学探源》一书，透过文艺复兴运动以来，人们对宗教神学的惯性批判和简单否定所形成的将中世纪及其主导意识宗教仅作负面理解的思想文化现象，深入对宗教文化内部的社会机缘、思想机理、文化机制的分析中，勇敢地直面历史，肯定宗教自身的历史理据，致力于揭示近代西欧哲学所由以发生、发展的历史文化基底——宗教背景，并细致分析了这一文化背景给西欧哲学构成的前规定性，由此进一步揭示了西欧哲学与中世纪宗教这样两项表面上截然对立的事物之间的内蕴的相关性、互融性和延并性，在一种历史的也是十分深远的层面上，展示了哲学与宗教之间的复杂关系，为人们更深刻、更切实地理解宗教和哲学，提供了一种理论范式。仅此一项，其著作的立意用心和思理，就是值得充分肯定的。该书尊重历史，深入思想史的实际，抓住古希腊哲学"物—人—神"这个基本结构，梳理它经过中世纪的神学变迁，再到文艺复兴后的形上学再现，展示了哲学的结构和问题容量由古希腊到近代一以贯之的文脉，并没有在中世纪的神学中断裂；相反，神学作为历史文化，倒是成了一个承上启下即使企图彻底否定神学的西欧近代哲学也无法绕过的中介环节。因而，反宗教的本体论追问、人文理性的张扬，也无法绝然摆脱宗教的历史逻辑及其造成的文化语境。徐著的研究和阐释既不落俗套，也不流于泛论，而从宗教理致与西欧近代哲学互关性的八个方面，如人人平等问题、权利分配问题、社会维系问题、天职问题、人生时空场域问题、生死观问题、人生配置问题、整体价值取向问题，具体分析了哲学与宗教的通约性和圆融性，凸显了西欧近代哲学的文化背景、智慧渊源和思想关联，进而从理智、历史基础、思维模式、人生关注等几个方面揭示了两者的可比较性。而所有这些思想的陈述、阐释与论证，又都是通过西欧近代哲学诸多哲学大家的思想个案分析、逻辑演绎而得到实现的，很好地体现了思想史治学的求真务实、注重理致、关注逻辑的科学风格。

综观全书，作者学识渊阔，视域广大，辨理明晰，思维缜密，论证有力，既体现了宏观的纵横捭阖，又具有细微的条文缕析，堪为一部有相当学术价值和文化意义的哲学著作。

胡　潇

2020 年 6 月

目　录

导　言 …………………………………………………………（1）

第一章　17 世纪哲学与宗教 ………………………………（11）
  第一节　17 世纪西欧哲学的宗教背景 …………………（11）
  第二节　新教伦理与西欧的近代精神 …………………（22）
  第三节　近代哲学的先驱者 ……………………………（34）
  第四节　斯宾诺莎 ………………………………………（43）
  第五节　莱布尼茨 ………………………………………（50）
  第六节　洛克 ……………………………………………（62）
  第七节　17 世纪西欧哲学的基本特征 …………………（84）

第二章　18 世纪哲学及其宗教背景 ………………………（101）
  第一节　18 世纪的英国社会 ……………………………（101）
  第二节　英国哲学传统与遗产 …………………………（106）
  第三节　贝克莱 …………………………………………（110）
  第四节　休谟 ……………………………………………（117）
  第五节　宗教对 18 世纪英国哲学的影响 ………………（124）
  第六节　18 世纪法国哲学的人文和宗教背景 …………（135）
  第七节　法国启蒙思想家与自然神论 …………………（142）

第三章 德国古典哲学的宗教取向……………………………（164）
  第一节 思想导向问题…………………………………………（165）
  第二节 德国古典哲学的出路…………………………………（175）
  第三节 康德……………………………………………………（181）
  第四节 费希特和谢林…………………………………………（207）
  第五节 黑格尔…………………………………………………（222）
  第六节 德国古典哲学的特征…………………………………（231）

结 语……………………………………………………………（238）

主要参考文献…………………………………………………（261）

后 记……………………………………………………………（263）

导　言

文艺复兴以来，欧洲的思想界一直处于矛盾冲突之中。以人为中心的人文主义思想从它酝酿和发出幼稚的呐喊声起，就始终作为宗教及其所信仰的神本主义的竞争者和斗争者而存在，并同时对后者的统治地位构成致命的威胁。从此，人类所从事的各项革命事业和各种改革工程莫不是直接或间接地为了人文主义思想的现实化而进行不懈地社会实践，这些实践最明显的特征即对宗教及其世界的叛逆。随着这种叛逆所导致的社会制度逐个变迁和文化成果及利益收成的不断增加，人们对人文主义思想的兴趣、热情和信心终于不可避免地使神本主义的光环暗淡下去，并且使其在人的记忆中和行动中搁浅，多样性的现实生活鲜活地替代了单一性的抽象生活，从而使人的目光全部关注人类本身。由此，从一定范围来看，自文艺复兴以来的西方社会的发展史就是逐渐远离和摆脱宗教及其世界的发展历史，也是人类逐渐树立自身信心的发展历史。面对这样一种历史，人们很容易产生一系列相应的观点：比如，哲学以理智为基础，宗教以愚昧为本质，宗教和哲学之间存在着一条不可逾越的鸿沟，彼此只存在对立关系；人只有走出宗教世界，彻底割断同宗教的关系，才能自由，才能成为全面发展的人。这些观点中最为本质的表现是：把宗教思想下的人同人类中心主义下的人截然分开，并以黑暗和光明、愚昧与明智加以区分，使二者之间丧失任何可能存在的关联和过渡。

事实上，早期人类世界是神话的乐园，随着人类文明的进步，人自己有了对自身的思考，哲学和宗教先后诞生于人类神话的后花园。在古希腊时期，除了偶有的几次例外（比如阿那克萨戈拉流放，苏格拉底之死），哲学和宗教在后花园里相处得还大体融洽，能够做到你中有我，我中有你。一个支配常人的思想，一个左右智者的头脑，并且在智者的头脑中又常常是合二为一的。但到了中世纪，寻求摆脱苦难的基督教争取民众的手段显然比追求本质世界的哲学高出无数筹，基督教对现实性问题的回避性解决方式更是哲学无法想象的，于是哲学沮丧地成了宗教的附庸、婢女，可怜地担当着仆人、工匠一样的角色。中世纪是漫长的，在这漫长的屈辱之中，哲学形成对传统宗教近乎仇恨的叛逆心理自然是可以理解的。这种心理一直左右着哲学对宗教的态度；与此同时，传统宗教近乎老人一样的专制和压迫又使这种心理长期化、坚韧化，从而使哲学和宗教的冲突赤裸裸，没有任何文明形式加以包裹。

因此，长期以来，传统宗教及其世界成为哲学所愚弄、嘲讽、批判和打击的对象，进而使早期的西欧革命反宗教的色彩大大浓于反封建和资产阶级革命的色彩。这不仅因为宗教本身是一个完整的世界，而且还由于它是封建思想及其结构的根基，人们为了建立自身的世界，当然选准了传统宗教这个最主要和最危险的敌人。

人类的革新不论从哪里开始到哪里结束，其中最根本的变革都是观念的革新，并由此而酝酿出一个崭新的精神世界。也即是说，物质世界的变迁是暂时性的，只有精神世界的变迁才是长久的；物质世界的变迁只能满足一时，而精神世界的变迁却能满足一世或几代人。为此，精神世界的建立往往显示出毁灭性，而物质世界的变迁却常常显示出有效的继承性。这在西方近代的革命中表现得尤为明显。

古希腊哲学思想不能说不伟大，最后却是一个暗淡的结局。为此，人们在对其原因方面的探索之中，可以假设出众多的"如果"，在这些"如果"之中,最重要的是,"如果它有强有力的同盟军,形成一个世界结构,肯定不会这样"。然而它没有,古希腊的哲学思想虽然和原始的科学有密切关系,但科学在现实的作用上,却是女神(The Graces)的形态,产生不了实际的效应。与此同时,宗教信仰和朴素的民众却保持着一种近乎原始的呼吸关系,所以在宗教备受推崇的古希腊时期,哲学也只是孤独的山顶风光,而宗教信仰却是人间烟火。如果这一比喻与现实状态相差无几,那么,人类思想世界过渡到中世纪,也就不足为怪了。文艺复兴后,与哲学关联的科学——自然科学和人文科学一改过去只具有女性形象而不会生育的状态,给人类带来了众多的收益,仅美洲的发现这一项就引发了重大变化。可以这样说,以后人类的探索和发现没有一项是得助于宗教及其世界的,宗教及其对世界原理的指导思想已经不起作用了,这样一来,宗教及其世界倒成了居拉斯女神了。由此而来,人们在它惩善扬恶的过程中,当然会激起对宗教无限的怨恨与不满,于是,哲学和宗教的力量对比终于颠倒了位置。宗教一如既往地压制科学,又给自己树立了另一个强大的敌人——科学,并使科学在寻求指导思想方面彻底倒向了哲学,使哲学和科学互为一体,进而使之信念和手段完备,导致了对宗教自身的联合攻击。这种攻击来自结合完美的组合力量,因此更为惨烈和持久。

在人类历史上,人类所进行的殊死搏斗本来就以彻底消灭一方作为根本方式,加上哲学和宗教之间存在的其他因素,这种殊死搏斗的程度就可想而知了。

鉴于这种情况,人们形成了只看到哲学和宗教的不共融性、斗争性、不可过渡性这一面的看法、信念和观点,并由此而淹没它们之间可能存在的共融关系。然而,既然哲学和宗教共同源自神话,在关注人类大是大非等诸多问题上又具有深层次的同一关系,这种关系并不因为它们曾经或现在处于恩怨之中而改变,犹如两个死敌一样的兄弟不改变他们之间的兄弟关系一样，那些自然的、习惯的、积淀下来的传统关系依然存在。

这些关系，客观地说，被人忽视了，从而导致了人文主义和资本主义空穴来风的错觉，由这种错觉又导致了宗教信仰下的人愚昧无知和人文主义思想下的人绝顶聪明的立论。但实际上，人类的生存本能和由此而来的力量、发展本能和由此而来的技能，以及图腾心理和由此而来的智慧，在每个时代都具有难以置信的相似性。两极分化的观点只适合于理论，不适合于现实，哲学和宗教下的分化是如此。

任何新事物都是在旧事物的母体中孕育和发展的，任何母体也都包含矛盾，矛盾双方在力量上此消彼长，从而促成事物的发展，最终导致事物发生质的变化。人文主义和资本主义相对于神本主义和封建主义而言，无疑是新生事物，但它们在旧的母体中孕育，与以神本主义和封建主义为主的母体存在着休戚相关的关系。关于这一问题的解答，从马克斯·韦伯和对时下的伦理争论中可以轻易地找到，但在哲学和宗教战斗尤酣之时，上述观点却很难被人接受。任何较为客观公正的看法都不可能在当事之时诞生，只有经过时间洗礼和空间隔音，在人类淡漠了当时的利害关系以后才可能露出端倪。哲学和宗教的关系大抵如此。

我们知道，再专制的社会虽然可以消失人身、钳制思想，但也不能消灭思想，也即是说，无论环境多么恶劣，思想总有一定范围内的自由度。思想和物质不同，思想往往能屈能伸，而物质稍有改变则可能变质，思想比物质更具有弹性。在中世纪，思想的压力比任何别的时候都大，但仍不失为思想。这种思想虽然残缺，但如全能的上帝一样，也是一种全面的东西，起码人类必须面对当时世界图景的繁荣昌盛的事实。所以，除却那些主导思想之外，还具有非主导的思想，这些思想以思想碎片的形式而存在，它们先是主导思想的附庸，后来逐渐变成不和谐的声音，变成异己的力量，形成了否定的方面。由此，可以得出这么一个结论：哲学的生存之根扎植于宗教之中。

古希腊哲学的基本结构是物质—人—神，不论它们对神做何种处理，但总是一个终极概念，具有至上性；人是一种中间物，合于自然的思维逻辑，不可能加以重视；而物质则显然是低下的。这样一来，人这中间物只能趋从神，而不可能趋从低下的物质。中世纪神学的结论也是如此，在诸如自然观、社会观、价值观等问题上，它同古希腊哲学有着惊人的相似之处，它们的差异基于它们所引发的后果迥异而夸大了。文艺复兴以后的哲学，在很长一段时间内，其结构也同样如此，所以被后人称作"形而上学"。英国经验论以后，哲学的结构有所变化，但如果从其论及的内容来看，就存在"敬鬼神而远之"的嫌疑，并且神界已经明了，唯有人界含糊朦胧，因此，承认明了而从事含糊也就是一种当然的选择。所以，结论很简单，即哲学的结构和容量基本由宗教所造成。

本体论证明所蕴含的逻辑往往只对信仰的稳固有用，却常常与现实背离。也就是说，传统逻辑及其运用在现实中走入谬论和死胡同，因此引起经验方法的勃兴，常理的追求在非常理错误之处反其道而行之。事实证明，经验方法并不是一种十全十美的方法，但在当时，由于传统方法的无能而使之具有旺盛的生命力。可见，哲学手段的诞生多少符合失败乃成功之母的道理。这种道理如果站在公正的立场上，就应该对失败予以某种肯定，从而使成功和失败产生一定的关联。

人文问题的关键是人的问题，而其中最重要的组成部分又是人的伦理问题。毋庸讳言，宗教下的伦理关注精神性一方，因而出现某种空洞的教条；哲学下的伦理较注重物质和精神的互动关系，但这种关系如果人们生活在其中时间过长，又容易导致只重利益的倾向，为此又会产生一种倡导近乎宗教伦理的做法。可见，人的精神世界和宗教总有某种关系，就伦理本身所具有的说教性、劝谕性而言，伦理精神也具有宗教的色彩。低下的拜物主义、拜金主义、未来主义都具有宗教的偏执和执着。因此，如果人的精神世界要保持某种单一性，尤其是纯洁性，就往往会和宗教殊途同归。近代许多优秀的哲学家所表现的宗教情结足可以说明这一点。

人类思想的组成部分具有共同性，由于共生也就有一定关联，这种关联或是互生、共融、重组，或是排斥、分崩离析，或是二者兼而有之，但总是关联着的。在西方，当宗教的火焰气息奄奄之时，哲学形而上学也日渐呈现出虎头蛇尾和终结势，这是否是唇亡齿寒，就不得而知了。

在历史上，解决人类最大的困难，向来是以一种革命式的外在方式而进行的，哲学解决了宗教造成的困难；而在古罗马时期，宗教却解决了哲学面临的无法让人在有限的生产力面前整齐划一的困难。

哲学和宗教总是致力于人与人、人和人自身的关系缔结，尽管它们的缔结各有不同，但它们的努力是共同的。哲学的缔结有其开放性，而宗教的缔结却拥有封闭性。所以，从时间的脉络上看，两者优劣自分，但这种区分并没有光明与黑暗那样明显，并且两者共同于时间脉络上占有人类发展的位置。因此，它们之间不可能不存在某种合理的演绎。

像任何人类理想的发展经历一样，宗教世界也有一个发展的过程，其完满性总在前期表现出来，现实性表现于发展中期，在其衰落过程之中，则显示出它的丑陋性。这种丑陋性被哲学和科学刨根问底地揭露出来，它的窘境也就来临了，它的任何拯救自身的努力都使自身陷入哲学和科学所布下的陷阱之中。

然而，宗教及其世界也给人类留下了丰富的遗产，它们深深影响着人的世界，有人将西方文明圈定为基督教文明，在一定程度上讲，这并不是无稽之谈。

第一项遗产是人人平等问题。人是上帝的子民，除开上帝这一父亲，人与人之间并无根本的差异性，这容易生成在自然方面人是平等的观念，而差异性则来自后天。在基督教的世界里，如果把上帝除去，人具有共同性的一面显然是主要的，而差异性则被看成是次要的，并时刻受到共同性的挤压。或者可以说，基督教是基于自然的共同性，努力导致人的社会的共同性；而哲学和科学则是基于自然的共同性，努力使人在社会方面走向差异性。这两种努力的结果当然不同，前者塑造一个单一的社会，而后者则塑造一个多样的世界。但后者在社会的规范方面有时是单一的标准，从而导致了人人平等在现实中的不可能性，而宗教显然不存在这样的背景。当哲学和科学倡导提高人的素质，倡导人的全面发展的时候，这不可否定地是在人的社会共同性上做努力，也即是致力于人的发展来形成一种共同性。因此，哲学和宗教的社会目的殊途同归，只不过哲学是高一阶段的努力罢了。

第二项遗产是权力分配问题。就是在宗教势力鼎盛之时，权力也被分为皇权和神权，这两大权力构成中世纪权力之争的主要方面，它们之间彼此渗透、关联、排斥和斗争，因此二者之间也就构成了一定的制约和互控关系。在皇权方面，又存在着一个分权问题，尽管这种分权很不健全和规范，但多少影响到以后的权力制衡理论和现实，这在英国光荣革命中体现得十分充分。

第三项遗产是社会保障和稳定系统，这是社会正常化最重要的因素。在基督教世界里，这个系统曾经为维系封建社会的长期稳定、避免骚动做出过无法替代的贡献。进入资本主义以后，基督教世界所承担的社会福利事业也发挥了作用。

第四项重要遗产是人的天职问题。主张利他主义也罢，主张利己主义也罢，要想避免矛盾和极端，仅靠自身的良心和私欲的规范显然是乏力的。于是外在的标准——天职就成为一种盖顶的规范。这样一来，利他主义和利己主义在谋求自身价值的实现过程中，就很容易在天职之下趋同。进而即便在财产来源上不同也不会导致过分的财产拥有上的差异，并在二次分配上社会财富趋于合理。这就生成了一种观点，即狭义上的社会财富和个人财富在广义上都是社会财富的有机组成部分，这种观点可以抑制由于嫉妒导致的长期的红眼病。所以西方作为人之趋同的根基，往往不是政治和经济上的，而是精神和信仰上的。

第五项遗产是人作为存在物的时间和空间分配。在时间上，人把自己的一生分成自身存在和社会存在两个部分，当自身存在达到一定分量，就会当然地推向社会存在，这一点为西方人摆脱对小家庭、大家庭的依赖，摆脱裙带关系、宗派主义，摆脱狭隘的心胸、乡土气息，产生了十分重要的影响；与此相对，在空间上的存在也分为个人空间和社会空间，个人空间的排他性、秘密性与社会空间的共融性、公开性分野明显，这为以后人与人关系的正常化奠定了基础。

第六项遗产是合理的生死观。生存和死亡都是自然现象。生是有限的，多样的，但总免不了面对无限的、单一的死，因此，生死之间的道德伦理就变得自然而又重要。这为人正确处理名誉和财产问题等一系列重大问题提供了法则，用不着发出无可奈何花落去的感慨。

第七项遗产是人世间的各种配置。在人的方面，人虽有才智、能力的差异，并由此而有职责之分，但并不妨碍把所有由高到低的工作看成是一种职业，由这种职业感很容易产生权利的观念，这就为底线的道德和义务奠定了基准。在世界方面，物质世界（自然）——人类世界（文明）——归宿世界（神界），有序排列并形成一种稳定的结构，共同趋同，在神界齐一，因此人们很容易同自然、他人和超念世界产生一种荣辱与共的休戚关系，并把自然看成是自己的重要部分；在人类世界中，其各项构成部分都有自己的位置和界限，并在定位的方向下与别的部分发生关系，从而杜绝了盘根错节之嫌疑，比如哲学和自然科学的关系就说明了这一点。

第八项遗产是整体价值取向问题。在基督教世界，价值取向是以物质换精神，来获得救赎，可见具有某种向上性，这种向上性最基本的含义就是，精神具有至上性。当人们陷入精神换物质的向下性陷阱之时，这项遗产的启示作用就很明显。另外，这种整体的价值取向会让人注重取向的过程，而忽视终点的得失，于是感觉和理智往往演就现实的人。

总之，宗教差不多揭示了人本主义和资本主义所有的人文问题和困难，换句话说，宗教世界里所达不到的理想和目的，将由后来者完成；所达到的理想和目的，将由后者来固定、升华和完形。站在人文的时代延续的立场上，任何休戚相关的东西都由问题产生缔结、斗争和分野。

哲学与宗教休戚相关的基础是人。按照传统的观点，宗教的对象是一般的民众，并以民众的愚昧无知为基础。哲学则以爱智享誉，它的主体是正常的人，并以正常人的理智能力基础。因此，哲学的任务往往是让人具有健全的理智，并让这种理智长久地左右人的思想，以达某种规范。

哲学和宗教的休戚关系至此有了基础，这一基础就是人本身。诚然，它们对之各有倚重，从而导致了组合样式的区别。

从组合层面，它们又具有很多共同点。其一，它们都是理智的产物，都演绎着各自大家们的气质和智慧。其二，它们都和当时的社会历史条件息息相关，都是时代的产物，都是社会能力在思想上的容量承诺。其三，它们的目的都是为人类社会生活或是"社会人"提供一种理想模式，进而达到对人的个体性进行有效的调节和控制。其四，它们只有在人生活在其中是否幸福和安宁的基础上，才有可比较性。

显然，哲学与宗教在本质上具有某种关联性。诚然，这种关联性是在哲学和宗教的紧张关系冷却了很长一段时间以后才可能达到的，但这并不妨碍对这一问题进行研究的重要意义，尤其在当今传统与现实的争论时期。

通过对近代哲学家思想的大量考察，表明这么一个事实，即文艺复兴以后的思想对古希腊哲学精神的回归只是表面的，而其根源却在宗教主导的封建社会母体之内，因而文艺复兴以来的思想具有由宗教而来的嫁接性。即它们表面是对古希腊哲学精神的回归，而深层次上则是对宗教的批判和挖掘，以及在此基础上的创造性拓展。

客观地说，宗教及其世界所蕴含的内容非常丰富，宗教的形成、发展、定形都包含着从原始社会以来人类所有进程中的挑战和应战，挫折和希望，探索和苦恼，成功和失败的经验。纵观人类历史，人类这个自我完善的过程包括正确和谬误，所以问题的关键不在于如何回避或极端处理宗教和哲学的关系，而在于如何正视和恰当地对待之。

一种精神世界，不论它有多么糟糕，如果它曾让人们平稳生活，自然地度过自己的时光，构成人类历史的一部分，它便会成为一个传统或传统的一部分。由于传统精神深入人心，其影响也就深远。只要精神是连续性的，只要人们怀旧，它便会以某种方式存在或复活，还可能成为一种衡量当今现实的标准而非议现实。宗教在西方社会里，经常扮演着这种角色，而在哲学思想中它也以某种方式而存在，为哲学所蕴含。

在精神世界中，越是古老的东西越是坚固，所以人们打碎世界的努力在后来往往被证明是用有效的继承所代替。

第一章

17 世纪哲学与宗教

人类进入 17 世纪，文艺复兴所引发的各种变异的趋势在日渐松动的宗教土壤上宣泄出来，并开始深层次的缔结，对宗教世界挑战，展开了一场守旧与革新的对抗。思想界的精英在这种氛围中，像以往任何时期的优秀思想家一样，既充满对新世界的渴望，又带有对旧精神的依恋。

第一节　17 世纪西欧哲学的宗教背景

一般认为，近代早期的 17 世纪西欧哲学，是资产阶级革命和科学新发展的产物。因而，我们过去在探讨该时期哲学产生的历史背景时，对宗教的影响没有给予足够的重视。

事实上，17 世纪哲学是在强大的宗教势力背景下产生和形成的，与宗教有着千丝万缕的联系。

一　17 世纪的宗教战争

17 世纪的西欧是各种宗教信仰的战场。各个宗教派别都在为争夺人民、争夺领土和争夺学术中心的控制权而展开斗争。神学家及其意见统治着知识领域。神学的统治反映了宗教问题对当时社会的重要性。因此，几乎所有的社会矛盾，都以宗教冲突的形式表现出来。

16世纪的宗教改革给17世纪所带来的直接影响是加深了宗教上的不宽容和引起无数次的宗教战争。其中，几场大规模的战争包括：

第一，决定欧洲将信仰天主教还是新教的三十年战争。1618年在德国，天主教徒和新教徒再次爆发战争。这场战争，就其性质来说，既是政治的和经济的，也是宗教的。它像烈火般蔓延成为一场席卷欧洲的国际战争，历时三十年之久，是历史上最为残酷和最有毁灭性的战争之一。战争开始时只是波希米亚（捷克）的加尔文教贵族的起义，他们把德皇派到那里的钦差从布拉格城堡的窗口掷出去，并推举新教同盟的首领为国王。这样一来，触怒了德皇和天主教诸侯，德皇在天主教同盟和西班牙的大力支持下，出兵捷克，把加尔文教徒打败。但是，这却引发起更大规模的战争。三十年战争由此开始。战争以效忠于德国皇帝的天主教各诸侯和西班牙为一方，另一方则是由信奉新教的各诸侯所组成，先后卷入战争的有德国北部的路德教的诸侯、丹麦国王、信奉路德教的瑞典国王等。信奉天主教的法国则出于要削弱西班牙和奥地利的政治考虑而加入信奉新教的德国、瑞士和荷兰一方。1648年战争以新教各国和法国的胜利而告结束。战争的结果除了领土的重新瓜分以外，在宗教方面，加尔文教徒获得了与路德教徒和天主教徒平等的地位，所有教会财产则仍然存留在1624年的所有者手中。这场战争，无论是新教还是天主教，哪一方都没有获得全胜。

第二，英国内战。从历史上看，英国内战有着深刻的宗教上的原因。早在亨利八世以来，英伦三岛就一直饱受宗教不宽容的磨难。亨利八世在创立英国国教会（Anglican Church，又译安立甘教会）的时候，就大量烧死路德教徒和杀戮天主教徒；继任的玛丽·都铎则力图恢复天主教，迫害和烧死不少英国国教徒和加尔文教徒；到伊丽莎白的时候，她和她的英国国教的继承者则制定了严酷的法令来对付天主教，并处死了许多天主教徒，同时也迫害不信英国国教的新教各派。

到 17 世纪，从 1603—1625 年在位的詹姆斯一世和从 1625—1649 年在位的查理一世都是非常狂热的英国国教徒。但是，苏格兰大部分人是长老会信徒，英格兰人基本上是天主教徒，英国国教在这些地区并不流行。英王力图在这些地区推行英国国教而导致尖锐的对立。不过，对斯图亚特王朝带来最大威胁的还是清教徒。清教徒原来都是英国国教会的成员，后来，一些人分离出去了，一些人仍留在英国国教内。所有的清教徒都敌视詹姆斯一世和查理一世。内战的导火线是查理一世与国会的矛盾，而国会是英国清教运动的中心。战争以效忠于国王的骑士党为一方，以由清教徒组成的圆颅党为另一方。1648 年①，查理一世被送上断头台，清教徒获得了内战的胜利。之后，英国又经历了克伦威尔的独裁统治、斯图亚特王朝复辟、"光荣革命"。这每一个事件，都包含了宗教迫害与冲突的内容，只是在 1688—1689 年的"光荣革命"以后，国会通过制定"权利法案""宽容法""王位继承法"等一系列法案或法律，确立了君主立宪制，才结束了英国国教与敌对的新教各派间的激烈冲突。

第三，法国的胡格诺教派（the Huguenots）暴动。胡格诺教派是 16—17 世纪法国新教徒的统称，多数属于加尔文教徒，亦有少数是路德教徒和其他独立教派的教徒。1534 年以来，胡格诺教派一直遭受残酷镇压，但力量不断壮大。1562—1598 年间，胡格诺教派与法国天主教派不断爆发战争，战争以天主教的胜利而告终。但是，胡格诺教派也争得了信教自由和政治经济上的平等权利，这为法国带来了几十年的和平与繁荣。但 1685 年，路易十四废除南特敕令，使法国失去它在宗教宽容事业中的领导地位。三十多万胡格诺教派信徒突然发现他们失去保护，不能自由信仰，于是纷纷逃亡国外，不少人参加了

---

① 按旧的历法，为 1648 年。当时英国尚未采用格里历（英国是在 1648 年 3 月 24 日开始采用格里历），因此 1648 年 1 月 30 日查理一世被处死之日相当于现今我们所用历法的 1649 年 2 月 9 日。这也就是为什么有的书说是 1648 年、有的书说是 1649 年的原因。

敌视路易十四的国家的军队。因为胡格诺教派信徒多半是中产阶级、商人和能工巧匠，他们的逃离对法国的繁荣无疑是一个沉重的打击。从此新教在法国受到禁止，直至1789年革命为止。

第四，土耳其人入侵中欧。这场战争与上面提到的几场发生在基督教世界内部的战争不同，它是穆斯林对基督徒的战争。奥斯曼土耳其人从1356年开始入侵中欧，1453年攻陷君士坦丁堡，这个基督教的首都和东方的堡垒从此成为伊斯兰教的首都。之后，奥斯曼帝国继续扩张，到16世纪苏里曼一世在位的时候，它的疆界已扩展到与最繁荣时代的东罗马帝国一样大的地域。土耳其人无论到达什么地方，都首先侵占当地主要的基督教堂，把它改为清真寺，并迫害基督徒。16世纪下半叶到17世纪中叶，土耳其人受到了天主教世界的遏制。但是，从1669年开始，苏丹穆罕默德四世重新开始了对基督教地区的战争，他首先夺取了克里特岛，并于1683年围困了维也纳。这样，就促使基督教世界进行反对伊斯兰教的最后一次十字军征战。教皇、威尼斯、波兰、奥地利、俄罗斯和法国联合起来，和土耳其人进行了长达16年的战争。战争于17世纪的最后一年即1699年结束，基督教国家获得了胜利，奥斯曼帝国开始解体。

二 宗教战争的意义

战争必然带来破坏。然而，17世纪的宗教战争，其意义并非都是消极的。

首先，在政治上，它使欧洲进入了历史的新纪元。这正如马克思所指出，英国革命"是欧洲范围的革命"，它"宣告了欧洲新社会的政治制度"，"当时资产阶级的胜利意味着新社会制度的胜利，资产阶级所有制对封建所有制的胜利，民族对地方主义的胜利，竞争对行会制度的胜利，财产分配制对长子继承制的胜利，土地所有者支配土地制对土地所有者隶属于土地制的胜利，教育对迷信的胜利，资产阶级法权对中世纪特权的胜利"①。英国内战的清教徒大多是中产阶级，也即资产阶级，清教的胜利，意味着资产阶级的胜利。因此，在政治层面上，马克思的评价是恰如其分的。

其次，17世纪的宗教战争在文化和意识形态方面有着极其重要的历史意义。罗素是这样评价三十年战争的历史意义的："通过三十年战争，人人深信无论新教徒或旧教徒，哪一方也不能获全胜；统一教义这个中世纪的愿望必须放弃，这于是扩大了甚至在种种根本问题上人的独立思考的自由。不同国家的宗教信条各异，因此便有可能靠侨居外国逃避迫害。有才能的人由于厌恶神学中的争斗，越来越把注意力转到现世学问，特别转到数学和自然科学上。一部分由于这些原因，虽然路德兴起后的16世纪在哲学上是个不毛时期，17世纪却拥有最伟大人物的名字，标示出希腊时代以来最可注目的进展。"② 也就是说，17世纪的科学和哲学，在很大程度上是宗教战争的直接或间接的产物。

英国著名历史学家汤因比对17世纪的宗教战争的后果及其历史意义也作过十分恰当的评价："在宗教战争时代，所有西方基督教互争雄长的各种派别，只图有利于一时，不惜容忍甚至要求使用政治力量，以便把自家的教义强加于敌对教派的信徒，这种现象表面上好象为其教会争取大众的信心，实则在人们心灵中正破坏了一切信仰的基础。路易十四蛮干的方法使新教从法兰西精神领域上消除净尽，想不到这却给代替它的怀疑主义扫清了道路。南特敕令废止以后，不出九年，坚决反对专制王权和天主教的伏尔泰便应运而生。在英国，我们也可以看到清教徒革命的宗教武力行动引起了同样的怀疑主义的反抗。"③ 宗教战争在意识形态中的这种负面效果是教会领袖们所始料

---

① 《马克思恩格斯文集》，第2卷，人民出版社2009年版，第74页。
② ［英］罗素：《西方哲学史》下卷，马元德译，商务印书馆1981年版，第43页。
③ ［英］汤因比：《历史研究》（中），曹未风等译，上海人民出版社1986年版，第308页。

不及的。它为自由思想的发展打开了闸门。

此外，17世纪的宗教战争还说明，宗教问题在该时代具有何等的重要性，宗教势力在当时是何等的强大。事实上，宗教价值观在17世纪西欧意识形态中仍然占据着统治的地位。宗教战争使每一方都固守着自己的信条，并且由于曾经为之流血而对它们更加珍视。"人民因信仰错误和品行不良而被监禁和处死，不是因为坏的哲学。"① 1648年，英国国会就曾颁布法令，规定凡否认基督的神性的，一律定为死罪。

三 宗教对意识形态的统治

16世纪的宗教改革运动削弱了中世纪以来天主教在西欧政治经济和社会生活各个方面的绝对统治地位，但是，宗教作为统治的意识形态的地位并没有改变。正如马克斯·韦伯所说："必须切记却又常被忽略的是，宗教改革并不意味着解除教会对日常生活的控制，相反却只是用一种新型的控制取代先前的控制。这意味着要废止一种非常松弛、在当时已几乎不见实施、近乎流于形式的控制，而倡导一种对于私人生活和公共生活各个领域的一切行为都加以管理的控制方式，这种控制方式是极其难以忍受的、但却又得严格地加以执行，"宗教改革者"所抱怨的不是教会对生活监督过多，而是过少"②。

在17世纪，因宗教信仰问题而遭到教会迫害的著名科学家和哲学家大有人在。

布鲁诺由于信仰问题，在17世纪的头一年被天主教会处死。

伽利略由于支持和发展了哥白尼的太阳中心说，于1615年受到

---

① Richard H. Popkin, "The Religious Background of Seventeenth Century Philosophy", *Journal of The History of Philosophy*, p. 37.

② [德] 马克斯·韦伯：《新教伦理与资本主义精神》，于晓、陈维纲等译，生活·读书·新知三联书店1987年版，第24页。

异端裁判所的秘密审判；1632 年，他的《关于托勒密和哥白尼两大世界体系的对话》出版，令他于 1633 年再次公开受审，异端裁判所的判决书是这么说的："认为太阳是宇宙的中心，它静止不动的论点，在哲学上是荒谬而错误的，是异端的表现，因为它与圣经显然不能相容。认为地球不是宇宙的中心，它不是静止不动的，而是也有周日运动的论点，在哲学上同样是荒谬而错误的，从神学上考虑，在信仰上至少是异端邪说。"① 伽利略只得声明悔过改念，自我诅咒和憎恶这些谬论和异端，答应决不再主张地球自转或公转。尽管如此，他还是被罗马教廷圣职部判处终身监禁，后改为软禁，直至 1642 年去世。②

就连笛卡尔这样自称为宗教提供了那种在他看来是非常需要的理智上的支持的哲学家也险遭迫害。在荷兰，他受到新教中的顽固人物的攻击，说他的意见会导致无神论。幸亏法国大使和奥伦治公爵出面干涉，事情才算平息下来，否则定会受到迫害。几年以后，莱顿大学当局又发起另一次攻击，禁止在该校提到笛卡尔。奥伦治公爵再次出面干涉，莱顿大学才收回成命。

霍布斯的《利维坦》由于论证了君权人授和抨击天主教会，在 1667 年 1 月英国下院通过的针对渎神作品的议案中被列为禁书，被指责为触怒上天，是引至 1666 年伦敦大火的罪魁祸首。从此以后，霍布斯的著作不准在英国出版。据说，霍布斯对此惊恐万分，从此只好规规矩矩地进教堂参加圣餐礼了。

像荷兰这样被认为是较为自由和宽容的国家，宗教迫害仍然十分严重。1640 年，有一个叫乌列·阿科斯塔（Uriel da Costa）的年轻人，因为写了一篇猛烈抨击对来世信仰的论文，其实他的论点并不见得违

---

① 见 G. F. Moore, *History of Religions*, Ⅱ, Part 2: Christianity, Charles Scribner's Sons, New York George Foot, 1920, p. 373。

② 伽利略蒙冤 360 年后，于 1992 年 10 月 31 日终于获得梵蒂冈教皇的平反。教皇约翰·保罗二世在梵蒂冈对在场的教廷圣职人员和 20 来名与会的红衣主教说，当年处置伽利略是一个"善意的错误"，"永远不要再发生另一起伽利略事件"。

背一些更古老的犹太教义，但犹太教会认为这是对基督教精髓进行抨击的异端邪说，勒令他当众撤回自己的观点，并要他躺在犹太教堂的门槛上，让集会的人员依次从他身上跨过。乌列感到羞辱难当，回家后写了一封遗书，便举枪自杀了。16年后，斯宾诺莎由于经常不参加犹太教的仪式，甚至攻击教会的教条，公开向人们宣布自己的三大"异说"①，也被永远革除犹太教籍②。后来，为了躲避教会的迫害，斯宾诺莎只好逃离家乡。荷兰尚且如此，其他国家的宗教迫害情况可想而知。

宗教信仰问题和宗教价值观的重要性也表现在各种文化活动领域之中。17世纪，基督教仍然是许多文化活动领域的主要内容。比如，"绘画在它的十六和十七世纪整段的'黄金时代'，在题材和处理上，主要是基督教的。……音乐也差不多是这样的"③。同时，"十六世纪后期和整个17世纪大量搜集的教父和教会作家的文集卷帙浩繁，零

---

① 斯宾诺莎的三大"异说"是：第一，"灵魂"原字是呼吸的意思，呼吸停止了，灵魂就不复存在了，所以灵魂并不是不死的；第二，上帝存在，但上帝不是真神，而是物质性的，上帝即是自然，自然之外没有上帝；第三，天使只是人心中的幻想，实际并不存在。

② 当时革除斯宾诺莎教籍的公告如下："教士会首领兹宣告，在确认巴鲁克·德·埃斯宾诺莎的邪恶观念和行为之后，他们曾尽力用各种方法和多项许诺谋求他迷途知返、幡然悔悟。然而他不仅执迷不悟，还变本加厉，丧心病狂地宣扬和传播异端邪说；许多德高望重的人都已同他就此当面对质，埃斯宾诺莎的罪行已经证据确凿。教士会首领们在就此事进行全盘复审之后决定，一致同意将斯宾诺莎革出教门，断绝以色列人与他的一切关系，并从即刻起让他置身于如下诅咒之中：按照天使的见解和圣徒的判决，我们驱逐、憎恶、诅咒并抛弃巴鲁克·德·埃斯宾诺莎；全体教徒一致同意，以载有六百一十三条戒律的圣书的名义对他宣告以利沙用来斥责孩子的诅咒和《律法书》上所有的诅咒。让他白天遭到诅咒，晚上也遭到诅咒；让他躺下遭到诅咒，站起来也遭到诅咒；出门遭到诅咒，进门也遭到诅咒。愿主永不再宽恕或承认他；愿主的不悦和愤怒把他烧毁，在他身上压下《律法书》上所有的咒语，从天底下抹去他的名字；愿主切断他的邪恶同以色列所有家族的关系，把《律法书》中所有的天谴加在他身上。愿所有服从我主上帝的人今天都得到拯救。在此谨告全体人员，任何人都不得同他交谈，任何人都不得与他通信，不准任何人给他以帮助，不准任何人与他同住一屋，不准任何人走近离他四腕尺（一腕尺相当于由肘至中指尖的长度，约合18—22英寸。——译者著）以内的地方，不准任何人阅读由他口授或亲笔书写的任何文件。"（根据威尔·杜兰特著《哲学的故事》，文化艺术出版社1991年版，第162—163页。）

③ Carlton J. H. Hayes, Parker Thomas Moon, John W. Wayland, *World History*. New York: The Macmillan Company, 1946, p. 403.

星的著作更是汗牛充栋，这一切都表现了基督教文化的真正复兴"①。

17世纪宗教仍然是造成民族差异性的根本原因之一。正如韦伯所指出："认为17世纪的英国人具有统一的民族性也只是歪曲历史。骑士党人和圆颅党人并非仅仅指控对方属于不同的党派，而是把对方看作极不相同的人，……另一方面，人们目前尚未发现英国商人冒险家与古老的汉萨同盟（14—15世纪北欧商业都市的政治及商业同盟。——中译注）之间有什么性格上的差异，也没有发现中世纪末英国人与德意志人性格上有什么根本差异，而且这种差异是不能轻易地用他们政治历史的不同加以解释的。而是宗教影响的力量——虽然不是唯一的力量，但远远超过其他一切力量——造成了我们今天所意识到的差异。"②

四 哲学家的信仰表白

处在宗教战争和宗教价值观统治时代的哲学家，他们是不可能超越时代进行哲学研究的，他们大多具有基督徒和哲学家的双重身份。这正如詹姆士·斯鲁威尔所说，17世纪"宗教的和科学的不同的解释同时存在。双重真理的学说——信仰真理和理性真理的学说——既保卫了超自然的解释，又保卫了信仰那个在自然界后面或高于自然界的世界，这个世界即使不再是人的真实的世界，可是仍然是他的另一个归宿。我们可以同意托马斯·布鲁恩（Sir Thomas Browne）的看法，把十七世纪大多数思想家描写成'伟大的两栖动物'，他们既生活于自然秩序中，又生活于超自然的秩序中"③。根据有关教会的记

---

① G. F. Moore, *History of Religions*, Ⅱ, Part 2: Christianity, Charles Scribner's Sons, New York George Foot, 1920, p. 350.

② ［德］马克斯·韦伯：《新教伦理与资本主义精神》，于晓、陈维纲等译，生活·读书·新知三联书店1987年版，第66页。

③ Jame Thrower, *A History of Western Atheism*. London: Pemberton Publishing Co. Ltd. , 1971, p. 84.

录,培根和笛卡尔是天主教徒,霍布斯和洛克都是新教徒,斯宾诺莎原是犹太教徒,莱布尼茨是路德教徒,马勒布朗士是天主教徒。这些背景,对他们的哲学不能说毫无影响。作为基督教徒,他们都曾经公开表明自己的心迹。

被誉为近代唯物主义始祖的培根曾经不止一次地表明对宗教的虔诚和对怀疑上帝的批驳:"我宁肯相信《圣徒传》《犹太法典》和《古兰经》中所有的传说,而不愿认为宇宙的形成是没有意志的。……一点点哲学知识使人倾向于无神论,但对哲学的深刻了解却会使人回到宗教上来。当人类到处都看见第二推动力的时候,他们往往就心满意足,不再深究了;但如果他们探索相互联系着的事物间的因果链,就会不由自主地飞跃到天意和神明。"① 当然,不少西方哲学史家认为,培根不能算作是真正意义上的近代哲学家。

笛卡尔在他的《谈谈方法》中为自己制定的行为守则的第一条就是:"服从我国的法律和习俗,笃守我靠神保佑从小就领受的宗教,在其他一切事情上以周围最明智的人为榜样,遵奉他们在实践上一致接受的那些最合乎中道、最不走极端的意见,来约束自己。"② 笛卡尔是一个虔诚的天主教徒,同时还是这样一个哲学家,他在他的知识体系中找到了基督教和数学物理学的位置。他认为,在我们的任何自然知识的确定性能够得到保证之前,我们必须先证明上帝存在的必然性。而他证明上帝存在的方法,是安瑟伦的本体论证明方法。甚至在他的自然哲学里,当他得到的结论与教会的不一致时,他就不打算公布他的这些结论。他的全部哲学,作为人在自然中的地位的说明,无论可能多么不一致,却表现为一种数学物理学的要求与基督教神学的主张之间的折中物。

---

① [英]培根:《培根论说文集》,水天同译,商务印书馆1986年版,第57页。
② [法]笛卡尔:《谈谈方法》,王太庆译,商务印书馆2000年版,第19页。

霍布斯虽然被很多人认为具有无神论思想，但他的确主张过上帝是世界的始因，而且在《利维坦》中他提出了一种颇为典型的宇宙论证明的方法。他从来没有否定宗教存在的必要性及其作用。他认为，作为社会秩序的一种工具，宗教也是有益的、必要的。

莱布尼茨说："我拿上帝的存在，作为一切真理的第一真理，一切事实的最不可否认的事实。"①

不管这些哲学家所说的是不是由衷之言，但这至少可以说明，一方面，在宗教意识形态占统治的条件下，在他们自身的宗教背景的影响下，17世纪的哲学家很难跳出宗教的藩篱并提出完全离经叛道的哲学学说。这也是17世纪没有出现公开的无神论的重要原因之一；另一方面，他们作为近代哲学家，又必须建立与中世纪经院哲学截然不同的世界观和方法论。因此，他们只能在哲学与宗教之间做出某种妥协。理性为信仰辩护，宗教为哲学保护，这种情况普遍存在于17世纪的哲学之中。例如笛卡尔，首先通过理性的普遍怀疑，然后论证上帝的存在，使上帝存在建立在理性认可的基础上；接着，他又以上帝作为担保，来证明人心中的观念的正确性。又如霍布斯在讨论他的政治哲学时，一开始就声明："其中有许多地方要取决于神的意志的超自然的启示；这一讨论必然不但要以上帝的自然传谕之道为根据，而且也要以上帝的预言传谕之道为根据。"② 再如莱布尼茨，他通过一系列的理论演绎，建立起一个逐层上升的单子世界，来证明上帝的存在，在此基础上，他又声称人的所有正确性的认识都来自天赋，归根到底来自全知全能的最高的单子——上帝。难怪梯利指出："必须记取，虽然近代哲学反对陈腐的经院哲学，它却没有，也不可能完全和过去决裂。在后来很长的时期里，它的血统中仍然保留有经院哲学

---

① 转引自傅梦弼编著《科学家的人生观》，香港：生命意义出版社1990年版，第14页。
② [英]霍布斯：《利维坦》，黎思复、黎廷弼译，商务印书馆1986年版，第290页。

的痕迹。早期近代哲学家不断批评经院哲学的方法，经院哲学中许多旧概念却不折不扣地为他们所继承，并对他们如何提出问题和解决问题发生影响。神学的偏见也没有完全消失：培根、笛卡尔、洛克、贝克莱和莱布尼茨都接受了基督教的基本学说。诚然，我们往往不能判断他们反对经院哲学的坦率性，但是，即使他们在这方面弄虚作假，这也足以证明他们所受神学的影响。"① 17世纪不少哲学家著作的名称，也带有经院哲学或宗教的色彩，比如笛卡尔的《沉思录》、斯宾诺莎的《伦理学》，这些都不是哲学著作通常用的标题，而是当时教会的权威人物叙述心灵通往上帝的精神旅途方面的著作常常使用的名称；至于霍布斯的《利维坦》《狸斯莫司》，则更是直接以《圣经》中的动物作为书名。基督教文化对他们的影响，可见一斑。

第二节　新教伦理与西欧的近代精神

发生在16世纪的宗教改革和新教运动不仅在政治上和组织上动摇和瓦解了罗马天主教会的权威，而且还摧毁了天主教价值观的统治地位，以新教伦理取而代之。宗教改革的文化影响大大超出了它本来的目标。特别是清教主义，其激发并引申出来的思想感情渗透在这个时代人类活动的各个领域之中。正因为如此，它已成为衡量当时各种社会活动价值的尺度。近代资本主义精神、近代科学和近代哲学精神正是在新教伦理的推动和熏陶下产生和形成的，体现了新教伦理的基本价值观。

---

① ［美］梯利：《西方哲学史》（下册），葛力译，商务印书馆1979年版，第13页。

一 宗教改革和新教运动

16世纪，与世俗的人文主义思潮同时兴起的，还有在宗教内进行改革的社会思潮和社会运动，即宗教改革和新教运动。宗教改革运动兴起的大气候是15世纪以来欧洲经济的发展及人文主义思潮的出现，小气候是天主教会的腐败和教职人员的道德堕落，导火线是1517年罗马教皇利奥十世（Leo X）为了筹集资金修建罗马圣彼得大教堂（Basilica di San Pietro，亦译作圣伯多禄大堂）派人到德国发售赎罪券。

16世纪德国宗教改革的代表人物是马丁·路德（Martin Luther，1483—1546）。路德出生于德国萨克森的艾斯勒本的一个农民家庭，后来成为神甫和维登堡大学的神学教授，1517年10月31日路德在维登堡教堂的门前张贴了《九十五条论纲》，揭露罗马教会强行推销"赎罪券"的欺骗行径，成为这场宗教改革运动的导火线。接着在1520年路德又发表了他的宗教改革的纲领性论著，并当众焚毁了教皇革除他教籍的"通谕"。这样一来，轰轰烈烈的群众性的宗教改革运动的烈火就燃烧起来了。市民、平民、农民、低级贵族、诸侯都抱着不同的目的投入了运动。特别是农民、平民到处暴动，驱逐僧侣，捣毁教堂，打击富豪。

路德关于宗教改革的主张有：首先，每个基督徒都可以直接与上帝交往，以自己的信仰和忏悔求得上帝的宽恕和赦罪（即所谓"因信得救"），用不着教会和僧侣作中介来使自己的灵魂得到上帝的拯救。其次，每个人都有读《圣经》的权利。为此，路德亲自把《圣经》译成德文，使普通人都能阅读，打破教会僧侣垄断读《圣经》的权利的局面。因为当时拉丁文的《圣经》只有懂拉丁文的僧侣才能阅读。最后，反对教皇和天主教会对世俗政权的干预，路德认为教皇制度是人造的制度，并非如天主教所吹嘘的是由上帝亲自制定的；教皇的

"谕旨"也可能是错误的。

继马丁·路德之后，法国人加尔文（Jean Calvin，1509—1564）也在瑞士大力推进宗教改革运动，并于1541年在日内瓦建立了资产阶级共和式的长老制教会。加尔文在改造路德学说的基础上，创建了一种更体系化、更完整的宗教改革理论。加尔文宣称，人因信仰得救，《圣经》是信仰的唯一泉源。他还主张上帝预定说，认为人的得救与否，皆由上帝预定，与各人本身是否努力无关。在宗教仪式上，加尔文反对天主教会的烦琐的仪式，主张保留受洗和领圣餐两项，摒弃祭台、圣像和祭礼等，他还反对天主教的神职人员委任制，主张神职人员均应由信徒投票选举，主张教会之间、神职人员和信徒之间一律平等。

此外，英国国王亨利八世（Henry Ⅷ，1491—1547）也趁宗教改革的浪潮，打起宗教改革的旗帜，把英国的天主教会抓到了自己手中，称为英国国教会（Anglican Church，又译作安立甘教会，也称圣公会），自任大主教。

宗教改革运动使西欧和北欧各国的世俗君主摆脱了罗马教皇的控制，把教会置于本国君主控制之下，产生了脱离天主教会的新教各派，如德国和北欧诸国的路德派，法国、瑞士和苏格兰的加尔文派，英国的圣公会等。从此以后，基督教就有了三大派别：以罗马教皇为首的天主教，以君士坦丁堡大主教为首的东正教，经过宗教改革从天主教中分裂出来的新教。

二 新教价值观和伦理准则

新教（Protestantism）是16世纪宗教改革后脱离罗马天主教会的各个教派的统称，据1650年托马斯·爱德华兹（Thomas Edwards）的统计，17世纪中叶就有大大小小180多个新教派别，但最主要的教派还是加尔文教和路德教。各教派的区别主要表现在教堂仪式、神职人员的组织以及深奥的神学细节等方面，但是，所有这一切都对整个新教的精神气质并无实质性的影响。事实上，它们都赞成和接受在实质上同一的宗教和共同的价值观念、伦理准则以及思维和生活方式。"对世俗活动的道德辩护是宗教改革最重要的后果之一，"[①] 新教伦理就是新教主义的社会和文化方面的含义，而不是它的基督教含义。

那么，从新教主义[②]所引申出来的价值观念和伦理准则主要有哪些呢？

（一）路德的"职业"概念所培育出来的新的人生观

路德在把《圣经》翻译成德文时，把《圣经》中"神的召唤"概念改造为"职业"（德文：Beruf，职业、天职；英文：Calling，职业、神召）概念。路德认为，职业，亦即神的召唤，是上帝为人安排的终生任务。"如果我们考察一下这个词在文明语言中的历史，那就会发现，无论是在以信仰天主教为主的诸民族的语言中，还是在古代民族的语言中，都没有表示与我们所知的'职业'（就是一种终生的任务，一种确定的工作领域这种意义而言）相似的概念的词。"[③]这是在宗教改革运动期间出现的一种新概念，它后来成了新教各派的主要教义。根据这种新概念，要求个人履行他今生今世应完成的任务，即他所承担的"天职"；它把世俗事务看作个人从事的最崇高的道德活动，从而使世俗工作具有宗教的意义和得到教义的支持。每个人从事的职业都是神的召唤，所有的职业都是正当的。

新教这种把职业看作神的召唤或使命的教义，使人们对生活目的有了一种新的理解。人们不再等待最后审判的来临，而是专注于自己从事的职业。这种教义还引申出一种世俗禁欲主义，它要求人们抛弃

---

① ［德］马克斯·韦伯：《新教伦理与资本主义精神》，于晓、陈维纲等译，生活·读书·新知三联书店1987年版，第60页。
② 包括宗教改革的领袖人物制定的教义以及各种普及性的良心决断是非案例、布道讲演和类似针对个人实际行为的劝世言论的汇编等。
③ ［德］马克斯·韦伯：《新教伦理与资本主义精神》，第58页。

人间的淫荡乐趣,而通过辛勤刻苦的工作并取得事业的成功,来为上帝争光。

(二) 加尔文的预定论所引申出来的进取精神和功利主义

按照加尔文的预定论,人类始祖亚当堕落犯罪后,整个人类的本性都已败坏了,所以人们自己毫无办法自救。上帝早已按照自己的旨意,决定了将谁接受入它的恩救中(the state of grace),给他以永恒的生命;决定了谁将被弃绝,给他以永恒的惩罚。人的不同命运,是上帝的拣选。这种拣选不依个人的善恶功罪为转移。上帝的恩典也不以任何条件为转移,而是"白白拣选","白白赐予"。但是,上帝不给人是否已获恩救的任何外在的表示,它丝毫不为人类的祈求所打动。对于这些无法找到外部标志证明自己已被选中得救、生活在可能受天罚的恐惧之中的信徒,出路何在?加尔文的训诫是:必须在绝对的真信仰中得到安慰。每一个人有责任坚信他已被选中,相信自己确实属于上帝的选民,而且根据上帝的旨意,每一个人都要有勇气来对付坎坷人生中的任何艰难困苦,通过尽力劳作来服侍上帝,以获得被选中的自信。这种教义,在现实生活中被引申为:(1)浪费时间是万恶之源,因为浪费了为上帝争光的机会;(2)乐于从事工作,不劳动者不得食;(3)劳动分工和专业化是神的旨意,因为这样做会使技术发展,提高生产,因而符合所有人的利益;(4)消费超过基本需要就是浪费,因而是有罪的,必须将余款不断地用于新的投资。加尔文教的这些禁欲主义思想,对人的动机和行为有着重大的影响,能促使人产生一种进取精神,使人们从沉迷于祈祷转向积极工作。

加尔文教[①]要求它的信徒毕生行善以构成一以贯之的整体,而不应是一个"罪恶—忏悔—赎罪—解脱—新的罪恶—忏悔"的循环过程。行善是为了到达皈依的状态。一生之中必须始终如一地行善,功

---

① 加尔文本人的教义和后来清教运动中加尔文教的教义和伦理是有区别的,这一点应引为注意。

是不能抵过的。因此，加尔文教倡导持久的自律和节制，在世俗活动中，以热心和自我约束来证明自己的虔诚，这是培养上进和进取精神的关键。"虽然上帝根本不需要我们的善行，但是功德善行却会使上帝大感欣悦，因为这种行动是出于对它的赞颂，也使我们自己和他人获益，这也是上帝所乐意看到的。"① "公益服务是对上帝最伟大的服务。"② 加尔文教的这些训诫，确立了一条用以判别可接受的甚至值得表彰的行为的主要标准——社会功利主义。善行在加尔文教的清教主义那里的意思是某种现世意义上的有用的和获利的成就或现世的业绩。这种把善行与现世的价值联系起来的思想，显然是一种功利主义的观点。

（三）"因信得救"所激发出来的个人主义和理性主义精神

"因信得救"是新教神学理论的核心。马丁·路德为了反对天主教会的精神独裁，提出教徒因信得救，把个人信仰抬高到第一位。天主教会认为，教皇或教会是上帝在地上的代表，神职人员高于俗人，普通教徒只有通过教会或神职人员，遵守教会规定的规章，履行教会规定的各种义务，也即所谓"事功"，才能同上帝打交道，得到上帝的恩惠。马丁·路德针对天主教会对个人信仰的干预，提出个人同上帝之间的关系无需以教会为中介，每一个教徒只要对上帝抱有虔诚的信仰，通过研读《圣经》，领会教义，自我忏悔，就可以同上帝直接打交道。在这方面，一切教徒都是平等的。路德这种否定天主教会的权威，抬高个人在精神生活的地位的思想，同文艺复兴以来提倡个性解放的个人主义思潮的基本精神是一致的。路德把个人主义引进宗教生活的结果，使个人主义涂上了一层神圣的光彩。此外，路德提倡个人研读《圣经》，提倡个人独立思考和理解，不要盲从教会权威，其另一方面的重要意义是激发了一种批判精神和个人理性主义的精神，

---

① ［英］理查德·巴克斯特：《基督教指南》第一卷，Soli Deo Gloria Pubns，1997年，第322页。

② 同上书，第456页。

而这对于近代科学和哲学的兴起和发展来说是至关重要的。

三 新教伦理与近代精神

从马克斯·韦伯以来，人们对新教伦理与资本主义精神、资本主义经济以及近代自然科学的关系进行了大量的研究，对它们之间的关系已经有了比较清晰的认识。一般认为，新教伦理为资本主义的经济活动和近代自然科学研究活动提供了有利的文化环境。但是，对新教伦理与近代哲学的关系的研究，却还不多见。不过，我们可以从新教伦理对资本主义精神、对近代自然科学的影响中得到启发，进而探讨新教伦理对近代特别是17世纪哲学精神的影响。

（一）新教伦理与近代资本主义精神

根据韦伯的观点，宗教改革的领导人物的思想本身并不是支持资本主义的，他们的动机是纯粹宗教的，它们的改革也仅限于宗教内部。因此，我们不能把资本主义精神的兴起看成宗教改革的直接产物。那些为了上帝而制定一系列教义的新教人士对资本主义精神的兴起所起的作用，不在于他们直接提倡资本主义制度，而在于他们所提出的新教教义所体现出来的新精神对人们的影响，这种新精神为创立资本主义精神提供了具体的指导方针。

具体说来，新教伦理所引申出来的资本主义精神主要有：第一，工作作为目的本身而被珍视。一个人"在他的职业活动中具有一种责任感是资本主义文化社会伦理中最具特征的一点，在某种意义上，构成了这一伦理的基础"。第二，致富、贸易和利润不仅是个人职业成功的证据，而且是对个人德行的证实。"在现代经济秩序中发财只要是合法获得的被视为美德和精通本行的结果与表现。"第三，基于理性的严谨有条的个人生活方式受到珍视，这不仅在于它是达到长期目标和经济成功的途径，而且在于它是本质上适度和正当的存在方式。第四，应该为了未来而推迟眼前的享乐和直接的幸福。这种伦理的至善在于把两个方面结合起来：尽一切力量多赚钱，同时严格地避免生活的享受。①新教伦理所倡导的人有义务工作，有义务充分合理地利用财富，有义务过自我克制的生活，这些都是早期商人的朴实、节俭、刻苦的美德，因此，马克斯·韦伯指出，清教的禁欲主义思想，对于我们称为"资本主义精神的那种生活态度的扩张肯定发挥过巨大无比的杠杆作用"②，"它哺育了近代经济人"③。

新教教义中所体现出来的追求个人精神生活的自由解放和个人奋斗、个人成就需要的价值取向，正是资本主义工商业发展的重要的心理因素，而资本主义工商业的发展，则又大大推动了社会思想的开放和自由主义的发展。

（二）新教伦理与近代新科学

17世纪，科学和技术取得了令人瞩目的成就，"科学再也不是一种游荡的运动，只是在不时的发现中找到支支吾吾的表现，科学已获得社会的认可并组织起来了"。"所有这一切并不是自发生成的。其先决条件业已深深扎根在这种哺育了它并确保着它的进一步成长的文化之中；它是长时期文化孵化生成的一个娇儿。我们倘若要想发现科学的这种新表现出来的生命力，这种新赢得的声望的独特源泉，那就应该到那些文化价值中去寻找。"④ 这些文化价值之一就是新教伦理。

新教伦理对科学的影响，主要在于为科学的发展提供了权威的支持和指导原则，而科学的具体发现则是科学发展规律内部的事情，与新教伦理无关。

---

① 根据马克斯·韦伯《新教伦理与资本主义精神》，于晓、陈维纲等译，生活·读书·新知三联书店1987年版。
② ［德］马克斯·韦伯：《新教伦理与资本主义精神》，于晓、陈维纲等译，生活·读书·新知三联书店1987年版，第135页。
③ 同上书，第136页。
④ 参见罗伯特·K.默顿（Robert K. Merton）：《十七世纪英国的科学技术与社会》第4章，纽约：霍华德·费蒂格出版社1970年版。

首先，新教伦理为科学研究提供了神圣的赞许，使之能够摆脱长期的神学枷锁的禁锢，走上独立发展的道路。新教伦理认为，研究自然现象是促进赞颂上帝的一种有效手段，科学成就反映了上帝的辉煌，增进了人性之善。"以一种令人信服的、科学的方式"研究自然可以加深对造物主威力的充分赏识，因此，在颂扬上帝方面，科学家比那些偶尔的观察者更加训练有素。科学作为对上帝作品的研究也因此而受到高度重视。新教就是以这种直截了当的方式赞许和认可了科学，并通过强化和传播对科学的兴趣而提高社会对科学家的评价。另外，科学也一再求助于宗教的保护。像当时的大科学家斯普拉特、威尔金斯（皇家学会的主要灵魂之一）、牛顿、波义耳和雷（John Ray，植物学家）等人，都试图证明科学之路是通往上帝的，以此来为他们对科学的兴趣进行辩护，使科学工作成为一种"合法"的、可取的职业。①

其次，新教伦理的功利主义原则被用来认可科学，并大大提高了科学的价值。新教，特别是清教伦理，越来越强调改造现世的价值，认为不论什么行为，只要它能"使人类的生活变得更甜蜜"，能够改善人类的物质生活，在上帝眼里就是善行。由于看到了科学对自然的研究能扩大人类支配自然的能力，科学作为社会—经济功利的仆人，得到肯定的评价，并被赋予越来越高的价值。科学成为一种令人向往的而不是令人讨厌的职业。新教伦理使科学研究有了尊严、变得高尚、成为神圣不可侵犯。科学的具体发现虽然遵循着科学自身的规律而与新教无关，但是，由于受到重视和得到鼓励，其发展就会比受到贬损时要迅速得多。而在中世纪，科学是被视为异端而得不到宗教支

---

① 威尔金斯就说过，关于自然的实验研究，是促使人们崇拜上帝的一种最有效的手段。当时最杰出的动物学家弗兰斯西·威鲁比完成了一部著作而不愿发表，后在约翰·雷用"发表这些著作是赞扬上帝的一种方法"的观点劝说下，他同意发表了。而约翰·雷本人为那些通过研究上帝的作品去赞颂上帝的人们歌功颂德的文章，则大受欢迎，在 20 年内就出了 5 版。

持的，即使在比较开明的托马斯·阿奎那那里，他也只是主张要把神学和科学结合起来而已，科学始终低于神学处于从属的地位。

此外，前面我们提到的新教伦理对待工作和生活的行为准则，也渗透于科学研究之中，并在科学家对待科学工作的献身精神方面打下了深刻的印迹。

（三）新教伦理与 17 世纪哲学精神

17 世纪哲学也和科学一样，与新教伦理有着密切的联系，反映出新教伦理的价值导向。17 世纪哲学的研究自然、提倡理性的基本精神，正是新教伦理在哲学中的体现。

1. 研究自然，颂扬上帝

研究自然是 17 世纪近代哲学的基本精神之一。17 世纪哲学家反对经院哲学把基督教作为研究对象，而把研究的对象转向自然，把注意力从探索超自然的事物转到眼前自然事物，从天上转到人间。人们用自然的原因来解释物质和精神世界，解释社会、人类制度甚至宗教本身。17 世纪哲学的这种精神，在很大程度上是受到新教关于颂扬上帝是存在的目的和一切[①]的伦理准则的鼓励。被称为"历史上清教徒的最好的代表人物"的理查德·巴克斯特（Richard Baxter）在他的《基督教指南》（*Christian Directory*）[②]中说："促进对上帝之爱的最好方法就是通过自然、神恩和天福向人们宣示上帝的形象。所以首先要

---

① "上帝肯定是你们的宗教的最终目的：你们必须有意识地取悦和颂扬上帝。上帝肯定是你们的宗教以及你们所做的一切的连续不断的动机和理由……"（见《基督教指南》，第一卷第 165—166 页，第二卷第 181、239 页及以后）此外，威斯特敏斯特的巴克斯特的《教义问答手册》一开头也这么说："什么是人的主要的和最高的目的？为了颂扬上帝，永生永世充分热爱上帝。"

② 本书 1997 年版的出版人 Soli Deo Gloria 是这样评价这本书的：This classic work gives extensive directions for applying the Scriptures to all area of life. Dr. Tim Keller calls this "the greatest manual on biblical couseling ever produced." Dr. J. I. Packer says that, next to the Bible, this the greatest Christian book ever written. Here is Christianity made practical for every area of every area of life。（[译]：此经典著作为将圣经应用于生活的各个方面提供了广泛的指导。Dr. Tim Keller 称其为有史以来最伟大的圣经关怀手册。Dr. J. I. Packer 说："除了圣经，这是有史以来最伟大的基督教著作。"）——引用自因特网，https：//www.monergism.com/thethreshold/books/reference.html.

加强理解上帝在自然中的体现，从其杰作中看到造物主，并通过对这些杰作的认识和爱升华为对上帝的认识和爱。"① 在新教伦理的允诺和支持下，17 世纪哲学家们理直气壮地把哲学的对象转向自然。

培根认为，科学研究的目标应该是为光荣上帝，而不是为人自己的荣耀。他说，要进入科学的殿堂，人必须清洗并解放自己的思虑。进入科学的殿堂"与进入天国并没有太大的不同，任何人若不恢复孩童般的天真纯朴是不能进入的"。人在科学的研究中发现了一些规律，并用于人类。但是必须牢记的是：这些规律并不是人创造的，而除非人承认有造物主的存在，否则他终将为自欺所蒙蔽。因此，科学研究的目标应该是为光荣上帝，而不是为人自己的荣耀。②

莱布尼茨也把认识自然界作为认识上帝的书本，作为为上帝争光的实际行动。他说："我们只看见上帝所造诸物的一部分，而这一部分又是离我们顶近的，因此，最需要我们的爱护。我们应当阅读我们四周最贴近的书本，为的更广泛，更完备地认识我们上面的世界。何处我们的爱护受到阻难，我们不该让罪恶的优势，胜过我们的感觉，而该激发我们对上帝的信与爱。几时我们见到上帝的工程象是不大合理，我们该相信：一切的恶与缺陷，时时处处是被用来为构成和谐、均衡与美好的。"③ 又说："如果上帝的伟大和善不为精神所认识和崇拜，就根本没有上帝的荣耀可言。"④

2. 发扬理性，反对权威

发扬人类理性，反对精神独裁，这是 17 世纪哲学的又一基本精神。而理性主义的增长，则起源于新教主义。如上所述，新教提倡个

---

① ［英］理查德·巴克斯特：《基督教指南》第一卷，第 375 页。
② ［英］罗伯特·E. D. 克拉克：《科学与基督信仰》，黄藿译，香港：生命意义出版社 1990 年版，第 24 页。
③ 转引傅梦弼编著《科学家的人生观》，香港：生命意义出版社 1990 年版，第 15 页。
④ ［德］莱布尼茨：《单子论》，钱志纯译，台中：五南图书出版股份有限公司 2009 年版，第 86 页。

人研读《圣经》，在信仰方面提倡个人独立思考和理解，不要盲从教会权威，从而激发了一种批判精神和个人理性主义的精神。人类理性得到了大力的赞扬，就连 17 世纪新教中最富神秘感的教友派的辩护士罗伯特·巴克利（Robert Barclay）也高呼："我一点也不因为邪恶的人们滥用了理性的名义就鄙视理性思维的这种高贵卓越的……才能。"①《基督教指南》也明确指出，理性值得赞扬，因为只有人被上帝选中而拥有理性，理性使人区别于原野上的走兽。② 清教徒赞扬理性，还在于理性的另外一种作用，就是约束、控制那些作为"罪薮之首"的欲望，即色欲、肉欲或情欲。③ 这十分适合清教的口味。新教认为，理性可以限制盲目崇拜，理性和信仰并不矛盾，《基督教指南》指出："虽然有些骗子也许会告诉你，信仰和理性是如此敌对，以至它们在同一个问题上都互相排斥，因而，你越是少有理性证明信仰事物的真理，你的信仰就越坚定，越值得称赞，然而，经过考察，你们将会发现，信仰并非无理性的行为；上帝要求你们相信的，就是你们对于那些说明为什么应该相信的理由的理解，唯此而已：上帝在灌输信仰时'的确以理性为前提，并且在运用信仰时'运用理性。那些信仰而不知为何要信仰，或不知道保证信仰的充分理由的人，才真正对信仰具有一种幻觉、或印象、或梦幻。"④

在近代哲学中，哲学家们都认为理性是人与动物的根本区别之所在；理性成了哲学的权威，他们坚定地相信人类理性的能力，强调知识就是力量，对自然事物有浓厚的兴趣，强烈地渴求文明和进步。所有这些，实际上都是新教倡导个人理性反对盲从的文化价值在哲学上

---

① ［苏格兰］罗伯特·巴克利（Robert Barclay）：《为真正基督教神学辩护》（*An Apology for the True Christian Divinity*），Philadephia：Joseph Crukshank 1805 年，第 76、159 页。(这本书写成于 1675 年）

② ［英］理查德·巴克斯特：《基督教指南》第二卷，第 109 页。(引文为引者译）

③ 《基督教指南》第二卷，第 95 页。

④ 《基督教指南》第一卷，第 171 页。

的强烈体现。

而近代不少哲学家都有调和理性与信仰的倾向，这实际上也是上述新教关于信仰与理性并不矛盾的教义在哲学中的反映。

第三节　近代哲学的先驱者

一　笛卡尔

笛卡尔所生活的法国在当时虽然千疮百孔，但外表上还不失为一个强国，其内部也大体上稳定。这表现在思想界就呈现出胶着状态——既没有什么新鲜东西，又弥漫着新鲜的气息；既没有什么深刻的洞见，又似乎寻找到崭新的智慧。这些在笛卡尔身上都全面表现了出来。

笛卡尔是以把每一件东西都拿到理性面前怀疑一次而着手建立思想。这一怀疑原则和早期的蒙田一脉相承，值得指出的是，这种怀疑不是皮浪主义式的怀疑，所以不同于否定，也不同于胡塞尔的悬置，它是正视性的，是对其存在原因的合理性的正视。

正视总是单个人性质的。在笛卡尔这一原则中，个体的主体性和智慧性的兴起得到了肯定，仅这一点，就对以往宗教所崇尚的盲目信从给予了打击。尽管以往的神学家也是各尽所能演示自己的智慧，但由于以神赐为光环，所以他们的主体性和单个性在公众允诺和赞同的情况下消融了。如今笛卡尔的怀疑使这种消融重新复归原本的分离，自然导致宗教界的恐慌。

从怀疑原则出发来寻找思想的根基，这与传统不同。传统是从神这一坚实性的土壤和原则出发，来为并不坚实的物质世界和人的精神世界确立派生关系，再由这派生关系追根究源论证上帝。而笛卡尔则是确立有限的自我，直接从自我导出无限性和担保性的上帝，这就背弃了传统的老路,也从根本上确立了自我的原始性,这样一来,很容易让人产生自我与上帝之间互补、相通,分离、矛盾等看法,从而形成二度空间,即有限的人为主体的世界和无限的以神为主体的世界。

"我思故我在"源于怀疑原则的后果,即我怀疑一切,但"我在怀疑"却不能再怀疑,怀疑要有主体,这主体就是自我,也即是说,自我是不容怀疑的。

有了这一基础,哲学就能在此基础上牢固建立了。他以后推导出物质世界、精神世界,得出身心平行论的结论,在他看来,也就坚定了。

无论是物质世界还是人的自身精神世界,传统观点都冠之以有限性和变异性,但按人的本性,有限性和变异性的东西都要有无限性和恒久性的东西为依托根据,而这东西就是上帝及其永恒的精神,笛卡尔也是这么认为的。

可见,笛卡尔的怀疑原则和"我思故我在"只不过是手段和论证路径上的新奇,除了确立人的有限主体性外,他的思想的整体结构和内在含义并无多大变化。正像以后被人批判的一样,他仍然属于寻找本质的形而上学的范畴。

至此,笛卡尔的思想和宗教神学大抵同构的事实也就明显了。

第一,他沿用了宗教及其世界的框架,整个思想空间和容量都直接套用。

第二,他的新鲜点在手段和路径上,起到的只是桥梁和过渡作用,而不是一些本质性的结论和见解。

第三,他的整个思想,就像他一本书的名字一样,是对形而上学的沉思。因此,笛卡尔很难把时代气息融进去,至少没有行动的措施。像培根开了一条科学之路的先河一样,笛卡尔开辟了一条从自我这一主体开始建构之路,如果西方哲学史界贬抑培根有合理之处,那么，对待笛卡尔的创造和守旧也应当是这样。

总之，笛卡尔高扬人的主体性和理性的背后是一个宗教世界，这个宗教世界深深影响着他的思想，从而使他的创新沦为工具、细节和新的诠释。但从另一方面看，这些又恰恰反映了他对宗教的继承关系。

二　培根

虽然西方哲学史界基于观念等方面的原因，对培根的哲学地位给予了不太公正的贬抑，把他归入旧哲学体系[①]，但在一定范围内，这种看法还是有道理的。

首先，他的总体哲学观并没有摆脱以往框架，培根的哲学观和宗教的世界观有着深层的一致性，这种一致性让他对一些大是大非问题没有突破性见解和论述。

其次，二重真理论早就流行着，培根虽然竭力倡导科学，但他倡导的是自然科学，并且是自然科学中的方法，对哲学和观念却并未从根本上触及。

最后，培根对四假相的批判以及对知识力量的肯定都是原则性的、细节性的，所以并不完整，很容易让人产生这是散见和洞见的感觉，并且由于他没有系统的思想而言，这种感觉又是当然的。

当然，培根作为英国经验论的鼻祖，这一看法倒是不无道理。

培根作为未来哲学的代言人和开拓者，他的思想中的确包含了未来哲学的成分，但更为重要的是，他的呐喊功能大大高于他的思想成就所产生的效应。

[①] 正如汉姆普西耳所说，培根"与其说他是17世纪的第一位哲学家，不如说他是文艺复兴时期的最后一位哲学家"。"培根不属于17世纪伟大哲学家的圈子之内。从精神上和世界观上，他属于16世纪，而不属于新数学物理学和哲学的理性主义的时代。……他的概念半是中世纪、半是近代的。"（参见汉姆普西耳编著《理性的时代》，陈嘉明译，光明日报出版社1989年版，第8、11—12页）

三 霍布斯

霍布斯一生都处于风雨飘零的英国社会之中，他的思想和观念一方面深受培根影响，另一方面和英国社会密不可分，他最重要的时期和克伦威尔及其统治是分不开的。

作为克伦威尔政权的拥护者和辩护人，他对君权神授以及宗教的批判是当然的。作为一个继培根之后的优秀哲学家，这一批判显然是思想深层的，并且远比培根系统、全面、大胆、坚决。他以数学的绝对性为方法，以机械唯物论为武器，把理想放在和数学绝对性同等的位置，霍布斯批判经院哲学的思想体系，批判君权神授，以期解决克伦威尔政权的合法性。他的这些做法自然引起了巨大的观念和思想的震动，从而不可避免地吸引了同时代人的充分重视。

教会及其思想由于根深蒂固的守旧性，对他这种颇具叛逆性的思想当然会极端仇恨，由此他们过分夸大它的危害、抹杀它与自己之间可能存在的相融关系也就是必然的。他们把伦敦大火及瘟疫归结为上帝对霍布斯这类人的渎神言论的震怒而给人类降下的灾难，借以唤醒人们对霍布斯的仇恨，仅此一事，就可见教会的用心和内心了。

教会把霍布斯当作彻头彻尾的渎神者、无神论者，而实际上，霍布斯却从未声称过自己渎神或是一个无神论者，其中原因可以从多个方面去解释，比如害怕力量还很强大的宗教势力的迫害、思想的不彻底性等等。

人们有一个误解，以为批判——尤其是那些尖锐的批判——就是对其所批判的东西的否定。其实批判首要意图是革除旧弊式的维护，只有在无法维护时才导致第二个意图，即革命。这一点在法国启蒙思想和中国近代维新中很容易证明。霍布斯对君权神授的除旧是彻底的，但并不能由此而产生整体背叛的推论，就像以后休谟批判宇宙设计论一样，所以，批判并不意味着否定，尤其不意味着全盘否定。思想的批判从来是继承性的批判,只有行动的批判——革命才表现彻底的否定性,这也就是为什么一些思想先驱者在革命发生之后又转为对旧东西的维护、转入保守的其中一个重要原因。

如果人们从马基雅弗利的《君主论》中得不出违反宗教的结论,我们也不应该从霍布斯的政治言论中去推导出这一结论。因为克伦威尔的革命在很大程度上是一种宗教革命,起码可以这样说,它是宗教革命的继续和过度发展,它并没有导致资本主义的实现,资本主义在英国的建立却是来自克伦威尔专制的教训。因此,霍布斯所辩护的东西当然与宗教有一定关系。关键我们不是去否定这种关系,而在于找出这种关系的内容,由此也可能找出霍布斯思想的真正含义。为此,我们从它的著作《论物体》开始。

在《论物体》第一章中,霍布斯这样写道:"哲学的对象,或者哲学所处理的材料,乃是每一个这样的物体:……也就是说,它的产生或特性是我们能够认识的……因此,哲学排除神学……哲学排除天使以及一切被认为既非物体又非物体的特性的东西的学说……哲学排除历史……哲学排除一切凭神的灵感或启示得来的知识……哲学不只排除一切错误的学说,并且排除无确实根据的学说……最后,敬神的学说也排除在哲学以外……"① 他这一段话是阐释了哲学的研究对象,划定哲学的研究范围,并将哲学与历史、神学等区分开来。从另一个角度来看,神学与哲学的研究范围是两个截然不同的领域。这里霍布斯沿用了 12 世纪阿维洛伊的"双重真理说"的思想,并且通过一系列排除,神学由于超出人的理性认识领域而成为信仰的对象。在如今看来,这似乎并非什么新见解,但在当时,却是惊天动地的,因为在其思想中,存在着与以前思想家截然不同的观点。

---

① [英]霍布斯:《论物体》。转引自北京大学哲学系外国哲学史教研室编译《西方哲学原著选读》(上卷),商务印书馆 1985 年版,第 385—386 页。

（一）无形实体不存在

霍布斯认为，"世界是有形体的，这就是说，世界是物体（我所谓的世界不光是指尘世，喜爱尘世的人被称为世故的凡人；我所指的是宇宙，也就是一切存在的事物的全部物质），具有量纲，也就是长、广、厚；……所以宇宙的每一部分都是物体，不是物体的东西就不能成为宇宙的构成部分。由于宇宙包括了一切，所以不能成为宇宙构成部分的东西就不存在，因而也就不存在于任何地方"[①]。这是彻头彻尾的机械唯物论观点。这种观点必然与无形的精神实体存在断绝关系，非物质的上帝必然不存在。这直接否定了以往经院学派的神学，因为他们将上帝、天使和灵魂视为无形实体。

霍布斯又进一步揭露了无形实体的荒谬性。神学家认为人的灵魂是无形实体，同时又实在地遍布整个躯体。而没有量纲的东西无法占据空间，遍布躯体的灵魂必然是有量纲的，也就是有形的，不能脱离躯体而存在。

另外由于无形实体不占据空间，也就无法运动，因为物体只有通过运动改变空间。那么没有躯体的灵魂如何进入天堂或地狱，如何能够行走是令神学家们大伤脑筋的事。

为何产生如此荒谬的神学呢？霍布斯把这归结为形而上学与《圣经》的混杂。霍布斯认为所谓独立自存的本质，只是一些空洞无物的名词，用来吓唬人，被教会利用来作统治世俗社会的工具。

（二）上帝存在

虽然霍布斯批判了神学对上帝的荒谬解释，但霍布斯并未否认上帝的存在。对于上帝，"我们显然必须认为存在是他的属性"[②]，"上帝

[①] ［英］霍布斯：《利维坦》，黎思复、黎廷弼译，杨昌裕校，商务印书馆1986年版，第544页。

[②] 同上书，第283页。

应理解为世界的原因"。①既然上帝存在,按照霍布斯的逻辑,也就具有量纲,也就是实际的物体。然而他又认为,对上帝的概念的理解却不属于人类理解的范围,"我们的信仰不在于我们的看法而在于我们的服从"。既然上帝的性质是不可思议的,那么我们对于上帝是什么完全不能理解。除此之外,用来描述上帝本性的那些最高的字眼"至高的""至大的"或者"善、公正、神圣、造物主"等无定属性的形容词,不过是我们赞美的表示;另外一些否定性形容词如"无限的""永恒的"和"不可思议的"的应用也是类似对上帝尊敬的表达方式。②接着霍布斯利用由果溯因的方式论证上帝存在,上帝应理解为世界的原因。霍布斯以瞎子烤火取暖为例,瞎子知道暖的原因是火,却想象不出火的样子。正如世上的人们根据所看见的事物可以想象到有一个原因——上帝存在,然而他心中却没有对上帝的观念和映像。③

(三)宗教起源的心理学假设和社会政治原因

既然上帝存在,于是霍布斯着力研究了信仰上帝的宗教是如何产生的。

霍布斯认为,人类的某些特殊品质决定宗教种子的萌芽。首先,是喜欢探求所见事件的好奇心;其次,是希望知道事件(事物)的形成原因,尤其是与祸福有关的原因。由于人们希望把握这些原因,但往往一无所知,因而就不免存在恐惧。由恐惧想象出来的不可见力量的物质或实体,也就是诸神,而追溯到终极的原因则是上帝。而对不可见力量自然而然表现出的方式脱离不出人对人表示尊敬的那些方式。人们通过敬拜方式,希冀不可见力量把未来发生的事,尤其是有关祸福的事昭示人类。而对不可见力量的无法捉摸,导致人们将偶然

---

① [英]霍布斯:《利维坦》,黎思复、黎廷弼译,杨昌裕校,商务印书馆1986年版,第283页。
② 同上。
③ 同上书,第78页。

碰到一两次的事物当作往后类似事物的征兆。

由于对神及超自然和不可见力量的看法的莫衷一是，人类的好奇心及恐惧感无法从人性中消除，而通过在这方面所谓有名气的人物的培养便产生新的宗教。"宗教最初都是根据群众对某一人的信仰创立的。"①

霍布斯关于宗教起源的心理学解释，立足于人的因素，否定了所谓超自然的原因，肯定了自然科学；同时，霍布斯也不忘从社会政治角度深入剖析宗教产生的原因。

霍布斯将宗教分为世俗宗教和神的政治两类。世俗宗教是人类政治的一部分，而神的政治则包含为天国子民的戒律，是神的王国的宗教。神的政治如果为统治者信仰，亦可沦为世俗宗教。

统治者或立法者首先使人民相信，他们所提出的宗教信条是神的指令，他们自身不是凡人，以便使他们制定的法律为人民所接受，而法律所禁止的事情就是神灵所不悦的事情；其次，他们制定各种敬神方式，使人们相信这样可以讨得神的喜爱，同时将天灾人祸等归结为拜祭不周，导致神怒，使人们甘心信仰。通过以上种种手段，统治者们巧妙地利用了人民的无知和恐惧心理以驱使人民服从。从某种意义上说，宗教是一种统治者利用人民的无知所进行的欺骗。

然而，霍布斯并非借此否定宗教。由于他政治上主张君主专制体制，反对封建的君权神授思想，表现在宗教问题上，他反对罗马天主教会对世俗政权的国际控制，认为各国教徒服从罗马教廷的统治乃是致乱的根源。因此，霍布斯主张宗教和教会必须坚决服从于国内的君主。为了寻求更有力的理论依据，他从语言学和历史学的角度对《圣经》进行批判性的研究。

---

① ［英］霍布斯：《利维坦》，黎思复、黎廷弼译，杨昌裕校，商务印书馆1986年版，第88页。

（四）批判《圣经》

既然宗教家和神学家们认为《圣经》毋庸置疑是"上帝之言"，是神圣不可侵犯的经典，因此，霍布斯"坚信"，"通过明智而渊博的解释，再加上精心的推理，我们对上帝和人类的义务的知识所必需的一切法则和诫条都很容易从《圣经》中推论出来，而无须神灵附体或者超自然的神感"①。这里他提出，研究《圣经》要依靠我们的理性，而不是神启或灵感。因为上帝用神启或灵感方式传道只是针对个别人说的，并且针对不同的人所说的事情也不同，自然所传授的道不是任何普遍法则，而《圣经》作为公认的普遍准则，当然无须神启或灵感方式解释。

霍布斯考证了《圣经》各篇的作者和写作年代，证明了它是随着历史而形成的世俗作品。由于上帝的传谕之道，除了亲自受过启示的人外，其他人很难理解。那么，《圣经》各篇究竟根据什么权威成为律法就是至关重要的问题了。他指出只要《圣经》不异于自然法（详见《利维坦》一书释义），一切能够运用自然理性的人们可以理解它们，《圣经》各篇无疑成为神律，但与此同时，这种神律仅仅是理性道德的权威而非世俗的法律。

霍布斯接着就圣父、圣子、圣灵的权力进行了阐释，他指出三者的权力仅在上帝的王国中得到运用，而世俗国家则由世俗统治者统治。

综合霍布斯的思想，在最彻底的机械唯物论世界观中，他保留了信仰的领域，将宗教沦为政治的附庸。正如他自己所说"我们宗教的奥义就像治病的灵丹一样，整丸地吞下去倒有疗效，但要是嚼碎的

---

① ［英］霍布斯：《利维坦》，黎思复、黎廷弼译，杨昌裕校，商务印书馆1986年版，第295页。

话，大多数都会被吐出来，一点效力也没有"①。

由此可见，霍布斯在思想的旅途中，自己的脚走了很远，但心却并未如影随形。这种结局，传统观点认为这是思想不彻底所致，但如果换一个角度，我们也可以认为是他在继承和创新关系上没有将新旧弥合完美所致。

第四节 斯宾诺莎

斯宾诺莎在颇具资本主义气息的荷兰孕育了自己的哲学和哲学的信念。由于他的哲学和哲学信念，他一生颠沛流离、穷困潦倒，但他从没有屈服，始终认定自己思想的真理性，成为思想的守护者。

斯宾诺莎的思想和霍布斯多少有一些渊源关系，但就机械论和对数学的忠诚方面，则大大超出后者，以至于他的著作就像数学教科书一样，让人很难读下去。如同人们对霍布斯一样，人们对于斯宾诺莎也只看到了他的新奇、反神学和宗教的一面，却忽视了他的继承性。

任何一种新思想都不可能是全新的，这种新有时只是细节方面的新，有时又是中间理论上的新，只有在内核上创造时我们才认为它是崭新的。而这种崭新也不排除在中间理论和细节方面的旧，比如爱因斯坦的相对论之于牛顿的力学体系，就不能排除牛顿力学在一定范围内的有效性。同样道理，人文思想上的新理论也往往表现为精益求精，但在实践上，旧的东西却有它的存在价值。

斯宾诺莎显然是有内核创新的倾向，但由于这种倾向的目的是产生一个替代以往思想的系统文本，并企图拥有传统认定的合法性，所

---

① ［英］霍布斯：《利维坦》，黎思复、黎廷弼译，杨昌裕校，商务印书馆1986年版，第291页。

以就有可能只是视觉转换，而不是观念和操作上的全面背叛。

在思想上，以彻底不彻底作为标准，很容易把继承当作消极、不健康的东西而加以批判，批判之后自然是否定和摒弃，从而产生一种这种东西不是思想体系合理组成部分的误解。其实，一个思想体系就是一个有机体，如果没有这些"不彻底"的部分，很可能会残缺不全而面目全非。而这正是一个有体系的思想家犯的显而易见的错误，这种错误也是他们所竭力避免的，也有能力避免，晚年的柏拉图对自身思想的反思就很能说明这一问题。

纵观斯宾诺莎的思想，将哲学领域与宗教领域彻底分离是其中一个显著特征。他明确指出"把信仰与哲学分开是全书（指《神学政治论》——引者注）的主要目的"①。这种分离的依据在哪里呢？斯宾诺莎说在于二者的目的与基础，"哲学的目的只在求真理，宗教的信仰我们已充分地证明，只在寻求服从与虔敬。不但如此，哲学是根据原理，这些原理只能求之于自然，宗教的信仰是基于历史与语言，必须只能求之于《圣经》与启示"②。也就是说哲学与宗教一个占据认识领域，一个占据实践（对宗教信仰的践履）领域；一个以求真为目的，而另一个则以求善（幸福）为目的。从这方面讲，二者彼此独立，互不僭越。可以说，整部《神学政治论》都充满了这方面的脚注："宗教唯一的目的是为人类幸福"③，"真信仰在于行为，而不在于言论"④，"这种理论上对上帝的认识完全与行为纯正的规矩、信心或天启的宗教无关"⑤，"理智引导我们爱上帝，但不能引导我们服从他"⑥。

---

① ［荷］斯宾诺莎：《斯宾诺莎书信集》，洪汉鼎译，商务印书馆1993年版，第194页。
② ［荷］斯宾诺莎：《神学政治论》，温锡增译，商务印书馆1963年版，第201页。下文引用此书皆据此版本，不再一一注明。
③ 同上书，第224页。
④ 同上书，第195页。
⑤ 同上书，第192页。
⑥ 同上书，第222页。

斯宾诺莎把哲学和宗教二者严格地区分开来并且各自都有自己的领域①，这是近代哲学家的一个惯常做法。但是，为什么《伦理学》这部哲学中会有那么多神的概念和对神的讨论？我们还是用斯宾诺莎自己解读《圣经》的一个原则来回答这个问题："字之有意义完全是从用法来的。"② 虽然《神学政治论》和《伦理学》中都多次提及神，但由于前者主要是一本宗教和政治方面的著作而后者是哲学方面的著作，因此由于语境不同、用法不同，神之含义在两部著作中也就大有不同。正如我们所读到的，《神学政治论》中的神是宗教方面的，因此是一个终极概念。我们既不能给它下定义，又不能追问它究竟是什么。而只能凭借启示或自然理性知晓它的一些属性如"神存在""神是唯一的""神是无限的"等。一个信仰上帝的人在宗教方面所能做的不是追问上帝是什么，而是无条件地服从它。当一个人不满足于了解和服从而要去追问神的界定时，他的行为也就超出了宗教领域而成为哲学行为，正如斯宾诺莎在《伦理学》中所做的那样。《伦理学》中的神是一种样子，斯宾诺莎强调"当我们做哲学讲话时，决不能采取神学上的表达方式"③。斯宾诺莎既不把神理解为有人格的神，他说："为了不使神的本性同人的本性混淆起来，我不把人的属性，如意志、理智、注意、听觉等属性加之于神"④，也不把神理解为事物的超越因："我对于神和自然，持有一种和那些近代基督教徒惯常所主张的非常不同的观点。因为我主张神是一切事物的内在因而不是超越因……我主张一切事物都存在于神内，并且在神内运动。"⑤ 至于神是什么，可以从神的界定中获得："神，我理解为绝对无限的存在，

---

① ［荷］斯宾诺莎：《神学政治论》，第211页。
② 同上书，第179页。
③ ［荷］斯宾诺莎：《斯宾诺莎书信集》，洪汉鼎译，商务印书馆1993年版，第121页。
④ 同上书，第188页。
⑤ 同上书，第283页。译文参照英译本《斯宾诺莎著作集》（*Works of Spinoza*, Translated by Elwes, Vol. II, Dover, 1951）第298页做了改动。

亦即具有无限多属性的实体，其中每一属性各表示永恒无限的本质。"① 他不但给神下了定义，而且还进一步将上帝直接等同于哲学上的实体。这就是说，在哲学中神已经失去了它在宗教中的神圣性，斯宾诺莎只是用它来补足哲学实体的本原性和能动性。

在宗教领域，斯宾诺莎却是一个宗教家和有神论者。在《神学政治论》中，他专门讨论了一些宗教问题。正如奥尔登堡评价的那样，这一时期（写作《神学政治论》的时期）"与其说您是在进行哲学家的思考，还不如说您是在做神学家工作"②。这就是说斯宾诺莎给宗教留下了"无敌的领域"并要在这一领域中有所建树。1656 年，斯宾诺莎被驱逐出犹太教，当时最了解斯宾诺莎思想的奥尔登堡对他这样评论："我完全不相信您有任何触犯神的存在和天意的思想，只要这些思想保持完整无缺，宗教就有坚实的基础，一切哲学思考也就很容易受到保护和宽恕。"③ 这也从侧面说明，把宗教与哲学彻底分离，彼此间相安无事是斯宾诺莎思想的整体思路。因而，斯宾诺莎思想也就具有了双重人格。

首先，从斯宾诺莎在宗教方面的思想和言论我们不难看出，他真诚地信奉上帝。在斯宾诺莎看来，信神就是要服从神，这就首先必须了解神的要求，神的要求就是爱——爱人爱上帝，而这种爱最终通过爱人的行为体现出来。④ 这可以归结为一个公式：信仰神——服从神——了解神的要求——爱——爱人的行为。可以说这是一个自足的、封闭的信仰系统，其中抽象的信仰通过现实的行为来体现，用信仰的神圣性来保障日常行为的神圣性，这样我们就在行为中见到了神。这个信仰系统只有作为整体才有意义，如果仅拿其中一部分来讨

---

① ［荷］斯宾诺莎：《伦理学》，贺麟译，商务印书馆 1983 年版，第 37 页。下文引用此书皆据此版本，不再一一注明。
② ［荷］斯宾诺莎：《斯宾诺莎书信集》，洪汉鼎译，商务印书馆 1993 年版，第 134 页。
③ 同上书，第 140 页。
④ ［荷］斯宾诺莎：《神学政治论》，第 195—196 页。

论也就违背了斯宾诺莎的本意。这也就是有些论者把斯宾诺莎的宗教等同于伦理学，"'宗教'一词实际变成了'伦理学'的另一代替词"① 的问题所在。当然我们并不否认斯宾诺莎宗教的伦理和道德化倾向。

其次，观其一生，斯宾诺莎时刻都在践履自己的宗教信仰。在宗教上，他向来对上帝都笃信不已，并以爱人的实践活动体现自己的信仰，从未背离。在这方面，德国诗人海涅的评价是中肯的："斯宾诺莎的生涯没有丝毫可非议的余地，这是可以肯定的。他纯洁、无疵，就像他那成了神的表兄耶稣基督的生活。"② 斯宾诺莎的一生待人宽厚、仁慈，从不计较个人私利。"当同他住在同一所房子的人生病或苦恼的时候，他就和他们谈心……他经常提醒孩子们去教堂，教导他们遵从和孝顺他们的双亲。"③ 他将法院裁决给他的遗产的绝大部分都送给了他那刻薄的妹妹。他多次拒绝友人的馈赠而宁愿过以磨镜片为生的艰辛生活……这样的例子实在是举不胜举。我们在斯宾诺莎的爱人方面看到的是一个完人的形象。

最后，斯宾诺莎在宗教领域有着突出的建树。这主要表现在他对传统宗教（指到斯宾诺莎生活的时代为止的以上帝和《圣经》为信仰基础的各教派，主要包括天主教、东正教、犹太教和新教各派等）的几乎所有方面都进行了改造。具体表现在：

第一，他把宗教各信条归结为一个教义，即"有一上帝存在，即最高的存在，他爱正义与博爱，凡欲得救的都必须服从他，崇拜这个上帝在于实行公正与爱人"④。其他信条都由此出，因此都是无足轻重的，个人可以随自身喜好随意选择，只要不违背上述教义。对于非

---

① 转引自洪汉鼎《斯宾诺莎哲学研究》，人民出版社1993年版，第703页。
② 参见海涅《论德国宗教和哲学的历史》，商务印书馆1974年版，第65页。
③ 引自罗斯《斯宾诺莎》，谭鑫田、傅有德译，山东人民出版社1992年版，第12页。
④ ［荷］斯宾诺莎：《神学政治论》，第198页。

基本教条我们不要争论，因为争论有碍社会安宁与幸福。

第二，他认为上帝是内在因而不是超越因，并否认人格化的神，同时也否认天使、精灵的实存性。可以说，这些思想与当时正统神学家的观念都是背离的。因此他被指责为在搞无神论也就不足为怪。这些指责出自教徒或正统神学家之口，这恰恰证明了斯宾诺莎不是传统宗教家。

第三，斯宾诺莎虽然在某种程度上承认预言、启示与神迹，但他却坚决否认奇迹的存在。因为前者是"超乎人类的知识之上的，纯乎是神学上的问题……至于奇迹，因为我们研究纯乎是一个哲学问题（即是说，背乎或不遵循自然律的事情没有可能发生——原著者注）"①；而且奇迹是无知、愚笨的代名词，它让人迷信、懒惰。

第四，在解释《圣经》的问题上，他反对传统宗教家的两种倾向，一种是教条主义的解释，即认为"《圣经》每一段都是真理、神圣不可犯的"②；另一种是哲学化解释，"他们把很多哲学上的思辨输入到宗教里……如果我们一追究藏在《圣经》里的奥义是什么，我们所得的只是柏拉图或亚里士多德等人的思考……思辨的问题和《圣经》不相干，应该完全和宗教分离"③。这里说的自然是经院哲学；还有一些人则"想用数学的方法严正地证明神学的权威与真理，……而实际上是把神学置于理智的统治之下"④，这里指的显然是笛卡尔派。以上两种倾向一种是违背自然理性，使《圣经》走向荒谬；另一种则是牵强附会，使《圣经》变得不伦不类。斯宾诺莎提出解释《圣经》的正确方法是根据历史和语言作具体的历史的考察，他运用这种方法具体解读了《圣经》的一些章节和难点。可以说，这开了近

---

① ［荷］斯宾诺莎：《神学政治论》，第 104 页。
② 同上书，第 13 页。
③ 同上书，第 188 页。
④ 同上书，第 210 页。

代科学地解释《圣经》的先河。

第五，在教会组织及权威方面，斯宾诺莎首先否认教皇的权威，因为"罗马教皇的权威是需要更多的可信的证据的"①。谁将来充当神权的解释者呢？"俗界的统治者自然是神权的解释者"②。因为只有这样才能达到社会的安宁与幸福。为了不损害公民的自由，王权对宗教的权力也仅限于解释、表面仪式与表面礼节的判定，而不指"内心对上帝的崇拜，也不指内心一心一意崇敬上帝所用的方法……这些都属私权，是不允让与别人的"③。牧师的职责只在于"适当地对他们提出的问题给予回答，并且照例只能宣传和实行众所公认的教义"④。有些学者据此认为斯宾诺莎要建立一种自由民主的宗教⑤还是有道理的，问题在于这难以和新教之改革区别开来。因此，这只能是斯宾诺莎对传统宗教改造的一个方面而非全部。

第六，在宗教仪式方面，斯宾诺莎提出，"关于基督教的仪式，如洗礼、圣餐、节期、公众祈祷……与幸福无关，其本身也没有任何神圣的性质"⑥。鉴别一个人是否有真信仰关键不在于他从事何种仪式，而在于他的事功，"我们只能就一个人的事功来判断他是信神的或是不信神的……服从就包含信仰，信仰离开事功是死的"⑦。也就是说，斯宾诺莎把表面的仪式转化为内在的行为，这不但"没有削弱信仰，反倒加强了宗教"⑧。

作为宗教家的斯宾诺莎在近代宗教发展史上占据着承前启后的

---

① ［荷］斯宾诺莎：《神学政治论》，第127页。
② 同上书，第212页。
③ 同上书，第259页。
④ 同上书，第254页。
⑤ 参见 *Journal of the history of philosophy*, October 1985, Vol. XXIII, Number 4 中 "Spinoza: Liberal Democracy Religion" 一文。
⑥ ［荷］斯宾诺莎：《神学政治论》，第84页。
⑦ 同上书，第196页。
⑧ 同上书，第178页。

重要地位。他发挥了新教改革的一个基本原则："对基督教徒来说只有一个合法权威，那就是圣经。"①并且把宗教的自由化和民主化大大地推进了一步，他把宗教改造得更加简便易行。从这方面讲，斯宾诺莎对宗教的改造是发轫于16世纪的宗教改革运动的延续，他自己也堪称当之无愧的宗教改革家。在斯宾诺莎之后，整个西方宗教沿着他指明的伦理化方面进一步世俗化。划时代的大思想家康德在把上帝赶出了认识领域的同时却给上帝在道德领域留下了不可剥夺的地盘。诚如，罗马教皇保罗二世在《人类的救世主》一文中指出："凭借那神公认属于教会的道德权威，来帮助我们拯救受威胁的文明，来帮助我们对旧世界进行改造……人类间冲突之根本原因，在于人们背离了……基督教所倡导的人人都爱上帝及彼此相爱的根本道德原则。""人人都爱上帝及彼此相爱"，这正是斯宾诺莎一再强调的宗教。

第五节　莱布尼茨

经历了文艺复兴与宗教改革冲荡的欧洲在其往后的两三百年间是一个崇尚个性与理性的时代。在这个时代中，虽然教会的观念和对上帝的盲目信仰已遭到了动摇，但上帝的观念并没有因此在人们的信念中消失，在许多思想家中，它是作为一种理性的上帝存在于人们的心中。莱布尼茨（1646—1716）就是生活于这样的时代。他诞生于莱比锡大学一个知识分子家庭，其父是一名道德学教授，其母是一名虔诚的基督教徒。虽然父亲英年早逝，母亲也在他没念完大学之前就辞

---

① 参见查理·斯托非《宗教改革（1517—1564）》，高煜译，商务印书馆1995年版，第21页。

世，但家庭良好的文化氛围与丰富的藏书培植了他幼小的心灵，激发了他的求知欲。在大学时代，他就表现出对古希腊哲学、经院哲学和近代科学与哲学的浓厚兴趣与天赋。莱布尼茨的一生也可以说是充满传奇的一生，他的一生当中充满着对个性、理性与和平的追求。他的理智活动遍及当时的数学、逻辑学、物理学、哲学等领域，并在这些方面都有自己独特的建树；他也关心政治，曾作为外交家活动于当时的上层社会。作为政治家与外交家，他关注并致力于德意志的政治统一与宗教统一。这一点与莱布尼茨所处的时代有关。他出生的那一年刚好是"三十年战争"结束前第二年，这场战争给德国带来了毁灭性与破坏性的打击，加剧了德意志分崩离析的局面。正如恩格斯所描述的："在整整一代的时间里，德意志到处都遭到历史上最没有纪律的暴兵的蹂躏，……到处是一片人去地荒的景象。当和平到来的时候，德意志已经无望地倒在地下，被踩得稀烂，撕成了碎片，流着鲜血。"① 而这场战争是因德国境内路德派诸侯与天主教诸侯之间的对立而引起的一场国际战争。战争的苦难与起因引起了有识之士的反思。他们认为德国分崩离析与宗教纷争是战争爆发的重要原因。因此，他们都致力于国家的统一与宗教的统一，寻求使天主教与新教重新联合。作为活跃在当时德国上层社会的莱布尼茨也卷入这一宗教统一的活动之中，他一生不断地以各种不同方式进行这一项工作。他认为天主教与新教纷争的根源之一就是缺乏统一的理论基础。宗教统一呼唤着一种能够让天主教与新教都能够接受的哲学理论，但已有的哲学理论，不论是笛卡尔的实体学说，或是斯宾诺莎的实体学说，还是机械唯物论的原子学说都难以满足这种要求。因此，他要创立一种新的为新教与天主教都能接受的哲学理论，这就是他后来创立的"单子论"。虽然他这一愿望最后未能兑现，但寻求宗教统一却是他创立

---

① 《马克思恩格斯全集》第19卷，人民出版社1963年版，第366页。

"单子论"的一个不可忽视的原因。

关于莱布尼茨与宗教的关系，曾经有人认为莱布尼茨是一个无神论者，因为据说他从不进教堂。但这点理由是相当乏力的，仅凭这点难以说明在莱布尼茨思想中就没有上帝的位置，况且在宗教改革运动之后，教会的观念与上帝的观念已经发生了剥离。不进教堂并不等于不信上帝，而对于一个有志于寻求宗教统一的人来说，不进入哪一派的教堂也许是明智的。更值得一提的是，在莱布尼茨思想中，理性与上帝并不是水火不相容的，相反，人性与神性是交相辉映的。这从莱布尼茨的单子论哲学体系与上帝观就可以看出。

一 单子论与上帝

莱布尼茨关于上帝的思想散见于《单子论》《神正论》《人类理智新论》《信仰与理性》《自然与神恩的原则》等著作与信件之中，基本上是与其哲学体系融为一体。他的哲学思想并没有一部比较集中的著作，缺乏严密的系统性。用布勒的话来讲，就是"他的哲学并不是一种自由独立的和独创思辨的产物，而是各种经过检验的旧学说体系和新学说体系的结果，是一种折衷主义；莱布尼茨曾经以一种独特的方式试图补救这种折衷主义的缺点。这是一种在书信中进行的散漫的哲学讨论"[①]。而对于他的哲学体系，在他的大量书信被发现以后，对其评价也可谓是仁者见仁，智者见智。但主要有两种观点：一种观点认为，莱布尼茨建构了两种哲学理论，一种是他在公开发表的著作中所叙述的通俗理论，一种是他在书信中告诉熟人的隐秘的理论，后者表明他是一个比人们所想象的更为深邃的思想家。且认为在《单子论》中莱布尼茨是头足倒置地歪曲了自己的哲学。持这种观点的主要

---

① [德]黑格尔：《哲学史讲演录》第四卷，贺麟译，王太庆校，商务印书馆1981年版，第167—168页。

代表是罗素①。另一种观点则认为，莱布尼茨公开发表的形而上学思想并没有背离他一贯的思想，认为莱布尼茨在《单子论》中是头足倒置地歪曲自己的思想，未免是一种偏见。持这种观点的主要有苏联的巴克拉捷。②

从总体上来看，笔者倾向于后者的观点。罗素从逻辑的角度去把握莱布尼茨的思想自有其合理之处，但如仅从这一角度来管窥莱布尼茨丰富的哲学思想，未免失之偏颇，况且《单子论》一文中，逻辑原则或理性原则也是贯穿其中的。

但无论如何，要考察莱布尼茨的上帝观，也只能从其关于上帝的有关论述中去挖掘。而这一方面的思想主要集中在《单子论》《神正论》与《人类理智新论》这三部哲学著作之中。这三部著作虽各有详略，各有所侧重，但都是围绕其形而上学的实体学说来展开的，关于上帝的思想就蕴含在这一学说之中，或者说就在他的单子论的形而上学体系之中。在这一个体系之中，上帝处于一个不可或缺的位置。要弄清上帝在其形而上学体系之中的位置，就有必要厘清莱布尼茨单子论的脉络。

莱布尼茨的实体学说是在改造历史上已有的实体学说，特别是近代的实体学说提出来的。他用以批判旧体系，建构新体系的思维工具就是逻辑原则，即矛盾原则和充足理由原则。这些原则在《单子论》《神正论》及其他书信与论证中都提到。如在《单子论》中指出："我们的推理是建立在两大原则上，即是：（1）矛盾原则，凭着这个原则，我们判定包含矛盾者为假，与假的相对立或相矛盾者为真。以及：（2）充足理由原则，凭着这个原则，我们认为：任何一件事如果是真实的或实在的，任何一个陈述如果是真的，就必须有一个为什么

---

① ［英］罗素：《西方哲学史》下卷，李约瑟、何兆武译，商务印书馆1981年版，第106—124页。
② 参见［苏］巴克拉捷《近代哲学史》，愚生译，上海译文出版社1983年版，第206页。

这样而不那样的充足理由,虽然这些理由常常总是不能为我们所知道的。"①

在莱布尼茨看来,不论是笛卡尔的实体学说,或者是斯宾诺莎的实体学说,还是机械唯物论的原子论都存在诸多矛盾之处。笛卡尔的哲学虽然是有着肯定个体性、能动性,肯定主体性的一面,但其体系却包含着内在的矛盾,把物质、精神与神并列为三个实体是一个失误,难以处理心与物的关系,而其最大的失误就是把广延看作实体的特性或实体,这难以避免地导致了理论上的困境与体系的矛盾。至于斯宾诺莎,虽然试图消解笛卡尔实体学说存在的问题,把实体理解为自然,而自然作为实体在斯宾诺莎那里则是不动不变的,没有内在的活动,没有能动性。这一点显然不符合莱布尼茨的实体思想。他曾指出:"凡是不含有活动的东西,就决不是实体","能动性是一般实体的本质"②。故斯宾诺莎的实体学说也必遭莱布尼茨否弃。

但莱布尼茨所要集中批判的则是机械唯物主义的原子学说。机械唯物主义的原子论认为,构成万物的基本单位是原子,它是一种不可分的,但又具有广延性的物质微粒。这种观点遭到了莱布尼茨的批判,他认为,既然原子具有广延性,那么,不论它占有的空间如何小,就不可能是不可分的。所谓"物质的(即其有广延性)原子(即不可分)"本来就是一个自相矛盾的概念。因此,如构成事物的基本单位是原子的话,这种原子只能是非物质性的,为此,他提出了自己的"精神原子"学说,即单子论,并赋予单子以如下的性质:

其一,单子是单纯的、能动的精神实体。

他指出:"我们这里要说的单子不是别的,只是一种组成复合物

---

① 北京大学哲学系外国哲学史教研室编译:《西方哲学原著选读》(上卷),商务印书馆1985年版,第482页。
② 北京大学哲学系外国哲学史教研室编译:《十六—十八世纪西欧各国哲学》,商务印书馆1975年版,第501—505页。

的单纯实体；单纯，就是没有部分的意思。""在没有部分的地方，是不可能有广延、形状、可分性的。这些单子就是自然的真正原子，总之，就是事物的原素。"① 由于物质必然具有广延性，有广延性就有可分性，有可分性就必然有部分，有部分就不是最小。由此，要确保不可分性或最小，原子只能是精神性，而且，也只能是精神性的，才能避免物质的受动性和惰性，才能赋予实体以能动性。故精神性原子，即单子满足了他所认为的实体的要求。

其二，单子是孤立的，其运动变化在于内在原因。

单子既然没有部分，就意味着"在单子里面不能移动任何东西，也不能设想其中可以激起、引导、增加或减少任何内部运动"，同时，"单子没有可供事物出入的窗户"②。既是如此，单子就是封闭的、孤立的，相互之间也难以发生影响和作用的。单子的运动变化也只能在内在原因去寻找。由此，他赋予单子以力的作用，认为每个单子都是一个"力的中心"。"我们可以把一切单纯的实体或创造出来的单子称为隐德莱希，因为它们自身之中具有相当的完善性，也有一种自足性，后者使它们成为其内部活动的源泉，也可以说，使它们成为无形体的自动机。"③

其三，单子既然没有部分，就意味着没有量的差别。但大千世界多姿多彩，纷繁复杂，莱布尼茨又将难以说明。为此，他诉诸单子的质，"单子没有性质就会彼此区别不开来，因为它们之间本来没有量的差别"，故"每一个单子必须与任何一个别的单子不同"④。但只是性质上的不同。因此，整个世界就是一个由不同单子构成的序列或集合。

---

① 北京大学哲学系外国哲学史教研室编译：《西方哲学原著选读》（上卷），商务印书馆1985年版，第476—477页。
② 同上书，第477页。
③ 转引自巴克拉捷《近代哲学史》，愚生译，上海译文出版社1983年版，第212页。
④ 北京大学哲学系外国哲学史教研室编译：《西方哲学原著选读》（上卷），商务印书馆1985年版，第477—478页。

至此，从表面上看来，莱布尼茨的单子论体系似乎已颇为严密，但是稍微推敲一下，这个体系还没有建构完毕，单子论体系自身还存在着一系列的理论困境，这些理论困境使莱布尼茨请出了上帝。

首先，既然单子是一种精神性原子，是彼此孤立的，那就"根本不必怕单子会分解，根本就不能设想一个单纯的实体可以用什么方式自然地消灭"。"同样理由，也根本不能设想一个单纯的实体可以用什么方式自然地产生，因为它是不能通过组合而形成的。"① 这是莱布尼茨由单子是没有部分推导出来的必然结论。因按当时的理解，事物是因为分解才消灭，因为组合才产生的，单子既没有部分，就无所谓产生，也无所谓消灭，它是永恒的。但这样一来，莱布尼茨就面临这么一个问题：单子由何而来，它为什么是这样，而不是那样，依据他的充足理由原则，他必须陈明理由。

其次，既然单子是孤立的，彼此不发生任何影响和作用的，那就意味着单子都是依照其内在规定性，按照自身固有的方式去发展的，那么单子体系就是一个无序的系列，其运动发展又将是杂乱无章的，但按照常识与莱布尼茨的理解，世界并不是无序的，而是有序的，是"普遍和谐"的。这里依据莱布尼茨的逻辑原则，他陷入理论的困境。

最后，为了说明单子的运动变化，他赋予单子以力，认为每个单子都是"力的中心"；为了使单子与其他单子取得间接联系，以及说明单子如何以一种状态向另一种状态过渡，他又赋予单子以知觉。这里又出现了类似于前面的问题，单子的力与知觉又是从何而来的。

所有这些问题，包括这里没有提到的问题都是莱布尼茨依据矛盾原则与充足理由原则所难以解决的。这里莱布尼茨要么只好否定已经设定的单子论，要么就只好请来"外援"，帮忙构建体系。他选择了

---

① 北京大学哲学系外国哲学史教研室编译：《西方哲学原著选读》（上卷），商务印书馆1985年版，第477页。

后者，而能帮他这个"大忙"的，也许只有全知全能的上帝。他认为，"上帝是绝对完满的，完满性不是别的，就是严格意义下的最高量的积极实在性，它排除有限制的事物所具有的限度或限制。在没有限制的地方，就是在上帝之中，完满性是绝对无限的"①。同样真实的是："上帝不仅是存在的源泉，而且是本质的源泉，是实在事物的源泉，也同样是处在可能性中的实在事物的源泉。"②"只有上帝（或必然的实体）有这种特权，即：如果它是可能的，它就应当是存在的。"③ 上帝既然是如此能耐，对于以上问题似乎也就迎刃而解。对于第一个问题，做出了这样的回答："它们只能通过创造而产生，通过毁灭而消失。"④"可以说是凭借神性的一刹那的连续闪耀而产生的。"⑤ 既然请来了上帝，第二个问题也就不难了。莱布尼茨认为，单子与单子之间虽没有直接的联系，但通过上帝发生了间接的联系。"在单纯的实体中，只有一个单子对另一个单子所发生的理想的影响，它只是通过上帝为中介，才能产生它的效果，因为在上帝的观念中，一个单子有理由要求上帝在万物发端之际规范其他单子时注意到它。因为一个单子既然不能对另一个单子的内部发生一种物理的影响，那就只好靠这种办法，一个单子才能为另一单子所依赖。"⑥ 而且每一单子虽是按照其固有的本性去展开，但单子与单子之间并不是杂乱无章的，因它们已经被先天地规定在一个有序的状态之中，也就是说，"这种一切事物对每一个事物的联系或适应，以及每一事物对一切事物的联系或适应，使每一个单纯实体具有表现其他一切事物的关系，

---

① 北京大学哲学系外国哲学史教研室编译：《西方哲学原著选读》（上卷），商务印书馆 1985 年版，第 483 页。
② 同上。
③ 同上书，第 484 页。
④ 同上书，第 477 页。
⑤ 同上书，第 484 页。
⑥ 同上书，第 485 页。

并且使它因而成为宇宙的一面永恒的活的镜子"①。至于第三个问题,已经变得相当简单了,单子为什么有这种变化,为何有知觉,原因就在于上帝使它们如此,上帝在创造单子时,已经赋予了单子以各种可能性。一切都由上帝安排好了。上帝在创世之初,已把每个单子的全部发展过程预先安排好了。这就是他所谓的"前定和谐"。

通过上帝,莱布尼茨解决了他实体学说的诸多矛盾,完成了他对单子论体系的"拯救",上帝在其体系中处于一个关键性的位置;没有上帝的介入,他的体系将陷于支离破碎,矛盾重重。故莱布尼茨把其"单子论"又称为"前定和谐系统",实际上表明了上帝在其实体学说之中的位置。

二 莱布尼茨的上帝论

在"单子论"中,莱布尼茨请来的上帝已经不是基督教那"至高、至美、至能、无所不能,至仁、至义、至隐、无往而不在,至美、至坚、至定但又无从执持,不变化而变化,无新无故而更新一切"② 的上帝,也就是说已经不是绝对的全知全能、绝对完善的上帝,而是一个相对全知全能、相对完美的上帝。这表现在如下几方面:

其一,上帝的存在也需要逻辑论证。

莱布尼茨既已请来上帝来"完善"他的单子论,那么我们同样依据充足理由原则可以请教莱布尼茨,你怎么知道全知全能的上帝存在?莱布尼茨可以有两种回答方式:一是我相信他存在,他的存在是无法用语言表述的;二是我相信他存在,是因为可以用理性进行论证的。假如莱布尼茨采用了第一种回答方式,那么他的回答是神秘主义

---

① 北京大学哲学系外国哲学史教研室编译:《西方哲学原著选读》(上卷),商务印书馆1985年版,第486页。

② [罗]奥古斯丁:《忏悔录》,周士良译,商务印书馆1963年版,第5页。

的，是神学家的回答方式，其逻辑原则或者说理性原则并没有贯穿其整个单子论；假如他采用了第二种回答方式，那么他是一个哲学家的回答方式，理性的原则贯穿了整个单子论。而莱布尼茨采用了第二种回答方式。在《单子论》一文中，他就指出："这个王国中真正包含着上帝的荣耀，因为如果上帝的伟大和善不为精神所认识和崇拜，就根本没有上帝的荣耀可言。"① 这一点表面看来似乎是盛赞上帝的伟大，但其实是拉近了上帝与人的距离，上帝与人在理性上是共通的。但关于上帝比较系统的证明是在他的《人类理智新论》一书当中。《人类理智新论》一书是莱布尼茨为反驳洛克的《人类理解论》所作。书中的基本观点与洛克是针锋相对的。但在上帝存在需要论证、能够论证这一点却是相当一致的。这一点上，他跟休谟对待洛克的上帝论证采取完全不同的态度。休谟认为上帝的存在是不能证明的；而他认为上帝的存在是可以证明的，他所提出来的关于神存在的四个论证：（1）本体论论证；（2）宇宙论论证；（3）永恒真理说论证；（4）前定和谐说论证或意匠说论证。② 莱布尼兹并不是为了否定上帝存在的理性论证，而是为了完善洛克与笛卡尔的上帝论证。例如，他针对洛克关于上帝存在的证明指出："我完全真诚地老实告诉您，先生，我非常遗憾，不得不对这种针对说点反对的话；不过我这样做，仅仅是为了给您一个机会来补好其中的漏洞。"③ 而莱布尼兹认为所需要再补上的一个证明就是：如此定义的神是可能的。再如，莱布尼兹针对笛卡尔的本体论证明也提出了自己的修补意见："笛卡尔先生从坎特布里大主教安瑟伦那里借来的那个证明，是很美并且真的很机

---

① 北京大学哲学系外国哲学史教研室编译：《西方哲学原著选读》（上卷），商务印书馆1985年版，第492页。
② ［英］罗素：《西方哲学史》（下卷），李约瑟、何兆武译，商务印书馆1981年版，第112页。
③ ［德］莱布尼茨：《人类理智新论》，陈修斋译，商务印书馆1982年版，第511页。

智的，但还是有一个漏洞须加修补。"① 于是他用他的充足理由律进行修补：宇宙整体必须有个充足理由，这个充足理由就是上帝。此外，莱布尼茨所提出的另外两个证明也是为了完善上帝存在的理性论证。莱布尼茨的这个上帝存在证明的意义相当重要。一方面通过上帝存在的证明，使他那种想象性的单子论置于常识和普通信念可接受的基础之上，使他的单子论避免陷于一种臆说或幻想，而能作为一种形而上学存在；另一方面，也由于上帝的存在需要人的理性来给他作论证，这里上帝的万能已打了折扣。

其二，莱布尼茨的上帝不仅要借助逻辑来给他论证，而且上帝也要受理性的制约、逻辑的制约，他的万能只是选择的万能。如关于可能世界的理论，为了回应既然上帝是善的，完满性的，那现实世界为何存在着恶的责难，莱布尼茨提出了他的可能世界理论。他说："既然在上帝的观念中有无穷个可能的宇宙，而只能有一宇宙存在，这就必定有一个上帝进行选择的充足理由，使上帝选择这一个而不选择另一个。"② 由此，可以看出，上帝的万能也只能是一种理性的万能、选择的万能。这就正如一个悖论：上帝不能创造一块他自己举不起的石头。由此可见，上帝的万能也是相对的，他并不能给我们创造一个没有存在恶且十全十美的世界。

其三，莱布尼茨的上帝也只不过是最完善的单子而已。

以往的基督教神学有一个倾向，就是抬高神性，贬低人性，把上帝设置在与人遥遥相对、性质完全不同的一极。但在莱布尼茨的哲学体系中，情形并不是这样。他依据连续性原则，把宇宙设置成一个从低级到高级的无穷序列。由于单子内在欲求的推动，单子的知觉不断地由低级向高级发展，由这样的单子构成的事物便形成了一个不同等

---

① [德] 莱布尼茨：《人类理智新论》，陈修斋译，商务印书馆1982年版，第513页。
② 北京大学哲学系外国哲学史教研室编译：《西方哲学原著选读》（上卷），商务印书馆1985年版，第486页。

级的连续发展的系列。尽管从理论上说，这个系列可以有无限多的等级，但是按照知觉的清晰度可以把它们集中划分为四大类。第一类是最低级的单子只有"微知觉"，称为"赤裸的单子"，无生命的东西就是由其构成；第二类较高级的单子具有比较清晰的知觉，而且具有感觉并伴有记忆，称为心灵，一般的动物都是由这类单子构成的；第三类单子则具有判断、推理等思维活动，人就是由这类精神单子构成的；第四类单子就是上帝，他是纯理性、纯精神的，其他三类单子都是他创造的。由此，每一单子从其潜能来看，都表象着宇宙，都有上帝的影子，这无疑也是拉近了上帝与人的距离。

最后，他虽宣扬上帝创造世界万物，但他的上帝已不是宗教意义上的能任意行事和祸福人间的人格神，而只是具有一个最高的虚位，表面上是把万物的秩序归于上帝的"前定"，实际上是以"前定和谐"排除了上帝对人世间的具体参与。人世间进行的一切已经是上帝首肯的，但上帝已不再干预人间。

以上看来，莱布尼茨已不是一个纯粹意义上的基督教徒，他对上帝存在的证明，与其说是意在证明，不如说是一种体系的需要，是逻辑原则的必然要求。但如说莱布尼茨是一个无神论者，我们却缺乏证据，以莱布尼茨的话来讲，就是缺乏充足理由。但其单子论体系，上帝的介入，却至少表明在他的思想中有上帝的位置，只不过是一个理性化了的上帝而已。因此，正如费尔巴哈所说："莱布尼茨是半个基督教徒，……他用智慧、理性来限制上帝的思想和万能。"[①]

[①] ［德］费尔巴哈：《对莱布尼茨哲学的叙述分析和批判》，涂纪亮译，商务印书馆1974年版，第202页。

第六节 洛克

洛克是英国近代最伟大的哲学家之一。他的思想处处体现了1688年的阶级妥协和宗教妥协。

一 寻求常识的哲学

洛克经历了英国政治的飘摇，充分认识到灾难的根源。他晚年所处的时代，一方面是宗教和理性、政治和生活之间的繁杂矛盾，君主立宪后一切都有待梳理和论证甚至是总结和升华；这些方兴未艾的东西随着人的欲望的涨溢不断变幻出新的样式，这在振兴人心时潜存着新的危险，社会需要一种思想的引导和控制；另一方面，正如洛克自己所说，我们所处的这时代不是最无学问的，所以它也不是最易于满足的。思想界的混乱、陈旧构成了对新政体及其精神的威胁，随之而来的是对新东西的渴望交织着深深的情感；思想一方面滞后于牛顿等人的科学精神，另一方面也滞后于社会现实，这种状况自然地孕育出保守和创新的矛盾、后退和前进的斗争。

在这种形势下，洛克的气质是彻底的客观气质，他的坦率、睿智和敏锐性使他博得了其同胞的欢迎；而他的广泛旨趣更使他的同胞乐于接受他的哲学。他的谨慎态度，可以用他自己的话来证明："这个时代既然产生了许多大师，如大郝珍尼同无双的牛顿，以及其他同类的人；因此，我们只当一个小工，来扫除地基，来清理知识之路上成堆的垃圾，那就够野心勃勃了。"[①] 这一切构成了他自谦而又广博的

[①] ［英］洛克：《人类理解论》（上册），关文运译，商务印书馆1983年版，"赠读者"第13—14页。下文引用此书皆据此版本，不再一一注明。

心境，这一心境全都无遗地融进了他的哲学思想里，他的著作充分反映出他的性格谨慎、耐心、容忍，对人类理性力量的坚定信仰，以及对政治、宗教上专横统治和守旧的强烈怨恨。不过，他对理性的信仰与他对理性能力、人的理解力的认识应该分开，它们不是一回事。

洛克在同人讨论道德和宗教问题时说到，"谈论不久，我们就看到各方面都有问题，因此我们都就停顿起来。在迷惑许久之后，既然没有把打搅我们的困难解决了，因此，我就想到，我们已经走错了路，而且在我们开始考察那类问题之前，我们应该先考察自己的能力，并且看看什么物象是我们的理解所能解决的，什么物象是它所不能解决的"①。他对这一问题，当初以为只要一张纸就可以说清楚，然而事实上他却花了十四年功夫，才形成了一条道路，即肯定知觉作用是"走向认识的第一步和第一阶段，是认识的全部材料的入口"，这一点，罗素给了恰当的评价："在现代人来看，会觉得这几乎是不必说的道理，因为至少在英语国家中，这已经成为有教育者的常识的一部分。但是在洛克时代，心灵据设想先验地认识一切种类的事物，他倡导的认识完全依赖知觉作用，还是一个革命性的新说。"② 所以，他这一哲学路径是不同凡响的，不过，由此也说明，它显然不是常识，但洛克的任务是必须使它成为常识，以代替天赋观念这一陈腐的常识，这就使得洛克对知识的探索具有双重的任务。由此他写道："如果我们能发现出，理解底视线能达到多远，它的能力在什么范围以内可以达到确定性，并且在什么情况下它只能臆度，只能猜想——我们或者会安心于我们在现在境地内所能达到的事理。"③

他阐述了自己的意图和目的以后，对当时流行并被人们广泛接受

---

① ［英］洛克：《人类理解论》（上册），"赠读者"第10页。
② ［英］罗素：《西方哲学史》（下卷），李约瑟、何兆武译，商务印书馆1981年版，第140页。
③ ［英］洛克：《人类理解论》（上册），"引论"第3页。

的"观念"一词作了界定,"'观念'一词这个名词,我想最足以代表一个人在思想时理解中所有的任何物象;因此,我就用它来表示幻想、意念、影响或心所能想到的任何东西"①。他这一定义显然与当时的观念含义是对立的,这样一来,洛克把哲学从纯粹思辨的梦境带到了反对旧传统的战场。更确切地说,这一战场将在现象界展开,这就是针对天赋观念的批判。

与天赋观念论相对立,他提出了白板说,"我们可以假定人心如白纸似的,没有一切标记,没有一种观念……他在理性和知识方面所有的一切材料……都是从'经验'来的"②。他认为观念才是思维的对象,一切观念要么来自感觉,要么来自反省,由此他得出结论:"我们底一切知识都是建立在经验上的,而且最后是来源于经验的"③,因为反省虽然是观念的来源,是由于反观自己的心理活动时产生观念,但它是以感觉为基础的,所以,"我们底心灵在反省这些心理作用,考察这些心理作用时,它们便供给理解以另一套观念,而且所供给的那些观念是不能由外面得到的,属于这一类的观念,有知觉、思想、怀疑、信仰、推论、认识、意欲,以及人心底一切作用"④。这些能力及其观念尽管有其独立性,但离开了经验,连一切智慧能力最初的动作和对一切知识的进口的知觉便丧失了媒介和起因,为此,他认为,人们的思想不能超出感觉,全面地说,不能超出观念之外。

接着洛克将观念分为两种,一种是由感觉和反省得到的清楚单纯,心灵不能创造或消灭的具有原始性、基础性、被动性的简单观念,他认为这些简单观念足以促动最迅速的思想和广大的心智,并为

---

① [英]洛克:《人类理解论》(上册),第5页。
② 同上书,第68页。
③ 同上。
④ 同上书,第69页。

知识、思想和意见提供足够的材料；另一种是心智能力（包括知觉、把握力、比较与分辨、抽象与合成）运作简单观念而形成的复杂观念（包括情状、关系、实体三种观念），其中他论述了时空观念等来自经验，而义务观念等存在于理解中，而不必问是否真实存在。他总结道："在许多情况下，我们可以依照确定的习惯对我们所经验到的事物，进行这种改变"，"久做各种事情，则我们可以借习惯之力，熟极生巧，使我们在做时不注意它们。……习惯，尤其是很早养成的习惯，就终于能使我们在行动时不注意自己底行动"①。所谓习惯，无非指一种习性，它遵守常识的逻辑，近乎自然地行动，其后果和价值已得到公意或经验的肯定，因此，洛克的解释含有对常识性的肯定，且相对于洛克当时情况而言，他的上述理论本身就是对正常人的认识起源和发展的描述，自然，实际上洛克这是在发掘人们潜在的认识过程中的常识，所以，他说，"人们所以有普遍的同意，完全是因为人心有这种明白的分辨力"，"习惯有很大的魔力……它就有很强的吸引力"②。

他把能在心中产生观念的那种外界能力叫作事物的性质，事物的性质首先是凝性、广延、静动和数目等具有坚实性、根本性，产生的观念能与之相应的原型相似的第一性质；再次是产生色香味等，具有主观性，且对第一性质有依附性，产生的观念与对应能力不相似的第二性质；还有物化作用于感官的能力，由于借此可以直接知觉到第二性质，这第三性质可以归入第二性质之内。与之相关的是洛克对事物的名义本质和实在本质的区分，他认为事物能力作用于感觉，借此在简单观念基础上运用心智能力产生的复杂观念，甚至是概括性或抽象性的普遍观念，都代表事物的名义本质，因此，它们是可以认识的；

---

① ［英］洛克：《人类理解论》（上册），第113页。
② 同上书，第122页。

而物体内部不可觉察的各个部分的组织和运动等是其实在的本质,由于人们根本不具备达到这种知识的官能,所以是不可认识的,只要知道它是物体各种可感性质的支撑者就行了。

洛克由此进一步认为:知识的对象不是外物,只是观念,但单个观念只是知识的基础,而不是知识,"所谓知识,就是人心对两个观念的契合或矛盾所产生的一种知觉"①。知识分为当下认知的实在知识和记忆认知的习惯知识(包括真理的知识和信仰的确信)两种形式,因此,知识就有确实性和明白性高低的区别:直觉的知识、需要中介的解证的知识,最后是对特殊事物感觉的知识,由高而低形成知识的三个等级。

洛克认为,"直觉知识不能遍行于一切观念的一切关系""解证的知识亦不能遍行""感觉的知识比前两种都狭窄",因此,"我们知识的范围不但达不到一切实际的事物,而且甚至亦达不到我们观念的范围。我们的知识限于我们的观念,而且在范围和完美方面,都不能超过我们的观念"②,甚至所谓真理也不是别的,只是按照与实在事物的契合与否而进行的各种标记的分合,是一种概括性的公理,它显然也超越不了观念;所谓理性,也不过指"正确而明白的原则而言","由这些原则所推出的明白清楚的演绎而言","原因而言——尤其是指最后的原因而言"③,因此,"所谓理性的知识,就是在以一个或多个别的观念把两个观念联合以后,人心对那两个观念的契合或相违所发生的一种知觉"④,同样超过不了观念。

这样一来,洛克把知识纳入观念范围之内,成为常人所能理解和把握的知识样式,这就构成了常识性的知识模型,他既为人们提供了

---

① [英]洛克:《人类理解论》(下册),第515页。
② 同上书,第529—530页。
③ 同上书,第666页。
④ 同上书,第680页。

一条常识性的知识途径,同时又切合人们求知的常识性心理。但他为了防止一味求证的极端倾向,补充道:"所谓意见就是,人心在以一个或多个别的观念联合的两个观念以后,只'相信'那两个观念是契合的或相违的,因为在这里人心并看不到那些别的观念和那两个观念的确定契合或相违,只看到它们是屡次的、常见的契合或相违"①,"信仰则是根据说教者的信用,而对任何命题所给予的同意……这种向人暴露真理的途径,就叫做启示"②。相信和启示,意见和信仰他没有否认,自然是基于常识的考虑。正是由于这种现实的态度基于常识的角度,他能提出两方面的告诫:一是"我们如果使自己的思想驰骋于万有的大洋中,以为无限的境界,都是理解的自然的确定的所有物,其中任何事情都离不了它的判断,逃不了它底识别——则我们休想安闲自在确定不移地把握住我们所最关心的真理,以求自己的满足"③;二是"人们如果习于一种意见,以为在宗教的事理方面,不论它们怎样显然与常识、与一切知识底原则相冲突,我们亦不能求商于理性,他们就已放纵自己的想象和迷信了"④,如果这样本想使人们高于牲畜的宗教,这反倒使人比畜类还要愚蠢,这等于让人成为无理性的动物;"所谓狂热就是要排除理性,在本无启示处,妄来建立启示。结果,它就把理性和启示都排除了"⑤,把幻想和意见作为基础,这自然是更应该注意的。所以理性可以对信仰进行决断,理性高于信仰,同时也可对理智能力的滥用进行控制,然而,理性这一崇高的标准显然是以"常识"和"一切知识的原则"为参照物的。理性正是依据常识而形成标准的,否则,理性就失去了依存。理性之所以伟大,就在于从常识中寻找根据,始终与常识一致(或与人们潜在的

---

① [英]洛克:《人类理解论》(下册),第684页。
② 同上书,第689页。
③ [英]洛克:《人类理解论》(上册),第5页。
④ [英]洛克:《人类理解论》(下册),第696页。
⑤ 同上书,第698页。

常识一致），所以理性本质上就是一种常识的态度。

洛克从理性和常识的角度确立了哲学，也就一定程度上削弱了宗教。

二　宗教观

如上所述，洛克是一位对人的能力，对理性有着深深的赞许，同时又对上帝充满虔诚的哲学家。他既对永生有着终极的关怀，又热爱着今生的世俗生活。他的思想由此也充满了虔诚与哲学思辨的结合。这种风格在他的"天赋能力"说、上帝存在的证明以及政教关系的论述中可以得到印证。

（一）以天赋能力说批判天赋观念说

洛克的认识论是从反对天赋观念说开始的。在他看来，人心中根本就没有天赋的思辨原则与天赋的实践原则，因为这是没有理由也没有根据的。

他指出，"人们只要运用自己的天赋能力，则不用天赋印象的帮助，就可以得到他们所需要的一切知识，不用那一类的原始意念或原则，就可以达到知识的确实性。要假设人心中有天赋的颜色观念，那是很不适当的，因为果真如此，则上帝何必给人以视觉；给人以一种能力，使他用眼来从外界物象接受这些观念呢？要把各种真理归于自然的印象同天赋的记号，那亦是一样没理由的，因为我们可以看到，自身就有一些能力，能对这些真理得到妥当的确定知识，一如它们是原始种植在心中的"①。

这里洛克认为，上帝创造世界是不会浪费的，是遵循精简原则的。既已创造了人的能力，人的理解力，也就没有必要再把观念或原则植入心中。

---

① ［英］洛克：《人类理解论》（上册），第6页。

洛克又指出，天赋能力与天赋观念并存不仅是没有理由，也是没有根据的。他为此批驳了天赋观念说赖以支撑的论据——普遍同意说。因为"普遍的同意并不能证明有什么天赋的东西——不过根据普遍同意而推出的这个论证却有一层不幸，因为事实上纵然真有一切人类所共认的真理，那亦不足以证明它们是天赋的"①。再者，人们并没有普遍地共许"凡存在者存在"，"一种东西不能同时存在而又不存在"②。即使最为一般的上帝观念也难以找到普遍的同意，因事实上，一些国家或地区的人们并没有上帝的观念，纵使有上帝观念的，也没有同样的上帝观念。因此，洛克认为普遍同意说是不足为据的。

洛克还进一步指出了天赋观念说的有害性。他认为，假如承认有天赋的命题，就会使"懒惰者便省了探求之劳，怀疑者便停了搜索之苦。有的人们既然装作是教师和宗匠，因此，他们如果以'原则是不可追问的'这个原则，作为一切原则的原则，那对于他们是有很大利益的。因为他们既然立了确有天赋原则这样一个教条，他们的门徒们一定不能不把一些原则当作天赋的，而加以接受。这样一来，就使他们的门徒们废弃了自己的理性和判断，并且不经考察就来轻易信仰那些原则了"③。这一点才是问题的关键之所在，因理性与拒绝盲从正是洛克所要着意强调的，也是宗教改革以后所倡导的主流方向。宗教改革后，人们的头脑中注入了一种新的世界观——《圣经》及早期教父所宣讲的创造论。这种创造论认为，世界虽然是上帝所创造的，但世界也有其独立自主性。上帝是绝对的、必然的存在，而作为神创的世界却是偶然的、相对的，它向人们敞开，任人类自由探索和领悟，人成了经验世界的解释者。人在相信上帝存在的前提下，运用人的理性建立知识王国，这是人的权利，也是上帝赐予人类的恩典。洛克的

---

① ［英］洛克：《人类理解论》（上册），第7页。
② 同上。
③ 同上书，第65页。

思想极有可能受到当时一度盛行的神创世界论的影响,他主张"人必须自己来思想,自己来理解"①,"我们只有求诉于人们的坦白经验和观察,以决定它们的真假好了。一个人所自期的,如果只是要想对于尚在幽暗中的一个题目,坦白地显示出自己的猜想来,而且除了无偏颇地探求真理以外,别无他图,则他所能为力的亦只有求诉于他人的经验和观察了"②。

洛克所强调的就是要发挥作为人的主观能动性与主体能力去发现与理解神创的世界,尤其是其中人的伟大。而这种对人的理性与能力的极致发挥,也是与上帝的善相吻合的。

洛克批判天赋观念说,并不是否定"天赋",表示对上帝的怀疑,否定上帝的存在。而是在于这种天赋观念说还未能把人的理性充分发挥出来。洛克认为,理性的充分发挥与肯定上帝的存在是相一致的。(这种思想逻辑与中国的孝文化有点接近。中国孝文化有一种思想,就是热爱自己,尽力发展自己,是对父母的爱的体现。)

客观地讲,天赋观念说与天赋能力说相比,在发挥人的主体性与对人的肯定上,确有其不足之处。在笛卡尔的天赋观念说那里,对人的理性与能力尚有怀疑,尚有借助上帝来对人的理性给以确认。而到了洛克那里,人的理性与能力虽有借助上帝肯定的一面,但人的理性却企图为上帝的存在给以确证。这就把人的理性与能力进一步肯定与推进。洛克指出:"我们的才具是同我们的境地和利益相适合的——因为我们理解的识别能力虽然万分赶不上纷纭错杂的事物,可是我们仍有充分的理由来赞扬我们那仁慈的造物主,因为他所给我们的知识的比例和程度,是比尘世上一切其他居民的知识都要高出万倍的。……人们如果因为自己太不够伟大,不能把握一切,便冒昧地抱

---

① [英]洛克:《人类理解论》(上册),第64页。
② 同上书,第67页。

怨自己的天分，并且把他们手中的幸福都抛弃了，那就无话可说了，否则他们一定会找到充分的材料来开动自己的脑筋，来运用自己的两手，并且随时变换花样，妙趣横生。因此，人们如果能应用自己的心思来研究那些本可对我们有用的事物，他们便没有多大理由来诉怨人心的狭窄，因为人心本来就能供他们以这种用途。"①

这里体现出洛克对人类自身的充分肯定与优越感，认为人类自身就是上帝的宠儿。人类自身应该自足、自信、自强。在洛克看来，怀疑自己的才具，怀疑自己的理性，就是怀疑上帝的伟大。洛克的论证方式也是采取双重肯定的方式，既肯定上帝的善，上帝的伟大，又肯定人类的才具，人类的理解力。而其主旨却是在于肯定人类自己，是在肯定上帝的名义下来肯定人类的能力与理性。这就有一种"明修栈道，暗度陈仓"的味道。这一点还可以从洛克把上帝创造世界、天赋能力看成一种既成的事实看出。由于上帝创造世界、天赋能力既已完成，是一种已经完成了的事实，那剩下来的工作就要看人类自己了。由此，人类必须充分应用自己的才具与理性。但洛克要肯定人类的理解力，就必须肯定上帝。这也是他理论体系的需要。

（二）对上帝存在的论证

洛克本可以把"上帝的存在"归于人类的信仰，但由于洛克对人类理性的自负、理性的权威，他还是企图为上帝的存在予以理性的证明。在《人类理解论》中，充满了洛克对上帝存在的确信。洛克对上帝的存在不仅有专门性的论证，而且有零散的肯定性论述。零散的肯定性论述如："不过在另一方面，人们纵然没有上帝一名，而且他们的心中虽然没有那个意念，那亦不足以否认上帝的存在。"②"不过上帝虽然没有给人以知识的原始印象，虽然没有在人心上印了天赋的

---

① ［英］洛克：《人类理解论》（上册），第3页。
② 同上书，第51页。

观念,可是他的善意并不因此就缺乏了,因为他所供给人的能力,足可以使人来发现各种必需的事物,以来证实上帝的存在;而且我可以确乎断言,一个人如果能正当地运用其天赋的才具,则他虽没有任何天赋的原则,得知有上帝存在,亦可以得知关于上帝的其他事物。"①

洛克关于上帝存在的专门性论述见于《人类理解论》第四卷第十章。在这一章书里头,洛克把上帝的存在当为知识的对象来加以论证。在此之前,他曾指出,有三层知识:直觉的知识、解证的知识和感性的知识,上帝存在属于解证的知识,"我们对于自己的存在,有一种直觉的知识,对于上帝的实在有一种解证的知识"②,"我们所以能知道认识自己的存在,乃是凭借于直觉,所以能认识上帝的存在,乃是凭借于解证,所以能认识其他事物的存在,乃是凭借于感觉"③。在这一章中,洛克是这样来展开他的论证的。

在现有的世界里,人是芸芸众生中最为高贵的,有认识自我存在能力的现实存在。"人知道自己是存在的——我想,人人都对于自己的存在,有一种明白的认识,都知道他存在着,都知道自己是一种东西;这是毫无疑义的。"④

而人这种高贵的存在,一定不是凭空生成的。依据洛克的说法就是,"虚无不能产生出一个存在来,因此,一定有一种永久的东西"⑤,这种永久的东西是全能、全知的。我们可以把他称为上帝。

由此,洛克也就自以为已经为上帝的存在做出了理性的解证。这也就为万物的存在找到了一个渊源,也为他的天赋能力说的一个假设——上帝的存在,提出了解证。正如他所说的,"因为有了上帝,

---

① [英]洛克:《人类理解论》(上册),第54页。
② [英]洛克:《人类理解论》(下册),第544页。
③ 同上书,第614页。
④ 同上书,第615页。
⑤ 同上。

我们才能说，后来开始存在的一切其他含灵之物，都是依靠于他的，而且他们的知识的途径或能力的范围，亦不出于他所给与他们的。有了上帝，我们才能说，他不但造了这些东西，而且他还造了宇宙中别的次美的东西——一切无生物——来证成，来建立他的全知、全能和意旨，以及其他一切品德"①。

但洛克这种关于上帝存在的解证在仔细推敲之下，却是相当牵强的。

其一，洛克论证的原则是古老的"无不能生有"，论证的前提是人的存在。而从高贵、有认识能力的人身上并不一定能推出一位全知全能的上帝的存在。正如我们从一位高素质的人身上，并不一定就能推出他这种高素质就一定是来自他的基因，来自父母亲的塑造。因为他之所以有这种素质也可能来自于其不平凡的人生际遇。同样，从人类身上无限上溯，我们既可以推出人类是来自一位全知全能的上帝的创造，也可以推出是生物进化、人类自身演化的结果，一如达尔文进化论所说的。是故由人类自身推导出上帝的存在并非必然的推论，而是概然的推论。

其二，即使这种推论行得通的话，那是把上帝作为因果链条中的第一因。但依据休谟的观点，如果把上帝作为第一因，那就要符合形成因果观念的条件，也就是必须多次观察到两个事件的恒常联结，于是在看见其中一个存在时，便能根据心理习惯推出另一个的存在。但是上帝是单一的、独一无二的实体，根本就没有与它并行的对象，也没有与它种类上相似的对象；所以对它是不可能形成因果观念的。作为第一因的上帝存在也就无法证明。

其三，如果联系洛克的知识论，则洛克的上帝存在的理性证明，将是一种循环论证。这里简单地给出洛克论证体系的一个内在矛盾：

---

① ［英］洛克：《人类理解论》（下册），第620—621页。

> 知识的确然性是来源于人的理性能力；
>
> 人的理性能力是来源于上帝的创造；
>
> 上帝的存在又依赖于理性的证明。

由此可见，人的理性是无法证明上帝存在与否的。而人的理性如未能证明上帝存在，就必然动摇洛克所建构的知识论体系，洛克的"天赋能力说"的"天赋"（上帝所赋予而不是自然所赋予）便缺乏依据，知识的确然性就缺乏保障。

从总体上来看，洛克关于上帝存在的解证是失败的。洛克企图通过理性来捍卫上帝，把上帝的存在作为一种知识来考察，但洛克这种做法实际上是把上帝放在理性的裁判台上，上帝的存在需要借助理性来为其做证，这实际后果则是贬抑了上帝，抬高了人，或者说是贬抑了信仰，抬高了理性。但洛克的失败也启迪了后继者重新考察宗教问题与重新建构认识论体系，如贝克莱与休谟。

（三）政教分离说

在洛克的思想中，还有一个重要的内容就是提出政教分离，主张宗教宽容。他的观点与论证在今天看来，或许没有多大惊异之处——无非是说政府与教会要处理好各自扮演的角色，避免角色不当与角色冲突。但若放在 17 世纪英国的历史背景来考察，它则是人类文明史上的一块里程碑，是宗教学与政治学的里程碑，具有十分重要的意义。

洛克在《论宗教宽容》一书中首先旗帜鲜明地痛斥了那些煽动宗教不宽容的人："这里，我要向那些以宗教为口实，迫害、折磨、屠杀和毁灭他人的人的良心呼吁：他们这样做，是出于对他人的友善和仁慈吗？……我要问，倘若这一切只是为了使人成为基督徒并保障他们的灵魂得救的话，那么，他们为什么还要容忍诸如奸淫、邪荡、欺诈等（据罗马人书第 1 章）和异端邪教伤风败俗的丑恶行径在其信徒中间如此充斥与盛行呢?"①

洛克还揭露了宗教不宽容的真正原因："为贪婪和统治他人的欲望所驱使的教会首领们，利用官长们的狂妄野心和幼稚的民众的迷信心理，违反福音书的原理和仁爱的训示，向他们传播宗教分立论和异端派将被剥夺其财产并予以毁灭的邪说，以此来诱惑和煽动他们去反对那些与他们持有不同意见的人。"②

面对当时宗教迫害，教会与国家互相勾结、互相欺诈等黑暗的社会现实。洛克提出了他的治病良方——政教分离、宗教宽容的方案。

洛克解决问题的思路很简单，如果一言以蔽之的话，就是不同的角色应该有不同的行为方式和活动范围。他的思路是这么展开的：

首先，他认为国家与教会是两类性质不同的实体。他从以下几方面展开了他的论证。

第一，他从概念上加以界定。他认为：

> 国家是由人们组成的一个社会，人们组成这个社会仅仅是为了谋求、维护和增进公民们自己的利益。公民的利益是指"生命、自由、健康和疾病以及对诸如金钱、土地、房屋、家具等外在物的占有权。"③

而"教会是人们自愿结合的团体，人们加入这个团体，是因为他们认为能够用上帝可以允许的方式礼拜上帝，以达到拯救灵魂的目的。"④

第二，他在对概念界定的基础上，对二者在宗旨、组合方式上的不同进行了再度展开。

---

① [英]洛克：《论宗教宽容》，吴云贵译，商务印书馆1982年版，第2页。下文引用此书皆据此版本，不再一一注明。
② 同上书，第47页。
③ 同上书，第5页。
④ 同上书，第8页。

他认为国家的宗旨是增进公民们现世的利益,所关涉的是今生的幸福。而"教会的宗旨是共同礼拜上帝,并以此为手段求得永生"①。其所关注的是内在灵魂的得救。

在组合方式上,洛克基本上是认为国家是因为人类为了保卫世俗财产,为了保护自身的利益免受侵犯而达成互相支持的契约建立起来的;而教会中的人们是为了自己灵魂的得救,因为朝向上帝有同感而走到一起来的。因而,教会比起国家来,它是一个自由的、自愿的团体。人们天生并不是属于某一个教会,但却必属于某一国家。这有点像卢梭的思想:人是生而自由的,却无往不在枷锁之中。

其次,基于对国家与教会是两类不同性质实体的分析,他认为教会与国家应该有各自不同的行为方式和活动范围。

教会是通过各自的外部礼仪与宗教信条来规范各自的行为。"使教会会员忠于职守的唯一手段是规劝、训诫和勉励。"② 教会所能采用的最大与最后的权威只能是驱逐出教。而教会的权威"只能限于教会内部,而绝不能以任何方式扩大到公民事务"③。由于教会是由关注自己灵魂得救而结成的自由团体,任何教会都有自由采取自己的组合方式,其他教会都无理由干涉,故教会与教会之间应该彼此宽容。

作为国家,则是为了保护人们各自的利益不受侵害,是人与人之间利益分化、对抗化的产物。也就是洛克所说的,"由于人类竟然堕落到这种地步:他们宁愿损人利己地掠夺他人的劳动果实,也不肯以自己的辛勤劳动供养自己;人们需要保护他们通过诚实劳动取得的所有权,需要保护他们赖以取得其进一步需求物品之自由与力量"④,这就不得不诉诸社会,诉诸国家,诉诸暴力。洛克认为暴力有两种:

---

① [英]洛克:《论宗教宽容》,第11页。
② 同上。
③ 同上书,第15页。
④ 同上书,第36页。

一种是法律，一种是武力、财富与公民大众。由于国家具有无上的权威和暴力的行为方式，这就要限制国家的活动范围。"凡属在国家里合法的东西，官长便不能在教会中加以禁止。"① 国家的活动范围只限于公民事务。

最后，在界定了各自的性质，划定了二者的行为方式与活动范围的基础上，洛克对国家与教会的组成人员的行为方式与活动范围做了进一步限定。他主要是限定了君主、政府官员、教职人员、一般教徒的行为方式与活动范围。在他看来，凡属教徒，不论你是君主、政府官员，还是教职人员，都应该宽容，因为这是作为教徒的基本标志。君主、政府官员，除应该履行他作为君主的角色与政府官员的角色所应承担的职责外，也要履行他作为教徒的光荣：劝诫、勉励、宽容，但不要把世俗的权威带进来。而教职人员则负有比一般教徒更为神圣的光荣：要"苦口婆心"地劝勉，但绝不能使用世俗性权威。

此外，洛克还探讨了作为官员与作为教徒的角色冲突问题。基本上厘清了政教分离、宗教宽容的有关问题。然而，洛克在主张宗教宽容的同时，又指出并非所有行为都可宽容。

他在《论宗教宽容》中规定了三条宽容例外。第一条是："任何与人类社会准则相违背或与维持文明社会所必须的道德准则相违背的意见，行政长官都不应当容许。"② 第二条是："如下的教会无权得到官长的宽容，即：它赖以建立的基础是，凡入会者事实上就把他们自己托付于另一个君王的保护和役使之下。"③ 第三条是："那些否认上帝存在的人，是根本谈不上被宽容的。"④

这三条宽容例外，确实体现了洛克思维方法的严谨、精辟之处。

---

① ［英］洛克：《论宗教宽容》，第29页。
② 同上书，第39页。
③ 同上书，第40—41页。
④ 同上书，第41页。

但稍做分析，这三条例外无非是说宗教事务危及公民事务与国家利益时，就不给宽容。这倒也是在情理之中，因宗教事务一旦危及公民事务与国家利益，它已经不是宗教事务，而属于公民事务。公民事务依照洛克的观点是不宜采取宽容，是要依靠暴力的。洛克的第一、二条例外，实已包含在首先的论述当中，这里没有必要多此一笔。但假如洛克这两条例外是为了增补可操作性，那第一、二条也没有多大可操作性。因关于"人类社会准则"或"文明社会所必须的道德准则"，实在难以有公允的意见；而"入会者事实上就把他们自托付于另一个君主的保护和役使之下"也实在难以确定。这两条例外是为政府官员利用"危及国家利益"的托辞介入宗教事务提供了方便。而君主和政府官员则常常能够做到"欲加之罪，何患无辞"。这样一来，教会就很难摆脱国家的控制。

假如洛克这两条例外是站在教会的健康发展来考虑的话，那我认为这两条例外有"画蛇添足"之嫌；但假如洛克这两条例外是为了国家利益，是站在世俗社会考虑政教纷争。那洛克的这八条例外倒是"画龙点睛"之妙。它表明了洛克的真正意图是要限制教会的权限，表面上似乎是要政府官员对教会宽容，而实际上则是要教会退出世俗的利益之争。这是文艺复兴以来，人文思潮的继续，也是宗教改革的继续。只不过洛克是从政府的角度来考虑政教问题而已。洛克的第三条宽容例外最能说明这个问题。

第三条宽容例外，表面看来也似乎是维护上帝的尊严和对上帝的信仰，但实际上并不是。洛克谈这一条并不是从教会的角度，从灵魂得救和内在良心的角度来谈是否肯定上帝的存在；而是从世俗的角度来谈这一条，他是从不否认上帝存在所带来的社会危害性来强调这一条的。在洛克看来，否认上帝存在的人，诺言、契约和誓言这些人类社会的约束就会对他们失去约束力，就会危害社会。因此，洛克强调上帝存在是在于这种强调对人的良心有约束力，能够对人实行"心灵管制"。

洛克这第三条宽容例外虽具有很强的操作性，却是洛克的"败笔"。理由如下：其一，假如洛克是从维护教会，宣传信仰出发，洛克这一条未必能达到。因信仰如洛克所说的，是人们自己的事情，丝毫不能运用暴力。再则，这一条未能排除那些口里承认上帝存在而心里却否认上帝存在的人的存在。德性低下的人完全有可能为了捞取某一世俗利益，为了获得被宽容而承认上帝的存在。其二，否认上帝存在的人，并不影响其作为一名合格的公民，作为政府不应该对这一类人另眼相看。假如这么另眼相看，就会排除那些真正不信上帝却想走上仕途的可能性。任何人为了得到宽容这块"免死金牌"，为了走上仕途，都必须口里承认上帝的存在，而不管你心里实际上是怎么想的，这样一来，就增加了政府的欺诈性。

至此，笔者认为洛克这三条宽容例外既有"画蛇添足"之嫌，又有"画龙点睛"之分。从其阐述政教分离的角度来看，这里已没有必要多花笔墨；但从显示其写作的立场来说却有"画龙点睛"之妙，他毕竟是站在新生阶级，站在政府角度来考虑宗教宽容，政教分离的。由于历史的局限性，洛克的政教分离也有很强的历史局限性与不彻底性。这是在所难免的。

三 机械论与经院哲学方法的混用

洛克作为新哲学革命中的一员主将，向来就是被认为与机械论有莫大渊源的哲学家，而源于近代自然科学的机械论哲学恰好是激烈的反对经院哲学家对自然界的解释模式的。可是，就在他的举世闻名的关于第一性和第二性的质的观念的形成的论述中，在机械论之外，我们却可以发现洛克思想中的经院哲学成分。

机械论哲学是在经典力学影响下产生的。笛卡尔认为物体是由微粒和以太组成的，他概括了机械论观点，摒弃了原子学说，而波义耳认为机械论哲学就是物质由运动的微粒组成的理论。这些微粒具有以下性质：有质量、坚硬、不可入、可运动、惰性、自身不能变化。物体性质的多样性，其根源在于这些粒子的不同组合方式，尤其是密度的变化。微粒因为碰撞、冲击而传递的运动引起了其位置的变化，而这种位置变化则引起了物体性质的变化。从这里可以看出，物体性质变化的原因就在于粒子的运动，更确切的说，是引起运动的力。"$f=mv$"（动力 = 质量×速度）这一公式恐怕已经无人不知、无人不晓了。在机械论者眼里，它说明了物体的质量将与引起物体变化的能力密切相关。

洛克显然是赞同上述观点的。在他关于第一性和第二性的质及其怎样使得人们形成观念的学说中，就体现了这样的机械论观点。"为了更好地揭示我们观念的本性"，洛克提出了"第一性和第二性的质"的问题。洛克把知觉、思想、理智的直接对象称为观念；而在人心中产生观念的能力，被称为具有此能力的主体（对象）的性质。可以这么说，观念是人的能力的产物，而性质则是主体（对象）的能力的产物，或者说，是其能力本身。在洛克看来，这种物体赋予人观念的能力——性质可以分为第一性和第二性。第一性是原初的、物体所固有不变的性质，即物体的形状、体积、运动、广延或静止、数目等。第二性的质则是借助第一性而在人心中产生感觉的能力，此外还有的三种性质，这是类似于第二性的质的一种力量。

在谈论由第一性和第二性的质产生的观念时，洛克显然使用了上述机械论的微粒运动作用说。他认为，第一性和第二性的质产生的方式都是由不可见的微粒作用于人的感官而产生的：

> 外物在心中产生观念时，既然不和人心相连接，那么我们如何又能在我们感官面前所现的物象中，知觉各种原始性质来呢？那分明是因为有一种运动能从那些物体出发，经过神经，或元

气,以及身体底其他部分,达到脑中(或感觉位置),在心中产生了一些特殊的观念。较大物体底广袤、形相、数目和运动,既能隔着距离为眼官所知觉,因此,我们就可以断言,一定有一些不可觉察的(就个别情况而言)物体从那里来到眼中,并且把一种运动传在脑中,在那里产生了我们对它们所有的这些观念。①

这里最后提到的不可觉察的物体就是粒子,他自己举例说,"就如空气和水底分子,又如比这些分子还小的那些分子"。他认为物体如何在我们心中产生观念,"分明是由于作用力"。这明显就是机械论在认识论中的翻版。可是,一旦到了认识论,单凭机械论这种对物理世界的解释,问题就似乎是解决不了的。洛克虽然认为作用力及不可察觉的微粒在第一性和第二性的质的观念形成方面起到了至关重要的作用,但是他还是区别了由此所形成的两种观念的因果的不同:"第一性的质底观念是与原型相似的(肖像),第二性底质的观念则不如此。"这其中就隐含着玄机:从我们后面的论述可以看出,在说明第二性的质的观念的不相似时,洛克否定了亚里士多德—经院哲学的因果观,可是,在说明第一性的质的观念相似性时,他又不自觉的至少在某种程度上运用了亚里士多德—经院哲学的因果观。

> 我们说火焰是热的;雪是白的、冷的,天粮(manna)是白的、甜的。……人们在此往往想象,物体中这些性质正是人们心中这种观念,并且以为后一种正是前一种底完全肖像,正如他们是在镜中似的。因此,有人如果说不是如此,则平常人们会认为他是很狂妄的。不过,如果人们知道,同一种火在某种距离下能产生某种热底感觉。在走近时便产生了极不相同的一种痛底感

---

① [英]洛克:《人类理解论》(上册),第101页。

觉，则他应该自己忖度，他究竟有什么理由，可以说，火给他所产生的这个热的观念是真在火中的，而由同一途径产生的痛的观念却是不在火中的。①

洛克在这里是要反对第二性的质产生的观念是肖像的说法，从而也否定了这种在他看来是错误的说法所依据的因果观，即亚里士多德—经院哲学因果观。这种因果观涉及了质、形式、种的传递的模式。罗吉尔·培根称之为"种的增多"。这种因果性模式普遍的存在于质料和形式本体论的范围之中。它说明，物是由形式和质料组合而成的，形式决定了物是"什么"。变化也是形式的变化，与质料无关。（微粒说显然是说明变化在于质料）亚里士多德学派认为不存在超距作用，变化于是由接触作用和通过媒介的作用来进行的。运动传递是接触作用的某种形式；感觉物的形式通过空气的媒介转移到感觉器官，最后达到心灵。这样一来，"种"的增加成了必要。一朵美丽的花被看到，就是花的形式在空气中被引导到人的感官乃至心灵。由于形式决定了物是什么，那么在人心中的就是花的原本。人最终感知了这美丽的花，就在于其心中得到了这花的形式。在这种因果观下，人得到的观念显然就是一种精确的肖像。这当然是与机械论不同的。机械论的认识论完全把其解释物理世界的那一套学说套用到认识论中，认为一个观念的形成，是由于被感知物的质转变成冲量、动量而得以传递，冲量和动量在人心中将被神经系统和心灵所解码。这种机械论将很难保证观念的相似性，因为就我们所知，物理世界中的运动变化总会使得物体在质量上有所耗损，所以机械论的认识论得到的观念也将是会失真的。机械论的这种解释刚好吻合了我们认识中的相对性问题（我们认为，洛克认为第二性的质的观念不相似表明了一种对认识

---

① ［英］洛克：《人类理解论》（上册），第103页。

相对性的看法)。现实中在我们感知颜色、味道等时,总不能达到非常确定的地步。而如果照亚里士多德—经院哲学因果观,现实反倒是错误的假相了。作为经验论者的洛克当然是要维护经验的感知的,所以他反对这种因果观。

可是这种反对却是有特定的对象的,即这是在关于第二性的质的观念方面。在第一性的质的观念方面,洛克则认为,第一性的质观念是相似于其原型的:

> 物体给我们的第一性的质的观念是同它们相似的,而且这些质的原型切实存在于那些物体中。①

这样的说法是与亚里士多德—经院哲学因果观的说法相近的,即物体能在人心刻下形式(原型)的肖像。虽然物体第一性的质的观念是由于其粒子(这些粒子具有固定不易的第一性的质)从物体运动到我们的感官而形成的,可是它们最终却能形成肖像。这显然使得第一性的质的观念的形成将具有某种与第二性的质的观念的形成有所不同的东西。或者说,第一性的质的观念的形成,与其说是由于力($f=mv$)的作用,不如说是类似于形式的传递,即质的传递。不过单这样说显得有点牵强。所以我们还应该更深入地探讨洛克关于运动及运动的传递的说法:

> 我们亦不能从物体得到运动起点底观念。一个静止的物体不能使我们观念到一种能运动的自动能力。那种事物如果受了外力,发生运动,则那种运动只可以说是它底被动,不能说是它底自动。②

---

① [英]洛克:《人类理解论》(上册),第102页。
② 同上书,第206页。

这种说法是与机械论不同的，机械论观点的运动是借助于物体的弹性的。与经院哲学所说的运动是从一物到另一物的传递的像水从一个杯子倒进另一个杯子的"灌注"模式相反对，机械论认为运动是由于物体在受到撞击后自身的弹性压缩的恢复引起的，所以，物体的运动可以说是由其自身推动的，或者至少其自身起到了某种主动的作用。而洛克则完全否认了物体运动的主动性，他认为"球虽然跟着球杆底打击来运动，可是那种运动不是球底自动，乃是一种纯粹的被动。如果它借着冲击力使它所遇的另一个球运动起来，则它不过把它由别的物体所受的运动传递过去，在这种情况下，另一个球所受的力量正等于这个球所失的力量"[1]。这显然是与经院哲学的"灌注"说非常相似的。或者，洛克在第一性的质的观念的形成方面就是持这样的运动观，虽然他自己并没有这么说。他甚至说"我们在此只知道物体的运动由此及彼，此外并不知道别的"。

洛克在第二性的质的观念的形成方面，可以说是贯彻了机械论的观点，可是来到第一性的质的观念的形成，他又在一定程度上使用了亚里士多德—经院哲学因果观。从这里我们可以发现，一旦有什么问题解决不了就搬出上帝来的洛克，的确是与经院哲学有着藕断丝连的或者更加密切的关系。

第七节 17世纪西欧哲学的基本特征

按照一般的观点，17世纪乃至整个近代唯物主义哲学的基本特征是它的机械性、形而上学性和历史观上的唯心主义。

毫无疑问，近代自然科学在17世纪得到了长足的发展，特别在

---

[1] ［英］洛克：《人类理解论》（上册），第206页。

机械力学方面达到了完备。机械力学几乎成了新科学的标志，人们习惯于用机械主义的观点来看待和分析事物，机械主义的思维方式成了该时代主导的思维方式，这也使得17世纪的唯物主义哲学家不可避免地用机械主义的观点来看待世界，界定哲学的基本范畴和解释哲学的基本问题，使近代唯物主义哲学带有明显的机械性。

但是，如果仅从近代实验自然科学影响的角度来分析17世纪哲学的总体特征，那是不够全面的。

不容忽视，16世纪的宗教改革虽然打破了天主教对西欧一千多年的政治、思想、学术、文化的一统天下，但是，宗教势力在当时仍然十分强大，宗教价值观在17世纪西欧的社会生活和意识形态中仍然占据着统治的地位。这正如马克斯·韦伯所说："必须切记却又常被忽略的是，宗教改革并不意味着解除教会对日常生活的控制，相反却只是用一种新型的控制取代先前的控制。这意味着要废止一种非常松弛、在当时已几乎不见实施、近乎流于形式的控制，而倡导一种对于私人生活和公共生活各个领域的一切行为都加以管理的控制方式，这种控制方式是极其难以忍受的，但却又得严格地加以执行。"①

因此，处于宗教统治和科学兴起背景中的哲学，由于受到宗教和科学的双重影响，从总体上说，其基本特征是调和，即调和哲学与宗教、理性与信仰。而我们过去由于片面强调新哲学（特别是近代唯物主义哲学）与宗教的对立，而忽视了它们之间的调和。

事实上，不仅哲学寻求与宗教调和，在本质上与宗教相对立的科学也力图避免与宗教冲突。17世纪不少科学家都公开宣称科学与宗教并不对立。比如牛顿，就曾经告诉别人，他的《自然哲学的数学原理》的目的是为神学而作的，"当我在写一篇有关太阳系的论文时，

---

① ［德］马克斯·韦伯：《新教伦理与资本主义精神》，生活·读书·新知三联书店1987年版，第24页。

我一直注意那些可能有助于人信神的原理,而没有任何其他的事能比达到这项目标更令人快慰的了"①。牛顿相信科学的方法可以确定上帝的存在,他论证说:"这个美丽无比的太阳,行星与彗星的体系,只能由一位大能的,即睿智而又具有权威的存在者的计划而存在。这位存在者,天主,永存不灭,无所不在;由于他的永存不灭与无所不在而构成时间和空间。……太阳与行星的这种准确的机械性,除了一位智慧而全能的实体的计划与能力外,无由生成。"② 17 世纪的科学家和哲学家由于受到宗教观点的影响,把神奇的发现、精神力量、犹太人的秘密以及关于亚当原始语言的哲学线索都当作科学的新发现,把神秘的知识与科学的知识相混合进行研究,这表明 17 世纪的知识分子还不懂得把非科学和荒谬的东西与真正意义的科学知识区分开来。

17 世纪的哲学家也和科学家一样试图在哲学和宗教之间确立一种必要的和谐。深谙洛克哲学的伏尔泰就曾经指出,洛克哲学其实与宗教并不冲突,他说:"人们大嚷洛克企图颠覆宗教,然而这件事根本与宗教无关;这是一个纯哲学问题,与信仰和天启风马牛不相及"③,"你们还是不要反对洛克这种明智而且谦逊的哲学吧;他根本不违反宗教,如果宗教需要证明的话,它还可以给它作证明;因为这种哲学只肯定它清楚地理解的东西,知道承认自己的弱点,向你们说:只要我们一考察最根本的原理,我们就必须求助于神;难道还有什么别的哲学比它更富于宗教性吗?"④

理性和信仰是对立的,从逻辑上说,提倡理性的人应该是反对信

---

① Sir David Brewster's Memoirs of the Life, Writings and Discoveries of Isaac Newton, Vol. 2, pp. 125ff.
② 转引自 Encyclopedia Britannica, Article "Newton"。
③ 伏尔泰:《哲学通信》,见北京大学哲学系外国哲学史教研室编译《十八世纪法国哲学》,商务印书馆 1979 年版,第 62 页。
④ 同上书,第 64 页。

仰的。然而，17世纪的唯理论者有不少人却一直还保留着一种隐秘的基督教哲学。"笛卡尔的全部哲学体系是以一个全能的上帝的概念为基础的。这个全能的上帝，在某种意义上，创造了他自己，因此更不必说，创造了包括数学上的真理在内的永恒真理，也从虚无中创造了宇宙，……我们来考察一下莱布尼茨的情况。如果删去了本来属于基督教教义的成分，那么他的哲学体系还剩下些什么呢？甚至他的根本问题的说明，即一切事物的根源以及一个自由而完美的上帝创造宇宙的说明，都不存留了。"①

一 本体论调和

17世纪的哲学本体论，由于没有完全摆脱传统意义上的形而上学的性质，所以主要是围绕实体问题而展开。实体是西方哲学的一个古老的范畴。在古希腊，亚里士多德第一次明确提出，第一哲学亦即形而上学的对象是"作为存在的存在"，这个存在就是实体，因而哲学是研究实体的学问。古希腊早期哲学，尽管还没有使用"实体"这个范畴，但是它们所讨论的本原问题，多少已经带有实体的意义。到了柏拉图和亚里士多德，已摆脱了早期哲学的本原概念，而进入对实体的研究。尽管亚里士多德的实体学说带有折中性与调和性，但它毕竟使形而上学的对象得到了确定并为以后各派哲学的实体学说提供了思想资料。

在中世纪，形而上学几乎与神学融为一体，其核心是关于上帝存在的证明。上帝就是存在本身，因为存在者不能既存在又不存在，因此，作为第一条不可证明的原理，就是"存在者是第一个无条件地被

---

① E. Gilson, *The Spirit of Mediaeval Philosophy*. English Translation, London: Sheed & Ward, 1936, p. 391.

感觉到的东西"①。上帝存在成为当时的哲学家在认识这个世界时都不得不接受的绝对前提，上帝成为最高的或唯一的绝对存在的实体，世界万物都是由上帝创造，从上帝派生并依赖上帝的。到了中世纪晚期，唯名论者威廉·奥卡姆提出"如无必要，切勿增加实体"的著名的"奥卡姆的剃刀"，以反对正统经院哲学家把他们臆造出来的无数的"实体形式""本质""隐秘的质"之类的东西附加到事物上去就算是对事物做"科学的"解释了的做法。假如朝着奥卡姆的道路一直走下去，那么实证主义也许会提早几百年产生。不过，奥卡姆之后的文艺复兴时期毕竟不具备实证主义产生的科学文化条件。

17 世纪，虽然认识论问题被提升到热门的位置，但传统的本体论问题仍然是各派哲学研究和争论的重要问题。在近代自然科学的影响下，近代哲学家们开始摆脱神学的桎梏，从自己的理性出发探讨实体的存在方式及其性质。笛卡尔在他的"形而上学"中认为存在着心灵、物质和上帝三种实体；霍布斯则继承笛卡尔的"物理学"的思想，主张只有一种实体，就是物体；洛克追随笛卡尔的"形而上学"，也承认有物质和精神两种实体；斯宾诺莎为了克服笛卡尔的二元论而坚持实体一元论；莱布尼茨则为了克服机械唯物主义的实体学说（近代的原子论）的困难而创立单子论这样一种实体多元论。代表 17 世纪哲学自然观的实体学说，由于受近代自然科学和神学的双重影响，带有明显的调和的特征。

（一）从二元论到神学一元论

笛卡尔的实体范畴是对亚里士多德主义的直接继承。他明确指出，他在讨论实体问题时使用的是"经院名词"。笛卡尔在他的"形而上学"中，一开始就高扬人类理性的旗帜，提出普遍怀疑的口号，

---

① 托马斯·阿奎那：《神学大全》，1 集，2 部，94 题 a，2c。转引自《西方哲学原著选读》（上卷），商务印书馆 1985 年版，第 267 页。

要把以往的一切知识、心中的一切观念甚至自己的身体都拿到理性面前进行审查，以便找到不可怀疑的东西，从而确定形而上学的第一原理。笛卡尔经过一番的怀疑，终于找到了形而上学的第一原理："我思故我在。"而这个被确定为存在的"我"，其实就是"心灵"实体。至此，笛卡尔确实不愧为近代的理性主义者。但是，笛卡尔接着就向神学后退了。他在证明了作为心灵的"我"的存在之后，采用安瑟伦的"本体论证明方法"，论证上帝实体的存在，"我是不能够从我自己把这个观念（即上帝观念——引者注）造出来的；因此只能说，是由一个真正比我更完满的本性把这个观念放进我心里来的，而且这个本性具有我所能想到的一切完满性，就是说，简单一句话，它就是上帝"①。最后，笛卡尔借助上帝的担保，证明了物质实体的存在。这样，笛卡尔就提出了三种实体，一是独立的不依赖身体的心灵即精神实体，二是从关于上帝的观念中推论出来的上帝实体，三是与心灵相对立的物质实体。笛卡尔认为，精神实体的本质属性只是思维，物质实体的本质属性只是广延，二者不能互相产生和互相影响。这样，他就以实体二元论的方式把当时由于自然科学的发展而造成的物质与精神相对立的观念经典地表述出来了。

作为天主教奥拉托利会教徒的笛卡尔在进一步讨论这三种实体的关系时指出，心灵实体和物质实体都只是"相对实体"，它们都依赖作为"绝对实体"的上帝，是由上帝创造和支配的。"离开了神它们就片刻都维持不下去。"② 这样，笛卡尔就从二元论走向神学一元论。当然，作为哲学家，他所说的上帝其实也是精神实体而无形体、无广延，并没有像宗教那样赋予上帝以种种人格，正如费尔巴哈所说：

---

① ［法］笛卡尔：《谈谈方法》，Ⅳ，王太庆译，商务印书馆2000年版，第29页。
② 同上书，第30页。

"在笛卡尔哲学中,上帝只不过为两个实体的存在提供手段。"① 应该指出的是,笛卡尔的这种调和,给他的逻辑带来了危机:既然物质实体和精神实体不能互相产生、互相影响,作为精神实体的上帝何以能够产生或创造物质实体?

洛克哲学也是在唯物主义一元论和二元论之间动摇、调和。他认为存在着两种完全不同的实体:物质实体和精神实体。物质实体的存在是一种必要的假设,"因为我们设想那些性质'离了支托'(sine re substance)便不能存在。我们叫这种支托为实体(substantia),而这个名词,在英文中的真正意义,就是支撑(standing under)或支持(upholding)"②。精神实体也是存在的,"因为我们设想有一种实体是为思想、知识、怀疑、推动力所寓托的"③。这两种实体没有同一性。洛克的这种把物质和精神绝对对立起来、割裂开来的思想基础仍然和笛卡尔一样,即把构成物质实体的本质属性仅仅理解为与思维对立的广延性和充实性,而精神实体的本质属性则是感觉、思想等意识活动的能力。物质不能思维,"不能思想的物质分子,不论如何排列,所发生的只能有一种新的位置关系,并无其他东西加于其上,而这种关系是不能产生思想和知识的"④,而精神则没有广延。这显然是一种二元论的观点。但是,洛克在解决物质和精神这两种实体的关系时,则又认为,万能的上帝把两种实体同时置于人脑,或把思想能力赋予物质实体,都是可以设想的。洛克在这里试图借助上帝的能力把物质和精神统一起来,可谓调和科学与宗教的一个典型例子。

如上文所述,洛克也热衷于上帝存在的证明⑤。他认为,我们关

---

① [德]费尔巴哈:《费尔巴哈哲学史著作选》第1卷,涂纪亮译,商务印书馆1978年版,第264页。
② [英]洛克:《人类理解论》,第266页。
③ 同上书,第268页。
④ 同上书,第623页。
⑤ 参见[英]洛克《人类理解论》,第四卷,第十章。

于上帝的观念不是天赋的,而是从经验中来的,并且通过理性推理可以确证上帝的存在。洛克对上帝存在的证明方法,是既吸收了托马斯的证明方法,也借鉴了笛卡尔的证明方法。他论证说,人都明白地意识到自己是存在的,他还知道存在物不能来自虚无这个原则,因此,人就可以从自己的存在推断出必有一个悠久的、全能的造物主的存在。同时,人还可以从自己有知觉和有知识这一点推断出一个全知者的存在。这个全知全能的东西就是上帝。洛克始终把上帝当作护身符,每当碰到不好解决的问题时,便把上帝抬出来帮忙。

(二) 泛神论:神和自然的调和

用泛神论来调和哲学与宗教,是17世纪哲学的又一特征。这在斯宾诺莎哲学中得到了集中的表现。斯宾诺莎的本体论是由实体、属性、样式这三个学说所组成。斯宾诺莎把实体"理解为在自身内并通过自身而被认识的东西"[①],他明确地肯定,实体是无需依赖他物而能自己独立存在的,是无需借助他物的概念而能自己说明自己的。不过,斯宾诺莎接下来又把实体等同于自然和神。斯宾诺莎主张神不超越于万物之上,而内在于自然之中,神就是自然,或自然就是神。他说:"神是万物的内因"[②],"自然的运动并不依照目的,因为那个永恒无限的本质即我们所称为神或自然"[③],"一切事物都受神的本性的必然性所决定而以一定方式存在和动作。"[④]"我不能把神同自然分开"[⑤]。神就是实体[⑥],"除了神以外,不能有任何实体,也不能设想任何实体"[⑦]。总之,在斯宾诺莎看来,唯有神或自然才符合实体的

---

① [荷] 斯宾诺莎:《伦理学》,第3页。
② 同上书,第22页。
③ 同上书,第167页。
④ 同上书,第29页。
⑤ 《斯宾诺莎书信集》,A. Wolf英译本,伦敦,1928年,第99页。
⑥ [荷] 斯宾诺莎:《伦理学》,第23页。
⑦ 同上书,第14页。

定义和规定。实体、神和自然是"三位一体"的,指的是同一个东西。显然,斯宾诺莎赋予了实体概念以新的理解。一方面,他把神归结为自然,这是对基督教神学的人格化的神的观念的改造。斯宾诺莎说:"有许多人妄自揣想,以为神与人一样,具有形体与心灵,也受情欲的支配;他们的看法离开神的真观念有多远"①,"我对上帝和自然的看法,与后来的基督徒们通常的观点完全不同,因为我认为上帝是一切事物内在的,而不是外部的原因。我要说:万物皆在上帝中,一切都在上帝中生存和移动。"② 这个作为自然万物内因的神不是非物质性的主宰即精神实体,而是作为整体的自然本身,它无疑包含有物质的本性。可见斯宾诺莎在这里对神的见解具有反宗教的倾向;但另一方面,斯宾诺莎又赋予自然以神的本性,这是对流行的自然观念的改造。他把自然理解为作为整体的自然,而不是理解为现实的物质的自然。在他那里,整体性带有至善性的含义。作为整体的自然本身是超时间的,不变不动的,永恒的;它具有无限的属性,包括有绝对思维的能力和爱人爱己的属性,是至善至美的存在物的标记;因而它才能作为万物存在的原因而存在。换言之,这样的自然是具有神的本性的自然,这种本性与传统的宗教神学中上帝的本性相类似。斯宾诺莎指出:"有的人说,我的目的是要证明上帝与自然是同一体,但他们所理解的自然却是某种有形的物质体,这就大错特错了。我的本意绝非如此。"③ "我这里所谓'自然界'的意义,不仅指物质及其变形,而且指物质以外的无穷的其他东西"④,单凭物质不能表现实体的无限丰富性。斯宾诺莎不仅没有把神当作标志物质自然界的单纯名称,而且他在《伦理学》第一部分命题十一中,还运用了类似中世纪

---

① [荷]斯宾诺莎:《伦理学》,第15页。
② 《斯宾诺莎书信集》,A. Wolf英译本,伦敦,1928年,第343页。
③ 同上。
④ [荷]斯宾诺莎:《神学政治论》,第91页。

经院哲学家关于上帝存在的本体论证明方法，来证明神的存在。① 神的存在对他来说是不证自明的。可见，斯宾诺莎把自然理解为神，虽然包含有超越机械唯物主义把物质等同于广延的物质观的倾向，但同时也包含了在本体论上的唯心主义因素。总之，斯宾诺莎在神与自然关系问题上，既把神归结为自然，宣称神在自然之中，又赋予自然以神的本性，宣称自然在神之中。这就是斯宾诺莎的泛神论思想。这种思想既有突出的反宗教神学的倾向，又有明显的宗教唯心主义性质。这表明，斯宾诺莎的实体概念具有明显的两重性和含混性，展示了他的本体论的基本特征。

斯宾诺莎的属性学说，本来是为了进一步克服笛卡尔的二元论而提出了来的。属性就是"由知性（intellectus）看来是构成实体的本质的东西"②。他认为实体（也即神或自然）具有无限多的属性，而就人的理智来看，我们只认识到两种属性：思维和广延。斯宾诺莎把思维和广延看作实体的属性而不是实体，这可以说是克服了笛卡尔的二元论。但是，斯宾诺莎又认为，思维和广延两者之间也是彻底独立、互相不影响的，这就使得他仍然保留了二元论的残余。特别是他把思维当作实体（也即神或自然）的属性，实体（神或自然）无论何时何处都有思维，这种物活论或万物有灵论的观点，更加重了他的泛神论倾向，以及调和的特征。

样式学说是为了解决实体和具体事物的关系而提出来的。所谓样式是"实体的分殊（affectiones），亦即在他物内（in alio est）并通过他物而被认知的东西（per alium concipitur）"③。斯宾诺莎借用布鲁诺的"产生自然的自然"和"被自然产生的自然"来说明实体与样式的逻辑关系，认为前者是"能动的自然"，即作为实体的自然，后者

---

① ［荷］斯宾诺莎：《伦理学》，第10—13页。
② 同上书，第3页。
③ 同上。

是"被动的自然",即作为样式的自然。前者是后者的"内在因"。在他看来,没有神作为整体的自然,"就不能有任何东西存在,也不能有任何东西被认识"①。神(或作为整体的自然)内在于自然万物之中通过自然万物体现出来;自然万物又被包含在神(或作为整体的自然)之中,甚至人也"参与神性"。由此可见,斯宾诺莎力图把神(或作为整体的自然)和自然万物"调和"起来,这是他在实体学说中的泛神论思想的继续和发挥,是他在本体论上两重性和含混性的又一表现。

(三)前定和谐:一种类似自然神论的调和

自然神论的观点在17世纪的自然科学家中是比较流行的一种调和科学与宗教的观点。伽利略、牛顿等人无不以上帝作为第一因或第一推动者来解决机械力学的困难并与宗教取得调和。在哲学家中也有人以自然神论的方法来调和哲学与宗教、理性与信仰,其中,以莱布尼茨最为突出。

莱布尼茨的本体论就是他的单子论。单子论是针对机械唯物主义的实体学说的困难而提出来的。机械唯物主义把物质看作实体,而物质是只有广延性或量没有质的僵死的东西,于是就出现了无法解决"不可分的点与连续性"如何统一起来的困难和不变不动的实体如何产生运动变化的样式的困难。莱布尼茨认为,要解决这些困难,就必须抛弃机械唯物主义只从广延性或量的规定性来看待实体的观点,而从质的角度来看待实体。实体应该是只有质而不具有广延性之类的量的规定性的东西。质是一种活动的能力。既然物质的本性是广延性,没有广延性的东西就不是物质,因此,实体只能是精神性的东西。据此,莱布尼茨提出,实体就是单子。所谓单子就是只有质,没有量,是绝对单纯的,没有任何部分,不能分割的积极能动的精神实体。这

---

① [荷]斯宾诺莎:《伦理学》,第15页。

种精神实体是构成事物的最后单位。作为精神实体的单子，其实是一种"有生命的点"，是和灵魂同类的东西。因此，单子也就像灵魂一样有知觉。知觉是单子的根本特性。

根据对单子的这种理解，莱布尼茨进一步推论出单子的其他一系列特性：单子由于没有部分，所以单子不能像自然事物那样，通过组合而产生，通过分解而消灭。单子只能通过上帝的创造而产生，通过毁灭而消灭；单子由于没有部分，也就没有空间的意义，没有可供事物出入的窗户，因此单子之间是彻底孤立的，不能互相影响、互相作用；由于世界上的事物是千差万别的，因此构成事物的单子也必定是千差万别的，它们之间的差别不是量的差别而是质的差别，这种质的差别也就是知觉的差别；既然事物是变化的，所以构成事物的最后单位——单子是变化的，而且，其变化的原因在于单子的内部，在于单子对更清晰的知觉的欲求等。由此可见，莱布尼茨用辩证法的观点来看待实体，把实体看作是能动的，这在一定程度上克服了机械唯物主义在实体问题上的困难，对辩证的思维方式的发展，有着重要的意义。

但是，我们也应该看到，莱布尼茨的单子论是一种客观唯心主义的学说。既然是唯心主义，为什么还需要与宗教调和呢？笔者认为，宗教神学肯定是唯心主义的，但我们不能倒过来说唯心主义就是宗教。莱布尼茨的唯心主义毕竟是一种哲学，是运用理性对世界进行抽象推理的结果，尽管这种抽象是一种不正确的抽象，但它终究不是导源于信仰，而是诉诸人的理性。那么，莱布尼茨是在什么问题上向宗教和信仰妥协的呢？

莱布尼茨认为，知觉是单子的根本特性，单子的差别就表现为知觉程度的差别。由于知觉的清晰程度不同，就使单子形成一条无穷的连续的等级序列。低级的单子只有极不清晰的微知觉，这类单子构成无机物以至植物的灵魂；比这高一级的单子则有较清晰的知觉，而且是有记忆伴随着的知觉，这就是动物的灵魂；更高一级的单子不仅有清晰的知觉和记忆，而且有理性灵魂或精神，能够有自我意识的"统觉"，能认识永恒真理，这就是人类的灵魂；在人类灵魂之上还有无数更高级的单子，这是天使之类的灵魂；最高的唯一的单子就是上帝，它具有完备的全知全能的智慧和纯粹的主动性，它是创造其他一切单子的单子。于是，莱布尼茨通过这条单子的等级序列引申出上帝的存在。再进一步，莱布尼茨提出，单子之间、每一事物与每一事物之间有着普遍的联系，协调一致。而单子由于没有部分，便不能互相作用，彼此孤立，那么单子之间的这种联系和协调一致又是从何而来呢？莱布尼茨说，这是上帝在创造这些单子时就预先安排好的。上帝在创造每一个单子时，就已预见到一切单子的全部活动情况，预先安排好每个单子的独立活动，同时又与其他单子的活动协调一致。这就是"前定和谐"。莱布尼茨常常把自己的哲学叫作"前定和谐系统"。可见，"前定和谐"是莱布尼茨哲学中一个关键性的最有特色的学说。

　　莱布尼茨所论证的上帝，并不是传统宗教中的人格化的神，其实也是一个单子，不过是最高的、创造其他单子的单子。他的"前定和谐"学说虽然论证了上帝创世和上帝万能，但是他的论证与经院哲学那一套是不同的，他的上帝单子是作为第一因而存在的，它只是把所有单子创造出来并安排好它们今后的一切活动，并不是时时刻刻在一切事情上干预着世界。他说："上帝对于精神的关系，不仅是一个发明家对于他的机器的关系（如同上帝对其他创造物的关系），而且是一位君主对他的臣民的关系，甚至是一个父亲对他的子女的关系。"①"作为建筑师的上帝，在一切方面都是满足作为立法者的上帝的。"②上帝对于世界，就如同"君主立宪"。莱布尼茨的这些观点，与当时的自然神论者的观点相类似。所以，我们说莱布尼茨是运用自然神论

---

　　① ［德］莱布尼茨：《单子论》，转引自北京大学哲学系外国哲学史教研室编译《西方哲学原著选读》（上卷），第491—492页。
　　② 同上书，第89页。

的基本方法来达到对哲学与宗教、理性与信仰的调和。

二 认识论调和

17世纪的哲学家在近代自然科学的影响下,致力于建立一套科学的认识理论。他们力图从自然科学中概括出一般的认识方法,以指导自然科学的发展。其中一些人崇尚数学上的推论方法和证明方法,力图把数学方法概括为一般的认识方法;另一些人则力图把实验方法、归纳方法提升为一般的认识方法。他们对认识的来源、认识的途径、认识的确实性所作的探讨,大大推进了人类认识的发展,是西方认识论史上的一个重要阶段,对往后的认识论的发展有着很大的影响。

17世纪的认识论与中世纪经院哲学的认识论和思维方式是完全不同的理论。经院哲学的认识论是在神学的指导下,以基督教为对象,以神为中心,以权威为准绳,以天启为真理的最终来源的认识论,这种认识理论和思维方式已不适应科学发展的需要。但是,17世纪在经院哲学仍然控制着哲学思想的背景下,哲学家们在创立近代认识论时,也对理性和信仰、科学与天启作了一定程度的调和。调和的方式,主要有以下几种。

(一) 双重真理论和天赋观念论

培根尽管提出了近代著名的经验论的基本原则,并为此制定了与经院哲学——亚里士多德的演绎法相对立的新的科学方法——归纳法,给人类理智提供新的工具。但是,培根在肯定科学真理的同时,还承认启示的真理。他明确肯定上帝存在,承认信仰的真理。他说:"人的知识就如同水似的,有的是从上边降落的,有的是从下边涌起的。一种是由自然的光亮所呈示的,一种是由神圣的启示所鼓舞的。"[①]

双重真理论在承认有两种真理(即科学真理和启示真理)的同

---

① [英]培根:《崇学论》,关琪桐译,商务印书馆1938年版,第121页。

时，也肯定了真理的两个来源，即通过经验和理性可以获得科学真理，通过天启可以获得信仰真理。培根认为，所有的真理对上帝来说都是一目了然的，来自天启的永远是真理，而错误则是人的所为。培根对"四假相"的揭露和批判，我们过去都认为是他反对经院哲学的表现。笔者认为，这只是说对了一半。其实，培根对"四假相"的批判，其意义还在于揭示了错误的根源在于人的主观因素，相比之下，上帝才是真理的真正来源。

笛卡尔则主张有三种观念：天赋的观念、外来的观念和人造的观念。三者之中，天赋观念最为可靠。他在讨论真理和错误的来源时也指出，错误的根源不在于上帝，而在于人的不完满性，在于人的意志超越了理智的范围。他说："当我专心地想到上帝，完全向着上帝的时候，我发现并没有任何产生错误或虚妄的原因"，"那么我的错误是从哪里产生的呢？这只是由于意志比理智广阔得多，我没有把意志纳入同样的限度之内，而把它扩张到我所不了解的东西上去了；意志本身既然对这些东西是一视同仁的，于是就极容易陷入迷途，把假的当作真的，把恶的当作善的：这就使我错误和犯罪了"。"凡是清楚明白的概念都毫无疑问是一个东西，所以它不能从虚无而来，而必然应当以上帝为它的作者；我说，上帝既然是最为完满的，当然不能是任何错误的原因。"①

笛卡尔的追随者马勒布朗士进一步发展了天赋观念论，他在认识论上的基本命题是"在上帝中看一切"，断言我们心中的观念既不可能是外来的，也不可能是心灵自生的，它们只能来自全知的上帝。我们只能在上帝中获得一切事物的观念。上帝借物质的身体运动的机缘使心灵产生相应的活动，又借心灵活动的机缘使物质身体产生相应的

---

① [法] 笛卡尔：《第一哲学沉思集》，庞景仁译，商务印书馆 1986 年版，第 60—65 页。下文引用此书皆据此版本，不再一一注明。

运动；心灵活动对于身体或身体活动对于心灵都只是"偶因"，而真正的原因则在于上帝。

至于莱布尼茨则走得更远了。他从单子论出发，认为，由于作为灵魂的单子没有部分和没有可供事物出入的窗户，因而一切观念皆来自天赋，只不过它们是潜在的，要通过后天经验的启发，才能从潜在变成现实，从模糊变成清晰。他说："诚然我们不能想象，在灵魂中，我们可以像读一本打开的书一样读到理性的永恒法则，就像在布告牌上读到审判官的法令那样毫无困难，毫不用探求；但是只要凭感觉所提供的机缘，集中注意力，就能在我们心中发现这些法则，这就够了。"①

（二）借助神的保证使我们获得关于自然世界的知识

17世纪的哲学家为了维护科学，一般都主张我们关于外部世界的观念和知识具有真理性或确实性。问题是这些知识的真理性和确实性是从哪里来的呢？一方面，无论经验论者还是唯理论者都声称一切普遍必然的知识都来自理性和直观②；另一方面，在究问理性来自哪里的时候，不少人便转向神学了，认为人的理性来自上帝。由于上帝是不会骗人的，所以，人的理性也就是可靠的。于是，人们借助上帝使得关于自然界的知识的确实性得到了担保。在这个问题上的调和，笛卡尔做得最为突出。他说："上帝是不可能骗人的"，"我体验到在我自己的心里有某一种判断能力，无疑是我从上帝那里接受过来的；而且，因为他不想骗我，所以他肯定没有给我那样的一种判断能力，让我在正当使用它的时候总是弄错"③。

霍布斯非常推崇几何学的理性主义模式，认为它是人类思维的典范，

---

① ［德］莱布尼茨：《人类理智新论》（上册），陈修斋译，商务印书馆1982年版，第4页。
② 请注意：直观这个概念也是新教的一个很重要的概念，比如"直观上帝"等。
③ ［法］笛卡尔：《第一哲学沉思集》，第56页。

但是霍布斯却又认为，它是"上帝愉快地赏赐给人类的唯一科学"①。

（三）给知识和理智划定范围

这是 17 世纪在认识论上调和理性与信仰的又一表现，其中，以洛克最为著名。洛克作为近代认识论中经验论的奠基人，对天赋观念论进行了有力的批判，对知识起源于经验的基本原则做了详细的论证。洛克从分析构成知识的基本元素——简单观念的来源出发，最后得出"知识就在于对我们任何两个观念是否符合的知觉"②的命题。然而，洛克的知识论的目的不在于探讨知识的性质，而在于研究人类理智和知识的范围。他在《人类理解论》的开头就向读者说明他的意图是要考察人的认识能力，看看什么问题是人的理智所能解决的，什么问题是人的理智所不能解决的。那么人的知识的范围到底有多大呢？洛克说："我们具有知识不能越出我们具有观念的范围。"③第一，直觉的知识不可能达到一切观念，因为我们不能凭借把这些观念加以对照或加以直接比较，从而知觉到它们彼此之间的一切关系；第二，理性知识也不能达到我们观念的整个范围，因为在我们考察的两个不同的观念之间不是总能找到这样一些中间观念，在推理的每一步都能凭借直觉把它们相互联系起来；第三，既然感性知识的范围不能超出实际呈现于我们的感官的事物，所以比起前面两种知识来，它的范围就更窄了。因此，"我们的知识的范围不仅谈不上像事物的实在范围那样广阔，而且连我们自己的观念的范围也比不上"④。据此，洛克强调指出，我们的知识是缺乏而稀少的，概然性的意见是我们生活的指南；信仰不能反乎理性，但可以高于或超乎理性；在我们不能获得必然性知识的范围内，我们应当听从信仰。

---

① 转引自［美］S. 汉姆普西耳编著《理性的时代》，第 41 页。
② ［英］洛克：《人类理解论》第四卷，第一章第二节。
③ ［英］洛克：《人类理解论》第四卷，第三章第二节。
④ ［英］洛克：《人类理解论》第四卷，第三章第六节。

第二章

18 世纪哲学及其宗教背景

18 世纪的英国已经步入了资本主义，但由于它来源于一场不彻底的革命，各种思想成分在英国都被完好地保存了下来，尤其是各种宗教信仰，它们谁也没有吃掉另一方，因此，摆在英国人面前的是如何维护宪法，如何使各种思想成分融合，以形成有利于社会稳定和发展的气候。在这一点上，优秀的哲学家显然完成了任务。

与英国不同，当时的法国还处在封建社会，宗教的专横和政治的黑暗各尽伎俩，又狼狈为奸，思想家面对这种现实，他们所承担的历史使命就自然与英国哲学家不同，对宗教的态度也由此不会像英国哲人那么温和。

第一节　18 世纪的英国社会

17 世纪的英国资产阶级革命是在清教的影响和支持下进行和展开的，可最终却是以针对"清教和这个王国的法律和自由"这一显而易见的威胁为借口，进行了一场光荣革命而宣告结束。最后这场不流血的革命，被誉为是"实用主义和人的理性的一次胜利"。

王朝复辟时期，曾有过"予良心以自由，只要不危害王国的安宁，任何人都不能因宗教上的意见分歧被骚扰或责备"之类的宗教宽容的言辞和举措，不幸的是复辟者不久就自食其言，一次又一次对异端——清教——予以打击。尤其是詹姆士二世竟想用罗马天主教为国教，这就违背了国民长期奋斗的愿望，并极大地威胁了英国本身的宗教，于是国教、清教联合起来驱逐了詹姆士二世，迎接信奉新教的荷兰执政奥伦治亲王威廉三世为国王。长达将近半个世纪的英国内战至此结束。

这场有着崇高声誉的革命其实是资产阶级、新贵族和封建势力、各种宗教之间相互妥协、相互融合的结果，它建立了君主立宪制，颁布了"前所未有的最美好的宪法"，为宗教改革以来所进行的长期、残酷和大规模的宗教战争画上了一个句号，因此很快被人们尊奉为一个里程碑。

然而，事实并不是英国人所想象的那样，他们的国家进入18世纪代替安安静静的是吵吵闹闹。

首先，威廉国王将英国拖入了对法战争，最后于1713年以法国承认新教徒在英国继位的合法性而签订了《乌特勒支和约》，以后在西班牙王位继承等诸多问题上，英国一直同外国打着仗，其中每一场战争，多多少少包含着新旧宗教纠纷的成分。

在国内，1689年颁布了《宗教宽容法》，给予了非国教教徒以信仰自由，这表明英国国教受到了加尔文新教的很大影响；于1701年颁布的《1701年王位继承法》中特别强调：英国王位不能传给天主教徒，这表明英国对本国教派的信赖，对天主教会的憎恶。笃信新教的安妮女王时期，同时拥有《宣誓条例》与《偶然宣誓者》，这给了非国教教徒以供奉公职的平等权利。总之，在辉格党人的寡头统治的五十年中，恢复了不信奉国教的资产阶级的一切权利。

在18世纪，托利党人和辉格党人在政治上从来没有和谐过，他们的斗争使各自力量不时消长，其中弥漫着浓厚的宗教气息，有时只能靠中间派温和人士来过渡。尽管这些都没有流血发生，但由于王权的野心式的介入，多少让人感到风雨飘摇。在很多时候，《权利法案》中的"国王不得干涉议会的言论自由"是真的，但如果执政者得不到国王（女王）的支持，他们又能靠谁撑腰呢？当然，在理智深入人心的时代不乏高明的政客，像沃尔波尔，他竭力使宗教不卷入政治纠纷，以排除托利党人利用宗教来加强他们的势力，这又给英国政界一点明晰。正是由于这点明晰，才使本不完善的君主立宪制完善起来，从而使其具有现实性，使英国没有内战，进入了稳定发展时期。

但是，托利党的统一国教派教义作为正统国教，加上辉格党人权力滋漫，他们自然最痛恨尊奉非常规国教教徒，所以两教的对立与斗争时缓时烈，既有对自然神论者普列斯特利等人的宗教迫害，国教徒焚毁其住宅，并扬言要杀死他，从而使他不得不逃走；也有高呼"不要天主教义"的骚动，致使人们在这个时期强烈地感受到"宗教处于危机之中"。所幸的是清教本来就以宽容为武器来争得自己的生存空间和权利，这时的国教人士对不信奉国教徒的愤怒，掩盖不住一种温和宽容的精神在国教教会的滋长（一种不久就被称为广容主义的运动已经起来了。在牛顿和洛克的影响下，人们开始重视基督教的理智方面。人们也开始追求一种实在的神，一种教人如何生活的神。一群教士们组成了一个公社，称为风俗改进会）。这表明"克伦威尔时代的宗教狂热，于是变成了安妮女王时期的政治狂热"，君权的神圣让位给了财产权的神圣，一切都放到了人的利益和理智上来衡量了。

宗教信仰问题如此，宗教思想问题也是如此。理智是这一时代的中心主题。

宗教神学家希尔洛克和皮尔斯主教竭力贬抑自然神论者的经验基础，苦苦地进行着对基督和基督教神圣性的维护。贝克莱主教一生致力于虔诚的宗教事务，并警告自然神论者说，他们的学说将导致无神论，而无神论又将导致道德的全面崩溃。巴特勒在其《自然宗教、天启宗教与自然结构、自然过程的类比》一书中，宣称"自然的上帝"

有着与"圣经的上帝"同样多的不公正性和残酷性，因此双方要互相容忍，合二为一。可见，他们维护宗教，也运用了理智这一武器。

自然神论者则高举理性的大旗。托兰德认为理性才是证明《圣经》神圣性的唯一基础，理性是信仰的基础，连神迹也不能违背，不过他又认为二者是相容的；科林斯则说"每个人的理性是他的最高的引导"；廷得尔认为超出理性以外的信仰都是全无根据的，凡未经证实就相信的就是迷信；普列斯特利在《物质与精神的探索》一书中写道："灵魂和肉体实际上是同一种事物，必会一起死亡"，人类最后得救的希望不是天堂，而是靠科学战胜迷信，让地球成为幸福的乐园。不过，作为洛克弟子的莎夫茨伯利却有自己的看法，他把人的感情因素当成宗教赖以产生和存在的基础，他认为人的热情有产生宗教狂热和迷信的危险，但它也是人们最宝贵的东西的源泉，也是宗教的源泉。

休谟很怀疑单有理智一项，人们能够做出什么。他认为这既不能证明外在世界的存在，也证明不了上帝的存在，于是他索性兼容洛克、巴特勒和莎夫茨伯利，提出野蛮人不可能拥有理性思考来建立宗教，由此他认为宗教只能源于感情，从而形成了他的"感情论"宗教观。

就这样，宗教思想界争吵不休却导致了相容，甚至某些神学家，像威廉·罗还转向了自然神论。这说明宗教禁锢不存在了，思想争论（尽管有例外）在总体上已不必躲躲闪闪，胆战心惊。因为宽容精神，即使是宗教神学的阵营之中，在其与自然神论对抗下也让它有存身之地，那么理性神论者、中间派就更不必说了。这样冷静的理智战胜了信仰的狂热，终于使言论自由和信仰自由有了现实性，如同政治领域一样。

但社会毕竟是社会，贫困问题成了大事。格雷戈利·金的英国社会结构的金字塔从贵族、主教、绅士、自耕农到无业游民依次排开，岁入从 6000 英镑到 2 英镑，这向人们昭示英国存在的贫富差距。然而在这个注重"利用时间"的国度里，这些问题可以忽视，以免淡漠主流的潮汐。正如索姆·詹宁斯所说，快乐是现存的唯一具有真正价值的事情：富有、权力、智慧、学问、力量、美丽、美德、宗教甚至生活本身都不具有任何重要性，除非它们有助于快乐的产生。于是快乐成了人们的追求和目的。达德利·诺干脆把"人的追求欲"作为"勤劳和独创性"的主要刺激，人们若满足于极少量的必需品，我们将只有一个贫穷的世界。约翰·豪顿也说，我们的高水平生活非但无损于国家，反而使它富裕起来，于是社会乱了，半是无神论者、天主教徒、林务员、牛皮匠和赌棍，半是提琴手、赶车人、舞蹈家、男仆和厨子，无赖与浪子相伴，小丑与学者为邻，实践中也并非总能事事界限分明。高雅与肮脏沉瀣一气，权威和等级制的原则常常受到挑战，还有骚乱、挥霍、道德堕落成风，民主制度与贩卖黑奴为伍，国内理智和国外宗教传播相互提携。当时的人们不仅在生理上有病，在南海投机泡沫事件中所露出的贪婪、欺诈和歇斯底里说明在心理上也病得不轻，工业革命的悲观论调等，一切告诉人们：自然宗教的影响导致越来越看重行动而轻视信仰，理性宗教无论它多么慈善，对那些未受过教育或智力较弱的人，不能像活跃于工业革命中的发明家和企业家这些清教徒一样既快乐于咖啡馆又满足于内心和辉煌，他们在物质上得不到满足，在精神上也得不到抚慰，他们只得齐刷刷地把目光投向韦斯利的理公会。这说明当追求享乐继续发展下去时，这种追求便成了对"勤奋"的怀疑，同时也说明 18 世纪的梦想，即把文化统一在宗教新思想（自然神论）、美学原理和善恶观念这些以理智和自然为基础之上的企图，是注定要破灭的。仅时代所带来的思想和艺术转变，就可以将它打破推翻。这就是浪漫主义排斥洛克的经验主义、牛顿的机械论，而主张发挥想象力，以超出经验世界，复活心的力量、生命的力量，来走出古典主义、走出牛顿冰冷世界的原因，这就怪不得休谟会隐隐感到理智在 18 世纪事实上可能会成为一种腐蚀的力量了。不过，尽管它有许多不足，然而，没有一件规矩是被普遍接受的，即使是生气勃勃的言行和预言能力，也都无法拘于一格。这便是那个时代的活力的象征。

18 世纪的英国就是这样，它没被困难拖入泥潭，也没有误入歧途，顽强地固守自己的宪法信念，冷静地对待一切，牢牢地走在世界前列。所以贝克莱也有"大不列颠启道西方"的豪迈。确实，18 世纪的英国是繁荣的，这种全面繁荣自然会坚定人们的信心。

第二节　英国哲学传统与遗产

阿萨·勃里格斯在《英国社会史》中说过，传统是很大的社会背景与文化背景的表露。18 世纪的英国哲学和哲学家面临的就是这样一个传统。

就社会背景而言，如前所述，由圈地运动而带来的社会变化，由海外殖民和掠夺所带来的财富，由科学发展和进步所引发的工业革命使人们的观念和生活方式改变了，本国资产阶级革命的成功所带来的社会稳定和生命力，以及对外战争不断胜利所激发的国民自信和热情，汇合在一起，形成了一股强劲的财富欲，促使社会生机勃勃。这股理智的风潮席卷整个 18 世纪的英国，使人们除了对财富的追求外，对其他一切都不会太多地关注，纵使关注，也不会太长久，太执着。正是这种契机，才使英国日新月异，万象更新；才使思想能够争鸣，各种理论样式都有一席之地。

然而，尽管 17 世纪的宗教狂热已经消逝，但时至 18 世纪，宗教这一传统并没有丢失。人们还得在淡淡的宗教氛围里呼吸、生存，理智的明辨与感伤交织；依旧要在宗教占有正统地位的思想国度里思考、怀疑，自然的设计与自然的常识混在一起。因此，自由是自由了，但面对灵魂、良心和终极，面对道德沦丧、风气江河日下，那个上帝还会在人们头脑里想起，催使人们回归。这一点连自然神论者也是一样的。于是一切，包括大小思想家、政治家在内，都笼罩在宗教的气氛里，偶有飘逸、出格、超然，他们要么自己拉回，要么被人追赶着逃命，这便是理智的不偏不倚，取适中之道的结果。所以，18世纪英国的自由在本质上依然是宗教信仰的自由，如果谁要否认信仰，谁就没有自由。这一原则同样适合于哲学家们。

就文化背景而言，自乔叟以后，经莎士比亚，到如今的古典主义，活脱出一大批世界知名作家，人们可以阅读，可以到剧院观看，其中可笑的愚蠢、感伤的变迁、混乱的恐怖、生活的美好，一切都展现于人们的头脑，滋养人们的心灵，引导人们的思考和选择。这一浸透着理智思绪的文学传统很容易让人回观自身、社会和心灵，对保持人们的清醒和生活的实用主义信念起到了很大作用。18世纪后期兴起的早期浪漫主义，活跃着拜伦、华兹华斯，为冰冷的文学，乃至冷静的理智生活画了一个小圈，这标志着理智走向脆弱。

英国早期社会的野蛮，到17世纪革命的恐怖，让英国人一想到内战就胆战心惊，而宗教的狂热往往更使恐怖雪上加霜。历史是能警醒人们的，因此，英国人懂得：必须拥有自己的宗教，并且牢牢地控制这一点。他们的祖先曾为了拥有自己宗教信仰的独立性与罗马教廷做过长期的奋斗，为之流血流汗，到了拥有独立宗教的年代，自然不能胡来；他们清醒地认识到，宗教卷入政治而爆发的内战是天下最可怕的事情。因此，他们小心翼翼地把宗教信仰和政治统治分开来，以避免内战、疯狂。所以从历史的角度，他们反省历史是明智的，这在一个历史底蕴并不太深厚、完美和卓越的国度，实在是可贵的。哲学家们也染上了小心谨慎的作风，把大胆、热情的狂想、预告要么抛弃，要么淡漠地、推理式地，甚至是感伤地糅合在自己厚厚的卷宗里。

早先爱尔兰人邓斯·司各脱就表露过"人凭着理智可以认识确定的原理"的意思，到了罗吉尔·培根已达到用求实的作风来反对权威、习惯、成见和虚夸，这种作风到了弗兰西斯·培根已俨然开辟一条路来，那便是实验与理性密切结合的经验科学之路。霍布斯系统化了培根的思想，到了洛克这个富有探索性和独创性的哲学大家那里，一切都成了形，成了传统，成了思维的态势。这个站在18世纪门槛上的人以他的目光和思想深深影响着18世纪的哲学家和思想家。

第一，洛克认为人类知识源于经验，源于感官所提供的观念包括颜色、触觉、声音、气味和滋味等原子成分，以此为基础，他描绘了一幅与波义耳、牛顿的机械物理世界一致的图景，这简直就是其哲学思想的模仿和复制，当牛顿机械观深入人心时，洛克的思想也就跟着深入人心了。

第二，在洛克那里，人类理性已经引向自然、社会和人自身内的世界，并探索着前进，在前进的路上，已将天赋观念、道德先验等的根基刨去，使之褪去了荣光。这暗示人们：一切都是后天的，一切都在理性和经验的范围内，因此一切问题也必须在理性的角度来思索可能性及其得失。

第三，他以"自由、平等"的"自然状态"和契约论，以及三权分立的学说使王权失去了神圣的屏障，他认为国家的产生仅仅为了捍卫天赋的权利，特别是财产权利，政府的权力在于保护人民，这便形成了他的主权论思想。为此，他赞扬光荣革命，赞扬民主立宪体制，前后写了三卷有关论宗教宽容的书信。因此他被称为1688年阶级妥协的产儿是有一定道理的。不过，这倒为18世纪思想家们留下一个典范：维护君主立宪制，哪怕是默默的。许是他做得太出色了，后继者很少有这方面的宏论，只留下"默认就行了"这一方式。

第四，他认为基督徒在道德上具有宽容精神的典范，他主张宗教宽容与自由精神，反对宗教神学的专断，也反对无神论的专断，他写到，人们希望的是没有猜忌和霸道的真正的基督教，但是那是需要长期进行的东西，希望这些今后将在基督教会中奠定自由与和平的基础。这一基础的确是奠定了，特别是当他的政教分离的思想被政治家们精明地运用到实际中去后，这一基础就得到了加强。洛克的这些思想也被后继者所认同，并体现在他们的思想里。

清教，由于遭受两次残酷的打击而解体，不过它留下了许多东西，诸如蔑视权威，尊重独立思考，倡导独立、自由、平等与勤劳，而这已成为民族传统与性格，洛克很珍视这些，这同样也使得后继者效仿。

洛克的道路源于传统、过去和民族，自然也就会伸向未来，他的许多东西都被当作原则继承下去又发展开来，从而为英国经验论、为英国思想界奠定了一个犹如光荣革命那样的里程碑。

在18世纪，世界已经在变小，经验论思想和唯理论思想已经交互影响，这就使得这时的英国哲学家必须拓展视野，以获得生存之地。同时，还必须注意由于宽容而来的争鸣，以及淡淡的理智攻击，因为哲学需要社会的土壤。同时，社会也需要哲学的思索，而社会是不会轻易去适应思维的，因此，哲学只能去适应社会。这样，18世纪哲学的主题局限于传统和洛克，又局限于社会和争鸣，是不足为怪的。

牛顿力学体系构建了一个世界图景，仿佛这个世界图景就是世界本身，人们的目光已经局限了，唯一的焦点只是这个体系的设计者，它是个怎样的东西？是理性神还是启示神？这使哲学家们议论纷纷，这个神的归宿问题源于牛顿却留给了哲学家。洛克已经开了端，不过，由于社会道德等原因，这个端却分成了两头。自然神论与宗教神学的争吵弥漫开来，直到休谟，才以理性的脆弱做了一个悬置。

科学的大发展，机械的涌现，技术的广泛采用，使书院式的哲学家显得过时了。哲学与科学的结合形成了趋势，这一点贝克莱的宗教神学也不得不认同并为之努力。加上经验科学的开花结果，人文科学，特别是大卫·李嘉图、亚当·斯密等人的经济学，边沁的"最大幸福原则"的功利主义伦理学等向哲学的冲击和渗透，科学精神和理性精神不能不在18世纪英国哲学那里烙下深刻的印迹。

自然，哲学在一个世纪，其本身也有继承与批判的发展逻辑，由于特殊的历史条件，它们之间的相容性要大于排斥性，至少，由于主题和精神的一致性会使分歧降到从属地位。

牛顿和洛克留给18世纪的人们的任务是有两重性的：一是在理性和科学的旗帜下保持清醒；二是不能丢掉信仰，不能导致引发道德崩溃的无神论。这一矛盾的使命不能不使他们大伤脑筋。

光荣革命以后，按英国史学的观点，就是18世纪，至1789年结束，这个世纪给人们一个同样的难题：一是保持清醒的理智；二是不能让人们丧失信仰，堕入毫无禁忌的境地。这同样使得人们在哲学和其他思想领域只能使用绵薄的东西作为武器，这也就是哲学家们没有坚决的言语，充满柔性的原因。

所以，在这一时期，理性成了一种氛围、态势、思维方式，而不是一种力量、武器和鼓动工具，这同经院哲学后期人们运用神学工具而言说别的东西（例如艾克哈特）是一样的情形和用意。

第三节 贝克莱

在被称为"一个诗歌没有浪漫色彩，其哲学没有深刻洞见，其社会活动家没有性格的时代"里，"法律折磨穷人，富人折磨法律"，这使贝克莱深刻认识到：民族衰退的真正原因在于宗教的没落、社会精神的腐朽以及风俗的普遍败坏，所以他这一位怀着近乎宗教热情追求真理的年轻人，采用了一种更为精致的形式保留常识与启示所维护的一切之手段，来推翻原子论哲学。他写道："记住，不停顿地排斥形而上学等等，并把人们唤回于常识中来。"为此，他一生致力于消除当时流行的哲学所导致的怀疑论和无神论倾向，他认为只要常识就够了。为此，他始终声称，他的观点的一个极大优点就是：完全与常识一致。他用常识的观点以期挽救社会于颓毁、宗教大厦于将倾，就不得不进行"关于人类知识原理……探索科学中的错误与困难的主要起因以及怀疑论、无神论和反宗教的根据"的全面研究，以便最终让人们"要想到上帝和我们的职责"。

然而，他首先必须面对洛克和牛顿。对于洛克，想要丢开他是不可能的，他的经验论、理智的道路和观点已被普遍接受并产生了超越国界的影响。因此，问题的关键不在于否认他，而在于如何继承他，沿着他的路走下去并发现新的东西。作为一个思想家，又受着笛卡尔、马勒布朗士和自然哲学家们的影响。

对于牛顿，他说，牛顿视为当然地设定他的原理，我要推证我的原理。

然而实际上他将二者结合起来，终于走出了一条通过本体论和认识论的结合而达到神秘主义与经验主义相结合的道路。其结果，至少在他自己看来对他自己的使命是一种圆满的完成，尽管当时英国的思想界仅把他当作是一个过着修道生活的梦想者而不被人读阅和谈及。

他所做的第一步自然是继承洛克的经验论，不过，洛克的经验论和他的使命还有一段很长的距离，所以贝克莱得对它进行些改造才行。

首先是清洗洛克的外部实体，即物质。洛克的实体学说指出：实体具有两种性质，第一性质是广延、不可入性，它是可以离开人的心灵而存在的，第二性质是产生颜色、声音、气味、滋味等可感属性的能力，它依据第一性质支撑而在人的心灵中存在，由此得出外在实体、自然，理智和常识也告诉人们外物是存在的。贝克莱则依据经验和常识的观点，但得出了相反的结论。以下便是他的非物质主义观点：

1. 他说，既然大哲学家洛克已经说了第二性的质离不开心灵，那么凭什么第一性的质就可以离开心灵呢？我们观察一个物体，远了则知之少，近了则知之多，我们说它是固定，无非是我们觉得它坚硬，这说明：第一性质之广延、不可入性不也由于心灵而存在吗？所以，物质的两种性质都是离不开心灵的。

2. 我们所说的物质不就是由我们感官而得来的各种印象？然后在想象中按照某种自然的规律或法则印入心中，进而形成观念。因此，所谓物，只是感觉、观念的复合而已。

3. 他以其极端的经验论进一步论述道：据我所知，实体必须是一个简单或非复合的观念，要伴随其他观念进入思绪。因此我所拥有一切观念来解释实体一词，然而我却在头脑中找不到，若是我有实体观念，我自己的思想是一定能发现它的。这说明，我们心中是没有物体这一抽象观念的；再说，我们零散的、具体的、不连续的感觉经验，即便是众多、准确，也是没有能力形成物质这一抽象观念的。因为经验的具体的东西只能在经验领域里，无论如何抽象观念是形不成的。

4. 既然事物依靠心灵而存在，离开了心灵它们自然也就不存在了，而心灵是有感知的，所以一切存在不过就是心灵的感知，一句话，"存在就是被感知"，在心外不可能有任何物存在。

5. 所谓外物存在的观点无非是建立在物体与观念的差别之上，然后用观念去和外物对比，由此而产生有外物存在的结论。贝克莱认为这种从后果中推出后果的做法一点也不明智，因为这几乎让自己陷入怀疑的地位。正确的方法只能是观念与观念相似，牢牢地局限于经验领域，再说，我们怎么有能力知道观念之外的东西与我们的观念相似呢？因为观念的原因只能是能动的精神、心灵，外物，观念则是迟钝的。

由此，他可以得出结论了：除了"精神"或感知者以外，并没有任何别的"实体"，物质或有形实体是矛盾的概念，是不可思议的。因为"在任何一个观察过人类知识对象的人看来，显然这些对象或者是实在是由感官印入的观念，或者是由于注意人心的各种情感和作用而感知的观念，最后，或者是借助了记忆和想象……而形成的观念"①。可见，说及物的任何一部分有一种独立于精神之外的存在，那是完全不可理解的，并且包含着抽象作用的全部荒谬。因此，所谓实体——物质实体，只不过是一种"假设"，没有理智和经验的根据，物质一词等于"Nothing"（虚无）。

这样，贝克莱切去了洛克的物质实体，使经验论和他的使命相融了，这就怪不得罗素和梯利在《西方哲学史》中一致认为：贝克莱因为否定物质存在而在哲学上占有重要影响和地位了，不过，这与高尔吉亚的无物存在毕竟有一致的地位，若仅以否认物质存在而著名，显然是不可能的，所以他的著名主要是由于其方法上的新颖。

贝克莱深深懂得，剥夺了物质的存在并不等于大功告成，还必须深刻批判才行。

1. 他指出：这些观点尤其是对于那些受到怀疑主义腐蚀，要求对上帝的存在、上帝的非物质性或灵魂的自然不朽性给出证明的人来说将更是重要的。

2. 他认为，假定心外有物是怀疑论的根源。他说："关于'物质'或'有形实体'的学说，是'怀疑主义'的主要支柱，同样，一切'无神论'和'不信宗教'的渎神的企图，也是建立在这个基

---

① 北京大学哲学系外国哲学史教研室编译：《西方哲学原著选读》（上卷），商务印书馆1985年版，第502页。下文引用此书皆据此版本，不再一一注明。

础上的。"① 他分析道："这种怀疑主义之兴起，只是由于我们假设，在事物和观念之间，有一种差异；只是由于我们假设，事物可以在心外不被感知而存在。"② 所以，物质的实体从来就是无神论者的至友。

3. 他认识到，一方面，要对于正确的、真实的知识建立一个坚强的系统，以防止"怀疑主义"的攻击，似乎最重要的事应该是在一开始就给事物、真实性、存在的意义以清晰的解释。另一方面，也是更为重要的，"物质"一旦被放逐于自然之外，它也就会把许许多多怀疑的、不虔诚的想法，以及无数的争辩和惑人的问题都连带去掉了。这些想法和问题，无论在神学家方面或哲学家方面，都是些荆棘，它们给了人类多少无结果的劳苦。因此，即使我们那些反驳"物质"的论辩不等于证明（在我看来，它们显然是证明），可是我们相信一切与知识、安谧以及宗教为友的人们，是有理由希望它们是明证的。

到此，他从各个层面，算是完成了对物质的清洗。这一工作，虽被人骂为"只有瞎子才会创造出来"，可同时他也不得不叹息：竟然很难驳倒他。他说明，贝克莱的工作不但瞎子不能做，相反，健全理智的人连反驳也困难，这一工作只能是非凡的人才能做到的。

第二步，是经验论与上帝结合。

首先，经验的东西只能依赖心灵，他说，每个人都明白，叫作"自然作品"的那些东西，亦即我们所感知的观念或感觉的大部分，并不由人的意志产生，或依赖于人的意志。这说明人的心灵是有限的、有缺陷的，存在很大的不足。另外，要说它们能独立自存，那是矛盾的，也不可能，因为在心灵之外并无任何东西存在和自存。

---

① ［英］贝克莱：《人类知识原理》，关文运译，商务印书馆1973年版，第62页。下文引用此书皆据此版本，不再一一注明。

② 同上书，第59页。

其次，一个有限的、范围较狭窄的观念集合体只能标示一个特殊的人类心灵，在经验范围内，这些独特的心灵是不关联的，可人们却有关联的常识。

最后，按经验的自然原则，人的感觉是不连贯的，这势必导致感觉对象一会儿存在，一会儿又不存在。

诸如此类的理由和困难都在于人的理智的有限性和人的精神的有限性，但常识告诉人们另外一些明显的证据和理由：

1. "我们如果仔细考察自然事物的恒常的秩序、规律和连贯，考察宇宙中较大物体的惊人的宏壮，美丽和完善，考察较小物体的精巧的构造，考察全部结构调和同一致，考察那些妙不可言的痛苦和快乐的法则，考察各种动物的本能（或自然倾向），嗜欲和情感——我们如果考察这些，并且仔细注意'唯一的''永久的''全知的''全善的''完美的'诸种品德的含义和重要性，我们就可以分明看到，这些品德只能前说的精神"①，所谓上述的"精神"，就是保证大部分感觉被感知而存在，保证感觉对象连续性存在，保证有限心灵相互关联的"精神"。

2. 有限的心灵的印象、观念，在想象中被引起的是比较不规则、不活跃和不恒常的，只能是模仿并表象事物，但我们有真实的观念和印象，这说明是由某种比人的心灵更强大的心灵印入进来的。

3. 有限的精神只有靠无限的精神来包括、寄托和依赖。

由此，他可以得出以下结论：

1. 存在某种"永恒的精神"，它感知人心所不能感知的，产生人的意志所不能产生的自然作品，借他的权力的语言支持一切事物，以维护各个精神文明的交往，使它们能够彼此认知彼此的存在，能够在人的心灵上印下清晰的事物印象，世界的一切都是他的标志、记号或

---

① ［英］贝克莱：《人类知识原理》，第88页。

结果。

2. 这种精神是一个较人类的精神更有权力、更明智的"心灵"，是造物主，"他创造一切"并且"一切事物都依存于他"，人类相对于他，只是偶然的力量，而他则是永恒的。

3. 这种精神就是上帝，人类感觉的存在、有限，正是证明上帝存在的证据，所以自然只不过是上帝自由意志的产品。

贝克莱第二步工作是建立在经验的有限性，以及心灵和肉体的根本对立基础上的。他这一对立，构成了其思维的主要线条。

上帝被他推理了出来，这的确是与牛顿的想当然有很大区别。但这仅是证明了上帝存在，要完成使命，还得进行第三步。

第三步是简单的，也是显而易见的：

1. 他说，在我们的研究中占有重要位置的，乃是对于上帝和我们的天职的研究；我这些辛苦的主要旨趣和目的就是要提倡这一点，所以我不能借我所说的话来激励我的读者对于上帝的存在有一种虔诚的意识，那我认为我这些辛劳是完全无用的和无结果的。所以，这虔诚信仰上帝的天职是要倡导的。

2. 向人们阐明他的学说对科学是有用的，是相容的。他本人就为数学等做过研究，如果人们运用他的思想去研究科学，就不用去走自然神论者那充满荆棘的道路了。他断言：在形而上学范围的，科学家们是在研究上帝的作品、阅读神的手稿，发现上帝的设计。

3. 存在仁慈、全能的上帝，而世间的权力（包括宗教的势力）都来源于上帝，所以谁反抗权力，谁就是反抗上帝的法则。鉴于无政府状态给人造成的痛苦，更应信仰上帝。

4. 他指出，没有宗教，人就没有行善的动机，我们的世俗幸福和精神幸福都只能建立在宗教之中，而无神论者除了惧怕公民的报应之外，不会有服从的内驱力。他还向政客宣称：对一切公民权利的服从植根于对上帝的宗教恐惧之中，那些意欲提倡个人见解和自由思想的人实际上是一些反抗国际法规和宪法、具有煽动性的人。

至此，他的学说在无限精神的上帝基础上建立了，不过他真正留下和承认的，在心灵中只有观念，观念才是人类心灵的唯一对象，这多少给人一种这样的印象：上帝似乎只是外部塞进来的，他只为信仰而存在。

不管怎样说，在贝克莱主教这里，哲学和宗教、科学和宗教，在理智的缺陷上，似乎是能够一致的。

第四节　休谟

休谟的朋友亚当·斯密曾说，无论在休谟生前或死后，他始终认为，休谟在人类天性的弱点所允许的范围内，接近了一个理想的、全智全德的人。的确，这个外表被仆人认为不像个温文尔雅的哲学家而像一头猪的人，其实是非常谦恭的，他一生"完全沉浸于对理智的追求中"。他所处的时代，正如他自己谈到的：一个是反对原始契约法的辉格党体系；另一个是反对消极驯服的托利党体系；第三个是新教继承者。他希望人们应该在那些继承者们建立新的体系之前仔细地想一想自己应该坚持哪一家的观点，权衡一下各体系的利弊。这种理智的泰然态度几乎主宰了他的一生，在他所从事的各项事务，无论是哲学还是生活与工作中，都得到了良好体现，只有一件事例外，那便是他与卢梭发生了争吵以后，并没有冷静地处理，几乎丧失了其宽厚的原则。

像一切杰出的人一样，他是较全面的。不过，他除了对哲学和一般学问的钻研外，对其他任何事情都感到一种不可抑制的厌恶，而对这些研究的热情占据了他的一生，而且成为他的身心愉快的巨大源泉。这说明休谟生命中，哲学是占有中心位置的，这从他想在大学里谋职的行为中也可以看出来。

休谟涉足哲学领域，首先必须面对由洛克到贝克莱的经验之路。

休谟处于思想自由、繁荣和交互影响的年代，加上他广泛阅读，使他受到多方影响，不过，对他影响最大的还是洛克和贝克莱。他是沿着洛克"试图把推理的经验方法引进到道德学科上来"以及"由人类心灵的科学推导出一个哲学体系"的道路而前进的。同时，又把贝克莱哲学思想更加彻底地经验化并产生出来。但他通过一系列的考察后，得出了当时的哲学界只是无休止地争论而毫无建树的结论后，他觉得他身上增长起一股勇气，这并非是促使他依附这些学科中的任何权威，而是引导他去找出或许能确立真理的某种新的方法。这种方法就是：哲学首先要在经验的基础上，用经验的方法，把人类知性的性质、范围和能力，加以分析、研究，以免追求那些超越经验、超越知性能力限度的问题而带来困扰和麻烦。总之，一句话，哲学应该是研究人性的科学。因为人性科学是其他一切科学的基础，其他科学或多或少，或远或近都和它有关系，并且最终总是通过这样或那样的途径回到人性。所以，我们关于人性科学，不能超出经验，必须抛弃一切假说，必须牢牢抓住经验，通过细心地观察人的生活，人在各种活动中的行为，以及人们的日常生活过程，然后加以收集和比较，才有希望建立这门科学，才能使它成为其他科学的基础。所以，休谟的"某种新的方法"其本质上依然是自弗兰西斯·培根开始采用的自然科学之中的经验方法，不过，他在彻底性和首尾一致性上大大超越了他的先辈们，连洛克和贝克莱也不例外。由此，罗素说：休谟"把洛克和贝克莱的经验主义哲学发展到了它的逻辑终局"[①]。罗素认为，英国哲学明细而带片段性，洛克或休谟根据对大量事实的广泛观察，得出一个比较有限的结论。这对休谟哲学特点的概括可谓中肯。

---

① ［英］罗素：《西方哲学史》（下卷），第196页。

通过上述考察，我们可以得到一个这样的印象：休谟的哲学就是用经验的方法来考察人性。

在休谟看来，人性包括"知性（理智）""情感""道德"三个部分，其中最重要的是知性。他考察知性又是从分析两种"知觉"，即"印象"和"观念"着手的。所谓知觉，就是人的感觉、情绪、情感和思维的统称，根据其当下与再现，"强烈程度和生动程度"，又将知觉分为当下的、强烈的、生动活泼的印象以及再现的、微弱的迟钝的观念两种，他甚至将思想也归入了观念。由此，他进入了建立体系的工作。

第一，印象与观念学说。他将印象与观念各自区分为简单与复杂两种，其中简单观念与简单印象相对应，是对简单印象的直接摹写和再现；而复杂观念则有两种途径形成，一是摹写和再现相应的复杂印象，二是来自对简单印象的排列与组合。所以，复杂观念与复杂印象之间不一定能一一对应，但不管怎么样，一切复杂观念最终还是来源于印象，是感觉印象和反省印象的摹本，但反省印象也是来自感觉的。所以，一切观念、思想都来源于感觉。由此，人的思想由于只能来源于感觉经验，所以也不能超越经验范围，这是最基本的原则和前提，同样，也是尺度。运用这一尺度，我们可以得知，有些名词、概念，特别是那些抽象的名词和概念没有与之相对应的印象和经验，是空洞的、虚假的、毫无意义的名词与概念，应该加以放弃。他写到，一切观念，尤其是抽象的观念，天然都是微弱的、暧昧的，人心并不能牢固地把握住它们，更何况这些没有对立印象的特殊抽象观念呢？所以，在审慎地研究考证之后，我们固然有一种力量，可以把最不清楚、最不愉快的一部分学问驱逐出去。这一力量，固然来自经验原则。

第二，印象、经验的来源。前人的观点主要有：一是来源于外物。休谟认为：即使承认心外有物存在，心和物也是两种不相同的实体，在经验范围内，我们怎能判定印象就是外物的摹本呢？再说，贝克莱已经说了"存在就是被感知",所以所谓物质实体只不过是个抽象的、虚假的概念,在这个问题上,我们"必须完全保持沉默"。二是来源于上帝。休谟认为,求助于上帝存在的真实性来证明我们感觉的真实性,必然造成一个预想不到的兜圈子的结局;再者,同物质概念一样,上帝也是个抽象概念,其存在与否本身就是个悬而未决的问题,因为他超越了感觉。三是来源于抽象的、一般的"自我"与"心灵"。休谟认为,其实,我们只有特殊的、个别的心灵,这心灵不过是些互相接续着并处于永远流动和运动之中的知觉的集合体或一束知觉,这一束知觉来去匆匆、朝无定所,所以一般的、抽象的自我也超越了经验和感觉。

根据上述,休谟得出这样的结论:感觉印象是由我们所不知的原因开始产生于心中的,我们永不可能确定地断定,它们来源于哪里。根据经验原则,也不必去深究,我们只要抱一种"怀疑"的态度,相信是人类理性所完全不能解释的就行了。

第三,因果关系与必然。休谟认为:除了数学之外,其他科学都是建筑在因果关系之上的,因此有必要对因果关系加以深入的研究。

休谟指出:正如我们没有理由相信物质实体的存在,我们也没有理由相信那种通过时间保持其同一性的心灵之存在;同样,我们也缺乏合理的论证去相信贝克莱所说的上帝的存在。因此,用心灵的力量或上帝的普遍能力来论证因果关系显然是过于大胆了。他说道:"在哲学中,最含糊、最不定的各种观念莫过于能力、力量、精力或必然的联系这些词汇了,因为自然界的最终的能力和效能是我们完全不知的,而且我们如果在物质的一切性质中去寻找这种最终的能力,那是徒劳的。"[①] 所以因果联系不可能从机械的"力""心力""上帝的宇

[①] [英]休谟:《人类理解研究》,关文运译,商务印书馆1981年版,第57页。下文引用此书皆据此版本,不再一一注明。

宙力"或"第一因"中产生和建立。再者，因果性观念、理论的发现是不能通过理性的。因此，只剩下经验了，这是唯一一条没有被人考查的途径。

因果观念离不开推理，而推理只有两类，一类是证明的推理，亦即关于观念之间关系的推理；另一类则是或然的推理，亦即关于事实与实际存在的推理，他写道："人类理性或研究的全部对象，可以自然地分为两类，即：观念的关系和事实。"① 他认为，属于第一类推理的是数学，这类命题、推理，只需凭思想的作用，不需任何事实为根据就能保证其可靠性；而第二类——事实的推理，只有或然性，这一类推理是建立在因果关系上面的，因为，若要保证其推理的真实见证的本性，必须去研究原因与结果的知识。

我们已经知道，它们不能通过先验的推理，也不能通过理性，我们只能求助于经验和常识，由这一途径，我们清楚地看到了它们的产生过程。事实的推理基于因果关系之上，因果关系基于经验之上，当我们经常见到此事实跟在彼事实之后，就会产生这种想法：彼事实出现了，会相应似地产生此事实，由此得出经验的结论。因此，经验得到的因果推论基础就是习惯，正是由于这个人性原则是我们所能认定的，一切由经验得来的结论的最后原则，信念的全部本性才在习惯的力量之中，习惯的力量驱使着人的想象力去得出经验的结论。由于原因与结果只是表面的相似，至于本质是我们所不知的，因此，当我们将过去移到未来，以便断定某个原因行将产生的结果时，我们是按照各种结果过去出现的次数来进行的，所以，因果关系只能是或然的，原因的或然性与机会的或然性是一回事情。由此，他导出实验科学不反映规律，只是依据习惯联想而来的"规则"与公设的结论。

必然联系只不过是"人心受到习惯的影响，在看到一件事情出现

---

① 《西方哲学原著选读》（上卷），第519页。

以后，就来期待它的恒常的伴随，并且相信那种伴随将要存在"，由此在"心灵所感受到的联系，这种使一个对象转向它通常的伴随者的习惯性想象的转移"中，发现"一种感受或印象，由此，我们才能生出力量或必然联系的观念来"①。总之，必然联系是心理联想的产物。

最后，休谟对其知性理论总结道：如果人们彻底认识了人类知性的范围和能力，能够说明我们所运用观念的性质，以及我们在做推理时心理作用的性质，那么我们就无法断言，我们这些科学中会做出多么大的变化和改进。

的确，他的知性理论一则弄清楚了人的知识和能力范围，二则对物质实体、心灵、上帝保持了"怀疑"，三则剥夺了物质、心灵、上帝，甚至理性的伸张力量、根据和生存之地，而这些，仅在因果观念、必然联系中轻而易举地达到了目的。所以，对于上帝、宗教、无神论，在休谟还没做下一步工作之前，在他的体系内已经摇摇欲坠了，怪不得他会把"习惯是人生的伟大指南"当作旗帜。

和休谟的知性理论密切相关的，自然是他的宗教思想。这在他那个国度和时代，是不可或缺的。何况他本人还为此吃了不少亏，比如宗教人士对他学说的攻击，他自己不得不删去书中有关宗教的章节，还有由于被人认为渎神而没有得到大学职位，等等。

第一，休谟认为，如果说天赋等于本能，是人性所固有的属性，他是不会反对天赋观念的。但如若笛卡尔等人所说的那样，休谟是不能接受的。为此，休谟认为天赋观念被用来证明上帝的存在是不可思议的。因为，如果决定论是有效的，而且假定全能的创世主是存在的，而人们又想保持其慈善形象，那么对于要一面辩护绝对的天命，一面又使神明卸去罪责，就会出现无所谓善恶的现象，也超越了哲学

---

① ［英］休谟：《人类理解研究》，Ⅶ.59。

的一切力量和本领。① 这一结论与他在知识领域里所做的结论一道，结成了一张挡住上帝的网。

第二，休谟认为，"只有理性并不足以使我们相信基督教的真实"②。因为理性是来源于经验的，而基督的"神迹"是最与习惯和经验相反的事情。休谟说：任何证据都不足以建立一个神迹，除非它的力量太弱，使它的"虚妄"比它所欲建立的那种事实更为神奇。他进一步指出：《圣经》中的神迹、奇迹完全可能是错误的，不可能由此证明上帝的存在。同样，设计论者以上帝的设计来证明上帝也是不能成立的，因为这最终根据还是从人工设计想到设计者这一经验推出的，而这一推理显然立足于类比；又根据经验，我们从部分推不出整体，这已超出经验范围。至于"必然存在"、道德证明已在前面说明，同样不能成立。总之，理性证明不了上帝，他由此有一句名言："理性是并且也应该是情感的奴隶，除了服务和服从情感之外，再不能有任何其他的职务。"③

第三，休谟指出，"茫茫地找不出证据来，以证明那个神明的存在或他的任何属性的存在"④，他进一步说，我们不能根据宗教的假设来推测任何新事实，也不能预见或预言任何事情。所以，宗教存在的基础，不过是迷信和狂热而已，人类不但得不到好处，反倒由此产生竞争、内战、迫害、政府的倾覆、压迫、奴隶等，总是伴随着通俗迷信控制人心之后而引起的凄惨后果。他为此警告人们："迷信要比哲学大胆得多"，"宗教上的错误是有危险性的"⑤。

第四，休谟并没有否认宗教，他本人也从未宣称自己是无神论者。因为，他认为上帝存在是我们的希望，意志需要一个上帝来寄托我们的感情，由此而承认上帝是存在的，但这个上帝不是通常所了解

---

① ［英］休谟：《人类理解研究》，第92页。
② 同上书，第116页。
③ ［英］休谟：《人性论》，关文运译，商务印书馆1980年版，第453页。
④ ［英］休谟：《人类理解研究》，第135—136页。
⑤ 《西方哲学原著选读》（上卷），第532页。

的上帝，只是生活的需要，为我们的意志所假设而已。它只是"宇宙的原始因"①，甚至是"物质世界的秩序原则"②。为此，不必狂热和迷信于宗教和上帝，再说，也没有什么东西可以较明确地揭示人类对神的启示负有无穷无尽的义务，因为我们发现，没有任何中介物能确定这个伟大而重要的原理。所以他为自己辩解道："做一个哲学上的怀疑主义者是做一个健全的、虔信的基督教徒的第一步和最重要的一步。"③ 他也曾提出一种"真正的宗教"，建立它，使它是"哲学和理性的宗教"，与常识和科学相容的宗教，以科学成果为基础的宗教，从而改造人的生活，纯净人的灵魂，加强一切道义责任，并保证服从法律和国家官吏。

第五，休谟为宗教诊断时说，宗教起源于对生活事件的关心，起源于驱使人类心灵活动的连绵不断的希望和畏惧，尤其是起源于"令人伤感"而不是令人惬意的情感。因此，休谟在心理方面找到了宗教存在的源泉。不过他自己还是说：在人生的各种事情上，我们还是应当一概保持怀疑主义的态度，这才是健全的。

第五节 宗教对 18 世纪英国哲学的影响

一 宗教的功能

自始至终都紧紧抓住新教作为其思想武器和基本力量的英国资产阶级革命经过光荣革命，最终获得了成功，这可谓代价沉重而来之不易的。建立起来的君主立宪制充分反映出对整个革命的现实估定，具有十分明显的由经验而来的理智和灾难而来的实用色彩。因此，这形

---

① ［英］休谟：《自然宗教对话录》，陈修斋、曹棉之译，商务印书馆1962年版，第15页。
② 同上书，第34页。
③ 同上书，第97页。

成两种妥协性很强的政治格局：一是封建的象征性，即采用国王作为国家的象征；二是资产阶级的政体，即采用上下院制，二者结合起来便构成政教分离后的完整的政治权力体制。与政治格局相对应，宗教作为思想形式也有两种现实：一是确立了带有加尔文色彩的国教为正统地位，这就宣告了天主教及其力量专制统治无论在思想上还是在梦幻中都已破产。但由于革命有赖于各种力量和现实精神的支持而成功，所以国教虽为正统，却没有专制的权力，这就决定了宗教信仰在一定范围内以宽容和自由为其根本特征。二是带有平民化倾向的清教运动的消亡，从而使具有下层平民宗教狂热性的运动丧失了可能。但清教运动所余下的思想精髓，诸如天职、理智、现实、个体化等精神成分，却为18世纪的人们提供了生活和处世的信念和方法。可见，政治和宗教的二重性是同一的，并且政治和宗教的分离又使二者互相保护和妥协，从而使思想界主流状态能在理智的基础上保持宽容的宗教气息。

这种既理智又现实的宗教宽容反过来为英国现实担负着守护任务：一是排斥、限制宗教迷信和狂热，特别是扼制极端封建等级色彩和神统性质的天主教的迷信和狂热；二是消减和延缓理性这一极富毁灭性和动摇信仰的功能，且具有无视一切权威倾向的疯狂，这表现在对自然神论的严加防范上。

但是，正如政治势力有左派和右派一样，宗教界也存在同样的倾向，并且宽容的宗教态势决定了它不能被扼杀，相反，只能让这些倾向流淌。

首先，洛克的理性大旗被自然神论者接了过去，并且比洛克运用得更加淋漓尽致。

"自然神论——至少对唯物主义者来说——不过是摆脱宗教的一种简便易行的方法罢了"[①]，这种方法被全面展开了。托兰德写道：

---

① 《马克思恩格斯全集》第2卷，人民出版社1965年版，第165页。

"既然宗教是为了适应有理性的人创造出来的,那么对他们来说,举足轻重的是它的说服力而不是它的权威"①,他认为理性是信仰的基础,连神迹也不能违背理性,并且"如果我们相信《圣经》是神圣的,并非纯粹根据它自己的声明,而是根据其中所叙述过的事情的证据给予我们的真实证明;并非根据表面的字句,而是根据无可怀疑的结果;那么,这除了是根据理性来证明其神圣性以外,还能是别的什么呢?"②可见,托兰德不但将理性当作信仰的基础,而且将它当作信仰的标准。柯林斯针对《圣经》注释本的众多,提出具有理性才能判定哪一本是真的,哪一本是伪的,他认为自由思想可以避免无神论,不过他的《论基督教的理性及其基础》引起众多神学家的攻击,这表明他所主张的自由思想和理性并不真要避免无神论。丁达尔主张理性是上帝给予人类的工具,所以他认为运用理性就是合理的。为此,他进一步提出,理性是事物合理与否的唯一判断者。他还认为真正的启示存在于自然之中,真正的道德则是以自然法则和谐一致的理性生活,这就对宗教的一切进行了批判。莎夫茨伯利把人的情感当作宗教赖以生存的基础,这一点使休谟受到启发。普列斯特利以科学事实说明灵魂只不过是一种物质,并重申培根的"知识就是力量"的主张,在这种科学信念下,他说,不论这世界的开始怎样,结局都将是光荣而像天堂一般,超出我们现在的想象之外。

像这些自然神论者的理性的言语,从左边形成了理性的迷信和狂热,这一股意示着无神论的狂涛使"宗教处于危机之中"。

针对自然神论的攻击,宗教神学不可避免地从右边对自然神论予以打击和对宗教进行佑护,但这种佑护是宽容的。

与此相对立,倒是平民中存在不宽容的现实,他们对笛福的辱

---

① [英] 约翰·托兰德:《基督教并不神秘》,张继安译,吴云贵校,商务印书馆1982年版,前言第5页。
② 同上书,第20页。

骂，烧毁普列斯特利的住宅；他们需要精神的强大安慰从而对宗教执着，所以在民间有卫斯理兄弟的"奋兴布道运动"，以后是英国教会的"灵性奋兴"，并试图将国内奋兴运动和海外传教结合起来。

可见，在英国这个宗教国度里，左边的自然神论只是与平民及其神甫的右边相对立，而所谓宗教神学并无很多过激言辞和行为，因此它构不上严格意义上的右边。之所以把它放入右边，是由于它的保守性。

所以，当时的宗教状况和相应功能是：

第一，以国教为正统，以清教思想为现实补充，相互在加尔文主义的气氛里酿造宽容。诚然，这种宽容是宗教的、理智的宽容，它的上极是拒斥诸如天主教之类的宗教迷信和癫狂，它的下限是限制理性的肆虐和极端，以此维护宗教，使英国成为温和的宗教国度，同时也为其自由思想提供理论和法律基础。

第二，宗教气息的温和、政教分离的格局、工业革命早期的发端、社会现实的积极成果，这一切都使宗教走向世俗化和进一步的理智化，使宗教具有更多的时代氛围和人文关怀，同时，也就为思想的发展提供了土壤，并由此打下了现实的基础，这一基础便是人的普遍心态。

第三，宗教界从以往的残酷斗争中，得到这样的经验：派系斗争只会带来灾难，却无助于问题的解决；从当下的现实演进中，得到这样的真理：宗教是一种关心灵魂的事业。经验和真理结合为一，使宗教人士走向明智和科学，从而使自由精神和科学精神弥漫开来。

第四，宗教信仰不可避免地底蕴化、个人化和内心化，使宗教像国王及其权力一样，具有形式性和象征性，这便为人们生活的理智和常识心态与精神和信仰的寄托心态分割开来，提供了可能性，也为契合二者的信念理论—哲学思想提供了主体和承担者。

第五，神的权威让位于人的权威，神的光照释解为人文光照，这就为英国消除内战和思想专制、消除左右两方的极端、维护正统和渐进，提供了整合力量。

第六，宗教的所有态度使英国走向健康，使其人民走向健全，从而在英国历史上塑造了一段斗争从属于、消融于融合的历史；破除了社会整体力量被一方操纵而走入疯狂和歧途的可能性。

所以，18世纪的英国虽然是宗教国度，但本质上是由人的理智精神来制衡，除开左右两种极端，它总是一种现实的生活态势和自由的人文情致。可见主流宗教于当时的最大功能，便是社会的整合，这一作用在那样的历史条件下，不论在政治上还是在哲学上都是无法替代的，因为，政客也罢，哲学家也罢，都有其宗教信仰，这一点是共同的。所以，只有共同点的健全，社会才可能健全，反之则是不可想象的。

二 哲学的取向

除却转型社会变动的思想，健全的哲学总是佑护其正在走向健全的社会态势。

18世纪的英国哲学家贝克莱和休谟，甚至包括尚有影响的洛克（只是由于从严格含义和时间限定角度上说他属于17世纪，在此不加论述），正是为了佑护社会而努力在思想王国里运作。

既然当时的英国尚未健全，那就存在问题，这些问题中的根本问题就必然为哲学家们所正视。

第一，学院式的知识界的混乱。这一问题虽经洛克清扫，但依然烟雾弥漫，且盘根错节，这就给哲学留下了洛克式的任务，这一任务自然是洛克的继续。

第二，宗教问题。这包括宗教的认知、界定和心态，这些问题不解决，对人的困扰便会与日俱增。

第三，生活问题。随着物质的增长和科学力量的壮大，生活问题日渐突出，使人们处于生活和信仰的矛盾之中。再者，道德问题也伴随而来，哲学只有解决这一问题才能为人们提供平衡和指南。

第四，物质问题。是采取自然、生活和现象的态势，还是采取抽象、精神和本质的态度，这个问题的解决有助于眼界的端正。

这四大问题归结起来却是理性的问题，这是从学理上来讲的。如果理性放入生活之中，则是理智的问题，由于理性被自然神论者占有，所以哲学上就采用了理智，采用理智的另外原因则是由于理智比理性更具生活的、中性的、经验的色彩。

哲学家对这些问题的解决只能是用理智的方法，这就决定了他们比宗教神学更具有现实性，又比自然神论者更具中间色彩。这样一来，哲学就必然在自然神论与极端宗教神学之间的夹缝中存在，所以贝克莱则受到人们的友善的嘲笑，休谟则被人误解而迟迟进不了学院的门槛。这便是哲学家的窘迫和哲学的尴尬，但正是由于如此，他们才能消减双方的力量，将历史使命背负在自己身上。

所以，处于自然神论与宗教神学结合部位的哲学，作为世俗政权和宗教神权黏合力量的哲学思想，作为人们生活和内心信托胶着一体的时代精神，它们离不开正统的、宽容的宗教气氛，它们必须是冷静理智的产物。

自然神论者可以借理性而疯狂，大肆摧毁一切传统之能，而昂然走向无神论，让生活和思想只剩下一种可能；宗教狂热者可以借信仰的权威而迷信狂热，将现实的一切视为垃圾而深恶痛绝，由此跨入神的殿堂，让世界只剩下神的精神；温和的宗教神论者可以借有限与无限的关系而采取向永恒、神光倾向的态度。唯有哲学不能，它必须给人以世界的本来面目，以经验冲释理性的力量，使理性的光和火不至于燎原；以理智撩破迷信的幻梦，使信仰无力夺去人的眼光；以常识冲淡神圣和永恒，让温和没有偏向。同时，还必须将它们整合起来，给人们提供一套生活方案。

面对洛克思想及其道路的广泛被接受所产生的深刻影响，自然神论者沿着经验—理性之路走了开来，但这条道路正如贝克莱所警告的那样，已充满无神论气息；另一方面，传统的理性与信仰合一的道路自然是一条死路，这一点洛克似乎暗示了。这样，哲学家们一方面不得不继承洛克，另一方面则不得不超越洛克。因此，只有将洛克的经验论彻底化这一条道路，尽管这条道路前景并不广阔，甚至会误入怀疑论的歧途，但对于问题的解决和承担使命的负载还是足够的。

可以肯定地说，贝克莱、休谟都很好地接受了洛克，并将经验论与时代使命相结合，使在夹缝中生长的哲学具有了生命，这不能不承认他们解决问题的能力强劲。

从严格意义上讲，自然宗教也是一种宗教形式，它并没有摆脱宗教的框架。由此，无论是自然宗教还是经典宗教，都有宗教的意味和气息，所以处于二者之间的哲学注定要受到两者的影响，它们都会在哲学中留下印迹，但这种印迹不论是哪一方的，终究还是宗教的。

有一点可以肯定，只要人们不夸大哲学的作用，18 世纪英国哲学的功能是与温和的宗教的功能是一致的，并且前者是后者整合功能的一大部分，或者说是重要的补充和完形。

三 哲学与宗教的整合

作为哲学家的贝克莱是深刻的和明哲的，他通过对视觉问题的考察，得出可视事物的存在都离不开颜色等具体属性，由此他肯定"我必须承认我无力得到一个如此精美的抽象物"①，所以索利评价道："如他所主张的，视觉和触觉并不具有能够从这两者中分离出去变成一个独立表象的共同因素。他对这类抽象观念的驳斥是完全正当的。"② 这表明贝克莱对抽象方法的放弃，而这一方法正是自然神论者。

---

① *Berkeley Philosophical Writings*, Selected and edited by F. E. Jssop, p. 25.
② ［英］索利：《英国哲学史》，段德智译，山东人民出版社 1992 年版，第 145 页。

他写道:"我的目的就是在于试试自己能否发现出,有什么原则可以在各派哲学中发生那么多疑惑和恍惚、荒谬和矛盾,使最聪明的人也以为我们的无知是不可救药的,也以为它是由于我们精神能力的天然暗钝和限制而起的。诚然,我们如果要严格地来考究人类知识的第一原则,并且在各方面来研究、来考察它们,那是很值得我们费心的一种工作。尤其是因为我们有几分根据可以猜想,心灵在追求真理时搅扰它、妨碍它的那些困难,并不是起于对象的暧昧和混乱,也不是起于知性的自然缺陷,乃多半是由它所坚持的那些虚妄原则而起的,可是那些虚妄原则原是可以避免的。"① 这些错误原理一则是抽象观念学说,二则是外物实体的存在。这里我们可以看到自然神论对贝克莱的反面影响。

贝克莱在批驳抽象观念和物质学说时,他是诉诸常识的,他的目的就在于得到一个"既贴近于常识,又远离怀疑主义"的意见,以拒斥形而上学的玄想。他认为他的思想才是"把俗人同哲学家向来分道扬镳的真理合拢起来"②的思想形式。这里我们可以看到贝克莱的常识视角的来源。

他的"存在就是被感知""物是观念的集合"以及"观念只与观念相似"三个命题,我们可以看到他对物的限定,使物只具有表象性和可感性,是经验形式的,因此,也是经验论的观点,贝克莱的物质观说明经验方法在他那里的彻底性。

贝克莱的心灵学说以及上帝的引出,具有宗教色彩是明显的,但另一方面他并没有否定人的主体性,这就表明在宗教情绪与生活情趣之间,他是宽容的,而非专断的。

尽管贝克莱"是一位怀着近乎宗教热诚追求真理的人"③,但他

---

① [英]贝克莱:《人类知识原理》,第4页。
② 《柏克莱哲学对话三篇》,关文运译,商务印书馆1957年版,第112页。
③ [美]J.O.厄姆森:《贝克莱》,曹秋华译,中国社会科学出版社1989年版,第37页。

"采用了一种更为精致的形式保留常识与启示所维护的一切之手段，来推翻原子论哲学"，而且他同别的正统宗教派人士一样，"掩盖不住一种温和宽容的精神"①，因此，他常常自豪地宣称他观点的一个极大优点就是：完全与常识一致，他写道："记住，不停顿地排斥形而上学，等等，并将人们唤回于常识中来"②，这表明他对现实、常态、常理的执着。

通过上述，我们可以得出，贝克莱的哲学思想受到自然神论和宗教神学的影响，具体表现在：

第一，它们决定了贝克莱的思想的根本点必然是宗教的（或上帝的）。

第二，它们决定了贝克莱思想的框架，使他的思想在拒斥物质的形而上学和承诺上帝作为心灵存在之间运作。

第三，它们决定了贝克莱拒斥物质和承诺上帝的方法只能是经验的方法。

第四，它们决定了贝克莱的精神内涵是宽容的、理智的而不是偏执的、狂热的。

第五，它们逼使贝克莱将眼界和取证基点放在常识之上。

可见，贝克莱的思想一方面佑护正统，另一方面也遏制狂热，贝克莱将一切限定在常识之中和普遍心灵内容之中，这是可以看出宗教对他的影响，也可以看出他的创造。

休谟对那些人所不理解和接近的"本质""物质""灵魂""上帝"等形而上学问题是存疑的，他认为这些学问本身对人生、社会毫无益处，相反倒成了迷信、狂热的避难所，所以对于休谟这位一生"完全沉浸于理智的追求中""无论在休谟生前或死后，我始终认为，

---

① ［美］戴维·罗伯兹：《英国史》，潘兴明译，商务印书馆1985年版，第26页。
② ［美］J. O. 厄姆森：《贝克莱》，曹秋华译，中国社会科学出版社1989年版，第178页。

他在人类天性的弱点所允许的范围内,接近于一个理想的人、全智全德的人"。① 他的"经验的推理方法"可谓对以往方法的一种委婉否定,也是对科学方法的一种哲学运用和论证。

他对实体的存疑使人感到了经验和生活的哲学生命。他的因果性问题的习惯和心理联系处理,是对生活的进一步肯定。他的信念—本能学说,使人们看到哲学的真正结论和来源都在现实之中。他对上帝和真正基督教的心理要求和情感论,让人感到人是生活在有限之中的,情感是需要无限来依托的。

由上我们可以证明哲学,特别是当时的哲学气息,对休谟的影响是巨大的。

第一,它影响了休谟的哲学气质,使他具有现实的、常识的、宽容的、自然的以及本能般的情怀。

第二,它影响到休谟的哲学方法,他的"经验的推理方法"是立足于观察和经验的,充满客观的意味。

第三,它决定了休谟哲学和思想的分界:一部分为经验的知识样式,另一部分为生活样式。两种样式必然依赖常识的信念结合在一起。

第四,它决定了休谟哲学的性质:他必然抛弃经验无能为力的实体论,使他的哲学具有自然主义倾向的和带怀疑主义色彩的融合性;同时,使他的哲学带有非理智主义倾向而走向情感,求诸情感,并以此削减理智的力量、理性的厚度。

应当承认,18世纪的英国,无论是在法定上,还是在实际运作中,其主导思想和主流情态都是宗教的,因此问题的关键不在于要不要宗教,而是在于如何对待宗教,如何对待它的广泛影响。笔者以为宗教与哲学的关系可以说是良好的、和谐的,因此,宗教对哲学的影响也可以认为是精神的影响,或者说,精神之间的影响才是本质的,

---

① 参见[英]A.J.艾耶尔《休谟》,曾扶星等译,中国社会科学出版社1990年版。

所以才有哲学思想的大度和宽容。由此，我们也可以说：主流宗教思想与哲学思想在宽容基点上同构。据此，宗教对哲学的多层面的一般影响可见如下：

第一，宗教决定了哲学的主要领域必然是认识论领域。正如贝克莱和休谟所阐述过的，当时思想界的混乱、宗教界的争吵都集中在认识的来源、形式、真理、方法和归宿等问题之上，这就无形之间形成了哲学的主要区域和关注焦点。

第二，如前所述，它形成了哲学的四大问题和根本范畴，铸造了哲学的使命和负载。

第三，它造成了哲学的夹缝般的处境，这种处境足以使哲学充满磨难性。

第四，它影响了哲学的基本框架结构和内在空间。哲学被迫分出两大块，一是由理性演化而来的理智领域，即知识论；另一是由信仰而来的宗教思想。这两者的分野，必然生就一个由信念的、生活的、心理的领域为其中介，它就是常识。

第五，宗教决定了哲学对现象界、经验世界的全面考察和关注。相反，本质界、超验世界则沦为否定的领域。

第六，宗教从反方向上决定了哲学方法是经验映证和经验归纳。我们知道，不论经典宗教还是自然宗教都是采用现象→本质的论证方式来证明神之有无的。这种越界式的、以偏概全的归纳法显然是被滥用了。由此，哲学方法一方面被迫去澄清其中的问题；另一方面则去寻找其中的根源与依据，在贝克莱那里是上帝，在休谟那里则是习惯和信念。

第七，它使哲学倾向于不可知论。哲学割去了上下两个支撑，因此，将它们放入否定或存疑领域，而只剩下现象界，自然会被当作不可知的。贝克莱只是由于上帝的引出和保证才逃脱了不可知论的命运，但从严格意义的知识论角度，上帝和理性的神秘一经排除，他的不可知论也就暴露出来了。

第八，它决定了哲学的归宿、任务和功能。功能是自然对社会混乱进行冷处理，以此达到整合；任务则是健全人的理智和常识，避免左右两者的骚动；归宿必然是对生活的肯定和对上帝的默许。

第九，它决定了哲学的气质和精神，那便是包容现实、客观、科学和宽容。

正如宗教对哲学的影响一样，哲学对宗教的影响也是巨大的，其一，使宗教带上科学性、生活性和常识的色彩；其二，使宗教具有了新的论证方式，那就是贝克莱的经验论证和休谟的情感论证；其三，强化了宗教的理智性；其四，产生了宗教的新的空间，那就是人的有限性的最后依托所在。

所以，18世纪英国的宗教和哲学的关系是一种自由互动关系，两者并不存在相互挤压的紧张关联。

常识作为中心、桥梁在宗教和哲学中其现实的作用是不容低估的，因为理性与信仰、生活和精神、政治和宗教、身体和内心、经验和知识、科学和人文，不论在宗教，还是在哲学都是由它来过渡和印证的，甚至于宗教和哲学二者之间的过渡也是由它来完成的，更不用说贝克莱和休谟的思想连接了。

为此，我们可以这么说：常识是近代哲学的一个生长点，至少这在贝克莱和休谟之间是显而易见的，而常识却正是在左右宗教中使相应哲学被迫采用的。

第六节　18世纪法国哲学的人文和宗教背景

一　革命前的社会与宗教

与英国不同，18世纪法国的历史现实是由太阳王路易十四开辟

的,"朕即国家"是它的象征、理念和精神,由此导致了如下结果:

第一,路易十四恢复了天主教的思想统治,他通过对南特敕令的废除和对新教徒的镇压,使法国丧失了任何宗教宽容的可能性,这种天主教一元化的正统统治,使反宗教反封建的思想运动丧失了宗教旗号。

第二,路易十四的专制统治有效地固定了君权地位,也就抑制了宗教的专横,这一点与他所开辟的光荣业绩一起,使他具有了象征中央集权的"开明君主"的名号,这为以后法国思想家寻找"开明君主"产生了信念般的影响。

第三,天主教的主教一面听命于罗马教廷,另一面又是国王的宠臣,使国王和主教、王权与教权的关系变得复杂。路易十四委托主教为首相,小心地不引起宗教人士的不满,而宗教也必须依赖国王的一体化统治,以扑灭新教的势力,这种权力的二分化、主教的一臣二主现象,使两股势力必然融合。

第四,英国革命的成功被法国引为样板,因此,对宗教的怨恨为主流,夹杂着对国王无能的不满,就成了18世纪法国的主要情结。太阳王死于1715年,他一死,连同那辉煌的业绩也一同带走了。无能的路易十五、路易十六使国力日渐衰弱,人们自然会怀恋过去,并把愤怒发泄到宗教身上,让宗教世界来承担一切罪责。

早在路易十四时代,人们为了反抗宗教界的专制和贪婪,为了宗教的健全、纯洁和宽容就进行了抗争。皮埃尔·布律塞尔为了反对红衣主教马萨林的横征暴敛,提出了"免税"主张,由此而引发了针对教会人员的贪婪和奢侈的投石党之乱;刚跨入18世纪的门槛,由于路易十四取消"南特敕令",从而导致了"卡米托尔"起义,起义领袖为让·卡瓦利埃,这是胡格诺教徒的起义,目的是争取宗教信仰的自由。这些运动由于路易十四的残酷镇压,都失败了,后来只剩下天主教这一意识形态。

整个18世纪，法国实行的都是等级制。人被分为三等，第一等级是神职人员，他们享有国家俸禄，参与国家权力，地产占全国的1/3强，还享有免税特权，又可对农民征收什一税。所以当时人们对此极为不满，进而有人认为，他们应该交税，税额应占国家的1/3的税收。然而他们不但没交，而且还搜刮民脂民膏。第二等级是贵族，他们往往是世袭的，可以悠闲地生活，靠祖先的荣光过日子。第三等级是城市平民和乡村农民、新兴资产阶级，他们在政治上毫无权力和保障可言，处境十分艰难，因此渴望变革。

这种被看作是神圣不可改变的、实质是为天主教思想统治服务的等级制度，不可避免地引起了第三等级的仇恨。所以有人在描述1757年法国的情形时写到，宗教在法国的消失，主要还不是由于英国哲学的传播，它在巴黎赢得的仅是上百名哲学家，而是由于群众对神职人员的极度仇恨。这些神职人员任何时候在街头上出现，就引起群众的轻蔑叫嚣。

神职人员的腐败导致了人们对整个宗教界丧失信心。因为正是那些神甫，从各方面引起了动荡骚乱，使人们不满和不服从政府，一切迹象都表明即将爆发一场反对政府和宗教的大革命。由此，所有的矛盾都聚焦在神职人员身上，就连下层的神职人员也开始了对主教等上层神职人员进行反叛和揭露，梅叶就是一个明显的例子。

不过，在法国大革命前，由于新教徒遭受了残酷打击而几乎不存有势力，加上封建专制，整个社会就像一座巴士底狱，除了来自思想界的批判外，宗教的统治和一体化并没有遇到过对手，所以在法国内部分化或宗教改革便没有任何存在的可能性。

综上所述，当时法国的社会状况具有以下特征：

首先，天主教靠君权而获得了一统。君权靠宗教获得了神圣性，从而形成天主教和世俗政权交织在一起的局面，其统治是很稳固的，并不存在自身内部分化的危险。

其次，神职人员的腐化堕落和贪婪被视为最大社会问题，人们由于国王的无能而导致对权力健康的渴望，所以，对宗教人士的不满是根本性的，对政权的不满却是派生性的。

再次，人们由于丧失了信仰自由和思想自由而导致了丧失行动的自由，所以对思想的批判，成了寻找法国未来的一个突破口。这个突破口就在神职人员身上，最终人们把希望寄托在诸如路易十四那样的"开明君主"那里，所以不是自救，而是一种超人的救赎。

最后，人们的反叛注定以反宗教为主，附带反叛王权，并希望王权强大，所以刺杀路易十五的人被审判时说："如果他（指路易十五——引者注）杀了三四个主教，我是不会杀他的。"这也可以从革命时期的立宪会议制定的文本里找到根据，在《人权宣言》中首先承诺了宗教信仰自由，让非天主教徒可以在政府中担任公职，从政治上取消天主教的特权地位和宗教歧视；其次从经济上剥夺教会的财产和征收什一税的权力，取消所有的修道院；最后是按行政区域划分教会教区，以削弱主教权力，把神职人员及其活动置于国家管理之下，割断法国天主教会对罗马教廷的从属关系。由此可见对宗教的打击并非一日之心情。即是说，高级神职人员已成了人民公敌。

总之，在法国大革命前，宗教及其组成世界是众矢之的，人们不可能温和对之。

二　哲学来源

18世纪的法国哲学是和启蒙运动密切联系在一起的，这种哲学以批判的理性为武器，揭示现实的丑陋，以开启人的心智为目的。

从理论上讲，它有两大来源：一是洛克，二是本土的笛卡尔。从洛克那里得到了唯物主义、经验主义和实际、现实的精神，从笛卡尔那里得到了理性和反省精神，这两种精神相互结合的结果，决定了法国哲学对社会的关注多于对思想的探索，从而使哲学仅仅成为一种表层的思想形态，并使之成为理由、手段和工具。也即是说，他们把哲学的结论当作武器，把哲学功能化了，所以在他们的思想里，糅合多于创造，躁动多于沉思，不合逻辑的洞见多于推理而来的发现，由此也就片面大于全体，摧毁大于建造。所以，与其说他们的观点是一种哲学形式，不如说是哲学的一种思想形式，这也是他们大多被称为思想家而非哲学家的原因。卢梭是个例外，但可惜他所代表的并不是当时法国思想的主流。

由于他们处于特定的历史背景之下，所以他们面临的任务是双重的——既要批判宗教和与宗教相关的世俗政权，又要寻找开明君主，这二者近乎一种矛盾。启蒙运动中的百科全书派在这种情况下以理性为武器，但由于任务矛盾，所以不可能完整理性，使理性成为一种大众的精神。

我们知道，这些思想家都和社会上层存在一定关系，在他们身上表现出一种依附性，所以这种沙龙式的思想就像蒙田所描绘的，是一种贵族式的心智。

他们思想的深度取决于继承，他们的视野是法国现实，而非人本身，由此，他们的思想批判实际上只表现为对现实的批判，而思想却成了批判的背景支持。

三 思想特征

早期的培尔、孟德斯鸠是以校正社会为己任的，他们试图寻找到一个标准、一个良方来达到这一目的。培尔的怀疑和孟德斯鸠的法论在一定程度上是对社会的诊断，他们的思想具有探索性，因而对宗教的抵触从理论上讲并不深。

卢梭是自然主义者，属于自然神论系统，他的情感主义充满着伤感，却弥漫着一种近乎宗教的关怀，所以卢梭的思想遭受到百科全书派的非议和打击。究其原因主要是由于卢梭不具有严厉的批判性。

百科全书派要批判现实，首先自己要有思想。既然宗教宇宙是高高在上的神本，那么，狄德罗他们自然就找到物质；宗教抓住教条、抽象，他们便握牢经验、理性和现实；宗教认为神及神职人员圣洁，他们则认为虚伪，是魔法师，是潘多拉的箱子。总之，他们的观点与宗教截然相反，背道而驰。

这种针锋相对的情形显然不是英国哲学所提倡的健全理智之内的理性所为，而是一种情感所导致的激动行为，理性的情感化是他们思想的最明显的特征。

既然一切为了批判，为了让人看到现实的丑恶性，百科全书派不可避免地走向极端，即向宗教界抛掷一个个重磅炸弹，但他们对封建主义本身，尤其是其本质问题却有所忽视。

在对待世俗政权上，他们的批判则由于对"开明君主"的希望而减退，所以他们批判的精神和思想内部并没有孕育一个未来世界。

总的来说，百科全书派和现行的宗教制度之间存在着一种敌对关系，这种关系导致了人们的误解，以为宗教对哲学没有影响。其实在敌对关系中，相互影响比任何别的关系都要强。即使百科全书派在尖锐批判宗教的时候，也不存有推翻宗教的企图。相反，他们认为，为了统治民众，就是没有上帝，也必须捏造一个。可见，他们批判宗教的真实指向是针对宗教教会的组织及其制度，尤其指向其中的腐化部分，而非宗教本身。

狄德罗、爱尔维修、霍尔巴赫等人都是基于牛顿力学体系下的思想，他们的机械性是显而易见的。这里的机械性，无非是说他们的思想内部缺乏动力，因此这种思想只有诊断而不严密，这一属性和宗教有着内在关系，因为宗教就是机械精神的东西，所以对它的批判也用不着有根有据。

百科全书派和宗教之间不是没有关系，或者说没有关系只是两者表面的观点分立，但包含深层的关系，或者说这种关系由于观点分立而体现为——对应着相反。

第一，宗教制约着他们的情怀和视野。他们自始至终都关注着宗教界的丑陋面，由于宗教改革的无望，他们倾注着身心发泄出仇恨和攻击。由此，宗教的丑陋面有多大，他们的眼界就有多宽，宗教的丑恶有多深，他们的攻击也就有多重。

第二，宗教决定了他们的关注焦点和主要问题。他们只关心宗教丑陋面的消失，希望法国走向兴盛，认为只要宗教放在恰当位置，法国就不可能这样糟。

第三，宗教决定了他们思想的组成结构。由于批判，且是尖锐批判，他们的思想和宗教就毫无共同点。同时，宗教的构造却自然成了他们思想的结构，只是内容正好相反而已。

第四，宗教还决定了他们思想的性质和方法以及归宿。在性质上，他们由于对王权存有指望，对上层有依附性，因而是贵族性的；在方法上，同宗教一样，没有逻辑性和科学性；在归宿上，拯救的任务最终落在"开明君主"身上，这就导致了他们把思想批判夸大，去代替行动的批判。

在百科全书派和宗教的关系问题上，有一点值得指出，他们在信仰上帝上并不存在矛盾，百科全书派的理性神和世俗中的神化人物的引入，说明这么一个事实：百科全书派对宗教本身并没有多少理论深层的矛盾。

批判的打击方式往往只是变革的前奏，和宗教划清界限的工作总是后期的行动。由此，百科全书派和宗教的关系并不表现在批判上，而是表现在批判的目的上。

第七节　法国启蒙思想家与自然神论

一　孟德斯鸠

孟德斯鸠出生在一个传统的天主教家庭之中。他的两个姐妹都是修女，一个叔父是修道院院长。孟德斯鸠的胞弟和教子继任了这一职位，孟德斯鸠与他们都保持着亲密的关系。孟德斯鸠在当时的教会里有许多朋友，他的许多至交的博学为教会增添了光彩。青年时代的孟德斯鸠是在波舒哀的教区内，在传统宗教的熏陶下成长的。可以说，孟德斯鸠的一生都以正统的罗马天主教为背景。

关于孟德斯鸠的宗教信仰，首先必须讲的一点就是他坚定不移地相信上帝的存在。无论是在早年还是晚年，他都始终保持这一信念。他在游历诸国之前写道："上帝是永恒的，这是千真万确的。"① 《论义务》的主要宗旨之一就是批驳无神论。在《随想录》中有一段原为《论义务》而写的长篇大论，慷慨激昂地为上帝存在辩护。② 孟德斯鸠对上帝的信仰在他的整个思想中起着基础的作用。如果上帝被证明不存在，那整个人类也就失去了道德基础，同时，人类的全部希望和恐惧也都将随之破灭。更为严重的是整个人类精神结构将全被摧毁。需要指出的是信仰上帝并非青年孟德斯鸠的一时喜好，就是在晚年他对上帝仍是满腔热情。在《随想录》中有这样一段话，他哀叹自己没有能力把《论法的精神》再改写和润色一番时说："阅读损害了我的双眼，它们将在某一天永远闭上。在某一时刻，我应该开始和结束，这个兼具痛苦和快乐的时刻，已近在咫尺了……啊！不朽的上

---

① ［法］孟德斯鸠：《随想录》，第 156 条。（根据 *Of The Pleasures Of The Soul And Other Essays*, Charles Louis de Secondat, Lonang Institute 1752 年版。下同）

② 参见《随想录》，第 1266 条。

帝！人类是您最为杰出的创造。热爱人类就是热爱您，在结束我的生命时，我将这份爱奉献给您。"① 这些文字的作者必定是一位精神生活充实的人。这样的人必定对宗教敬仰之至。从这样人的口中表白出信仰罗马天主教也就不足为怪。

然而这并不足以说明孟德斯鸠是一个坚定的天主教徒。虽然他受到的是正统的天主教教诲，而且从未正式宣称放弃自己的信仰。不过在他的著作《波斯人信札》中，无论对信仰还是教会都只表露出淡微的同情。在旅行期间，他坦诚地说，在游览了罗马，观看了那里的珍宝之后，他感到与宗教更亲近了。不过随后他又加上了这样一句话："人具有一种伟大的愚蠢。"就这样，他的信仰遭到了理性的揶揄。在《罗马盛衰原因论》中，他至少在某种程度上郑重地发表了一些对基督教的赞美之词。大约13年后，在《论法的精神》第24章中，他写下了这样一段话："如果有一种宗教，它控制一切情欲；它不但控制行为，而且控制欲望和思想，它不是用几条链子，而是用千丝万线系住了我们；它把人类的正义放在一边而另立一种正义，它的使命是不断引领人们由忏悔达到仁爱，又由仁爱达到忏悔，它在裁判和罪人之间设立了一个伟大的中人（耶稣基督）；在正直的和中人之间设立一个伟大的裁判。"② 这段话在1757年版的附录里被形容为对基督教的绝妙描述。很难想象，这样描述基督教的话会出自一个从不属于基督教的人之口。这只能说明早年笃信天主教的孟德斯鸠在晚年的信仰已有所淡化，但仍保留了对宗教的敬仰和情感。

孟德斯鸠真正信仰的是自然宗教。关于自然宗教已有多种定义，但在《论法的精神》中，孟德斯鸠却有自己的定义。他说，柏拉图宣称，凡是否认神明存在，或是相信神明存在，但主张神明不干预人间

---

① 《随想录》，第1805条。
② ［法］孟德斯鸠：《论法的精神》（下册），张维深译，商务印书馆1961年版，第147页。下文引用《论法的精神》皆据此版本，不再一一注明。

事务，或是认为可以很容易用祭祀安抚神明，都是对神明的侮辱。紧接着孟德斯鸠说根据"自然理智"所可能说出的关于宗教的话，充其量不过如此。① 他断言这种宗教形式适合于各种宗教，特别是上帝的至高无上，是一切宗教所共有的。② 应当着重指出的是，对当时自然宗教与基督教义之间的分歧，也不可夸大。特别是在英国，低级圣职人员和非国教教徒与持积极态度的自然宗教之间的界限并非绝对取直的，而是模糊不清的。这也就不难理解为什么一个英国人在访问法国拉布莱德时评论孟德斯鸠说："他显然不是罗马天主教徒，但是没有证据认为他不是基督教徒。"就在同一年，孟德斯鸠在写给一位英国大主教的书信中，就宗教问题发表了议论，鲜明地表达了自己的意见。他坦率地讲，要攻击天启宗教，不患无辞，因为天启宗教是以事实为基础的，而事实是可以抨击的。自然宗教则不然，它的基础是人们的天性和人内心的情感，这两种因素都不会导致争论。然而英国的天启宗教却因与众不同，任何善良的人都不愿去攻击它。不过，如果有人仍然去攻击英国宗教，那么"此人如果取胜，纵然他从根本上说是有道理的，他也只不过是将无数有实际效用的好东西毁掉，从而树立起一种纯思辨的真理"。这也显示出一个务实的历史哲学家的风格。孟德斯鸠来到世上就是一个罗马天主教徒，有时虽与罗马教廷关系紧张，但在临终时，他重新与罗马教会和好如初。他更多关心的是道德，而不是教条。他毕生为之献身的主要是自然宗教。

孟德斯鸠提倡各宗教、教派之间宽容、平等。这一点与稍后的伏尔泰不谋而合，比卢梭更为立场鲜明。他多次提出："必须尊敬上帝，但不能为上帝复仇。"③ 对同一国界内的宗教关系，孟德斯鸠也提出了自己的看法："国家必须接受宗教宽容原则，必须强令本国边界内

---

① 参见［法］孟德斯鸠《论法的精神》下册，第164页。
② 参见《随想录》，第1454条。
③ ［法］孟德斯鸠：《论法的精神》上册，第190页。

所有宗教执行这一原则。"① 里斯本的一次处死异教徒的大会使他万分激动,并写下了一篇贯注了他的全部激情的作品。这是一封致西班牙和葡萄牙的宗教法庭审判官的公开信,题为《异常卑微的劝谏》。这篇文章构成了《论法的精神》的第25章第13节:"你们以铁与火对待那些陷于极可原谅的错误中的人们,他们以为上帝仍爱着他们的过去之爱……你们让我们成为基督徒,而你们却不愿成为基督徒。"②

孟德斯鸠的宗教宽容精神在对待詹森派的态度上表现得极为突出。关于詹森派的基本情况前面已有所提及,只是18世纪的詹森派在不少地方背离了它的前辈。比如说可在它的教堂墓地前治愈残疾人等说法。对这些孟德斯鸠都是极为反感的,同时对詹森派的许多神学观点,孟德斯鸠也提出批判:"上帝纵然有时预先做了安排(这种情况极为罕见,因为上帝极少取消我们的自由),他只可能预先安排我们得到拯救。被上帝预先安排的人都获救了,但这并不是意味着未被上帝预先安排的人都被罚入地狱。"③尽管如此,当詹森派面临危急的形势下,孟德斯鸠仍强烈呼吁国王表现出大度宽容的精神。他说:"用暴力去处决他们是愚蠢的。"④孟德斯鸠宗教宽容的另一个更为实际的表现是:他的妻子是加尔文教派的信徒,而且直到生命的终结,她始终忠于原来的信仰。

孟德斯鸠还积极地为自己的信仰,为宗教宽容寻找理论依据。宗教是孟德斯鸠称为"一般精神"的第二类原因中的七大要素之一。他在《论法的精神》中开宗明义地指出,宗教本身是自然的产物:"自然把造物主这一观念印入我们的头脑中,诱导我们归向他。"⑤《波斯人信札》中包含着大量关于宗教仪式和宗教信仰的评论,孟德斯鸠力

---

① [法]孟德斯鸠:《论法的精神》下册,第166页。
② 同上书,第169—170页。
③ 《随想录》,第1945条。
④ 同上书,第2158条。
⑤ 《论法的精神》上册,第4页。

图对宗教现象做出解释。在比较宗教和科学时,他说:"宗教起源于人民,然后被上层人物系统化了;而科学则是由有知识的人创造的,然后由他们传授给人民。"① 他经过进一步考察得出:"人们热衷于宗教是出于以下原因:(一)人们因自己明智地选择了一种不崇拜偶像的信仰而感到愉悦;(二)宗教仪式给予人们的感官和情感一种满足;(三)人们可以自以为是被精心挑选的人而自豪;(四)礼拜仪式频繁,使人们总有事可做;(五)相信有天堂也有地狱,使人们天生就具有的希望与恐惧得到满足;(六)教会崇尚的道德观念具有吸引力;(七)教堂的富丽堂皇和教会的富裕使人们倾心向往;即使是那些一贫如洗,与之形成鲜明对照的人,也为之倾倒。"②

由于兴趣点不同,孟德斯鸠没有写出后来休谟被称为自然宗教史的著作来,不过在他列举的实例中,已经提到了宗教自然史的基本要素。在列举宗教的起源时他无意贬低宗教。他并不认为宗教是专事欺诈的僧侣所为,宗教不是一个骗局。他与霍尔巴赫等人认为宗教是有组织的欺骗从而追求使宗教名声扫地然后根除不同,孟德斯鸠所关心的是做出解释,他的宗旨是理解而非判断。由于具有历史学家的精神,因此他认为任何存在都有继续存在的权利,他不可避免地把这一原则应用于宗教。在《随想录》中,他写道:"异教必然存在。"③ 在《论法的精神》中,他写道:"就人的因素而言,气候预先规定了基督教和穆斯林教的范围。"④ "印度教是不可摧毁的。"⑤

孟德斯鸠坚持认为一切宗教都有社会的和道德的意义,他说:"在各种虚伪的宗教之中,我们也能看出哪些宗教最符合于社会的利

---

① 《随想录》,第13、22、46条。
② [法]孟德斯鸠:《论法的精神》下册,第158—159页。
③ 《随想录》,第417条。
④ [法]孟德斯鸠:《论法的精神》下册,第156—157页。
⑤ 同上书,第29页。

益。"① 他认为即使宗教对于一个国家的臣民没有用处，将超越一切世俗惩戒的君主置于宗教的约束之下，仍是有益的。"一个热爱又畏惧宗教的君主，就好比是一只狮子对抚摩它的手掌或安慰它的声音驯服一样……一个完全不相信宗教的君主，就好比是一只可怕的动物，它只有在把人撕碎、吞食时才感到自由。"② 同其他宗教一样，基督教之所以具有重大的社会意义和历史意义，是由于它宣扬道德，而不是由于它的教条。宗教的职能是给予更具普遍意义，更为高尚的指导，是指明理想，而不是制定惩戒条例。"例如宗教设立规矩，为的不是优而是最优，为的不是善而是最善；所以，这些规矩应是劝说，而不是法律，才方便适当。"③

由以上论述可看到，孟德斯鸠一生与宗教都有着解不开的缘。不论是信仰还是行动，也不论是言谈还是著述，他都把宗教作为最基本的对象。这也同时表明了当时法国的一个基本事实：哲学、思想无论如何也绕不开宗教，可以说，宗教对孟德斯鸠及其思想有着深刻的不容置疑的影响。

二 卢梭

卢梭的祖先是法国人，早在16世纪中叶，他的高祖父就因改信加尔文教而遭到天主教会的迫害，被迫逃到瑞士日内瓦定居下来。因此，卢梭是出生在日内瓦这片自由的土地上的加尔文教家庭里。十岁以后，他曾被送到一个牧师家住了两年，这对培养他的宗教情感起了重要作用。对卢梭一生影响极大的华伦夫人就是一个虔诚的教徒。她介绍卢梭到意大利的天主教神甫那里去做事，在那里，他改宗加入了天主教，也就是说，从这以后，卢梭就成为一个天主教徒。

---

① ［法］孟德斯鸠：《论法的精神》下册，第138页。
② 同上书，第140页。
③ 同上书，第144页。

但卢梭却不是一个传统意义上的天主教徒，他所信奉的宗教是他自己所理解的宗教，但他从未放弃过信仰，他说："我常常以自己的方式来理解宗教，但我从来没有完全离开宗教"①，而他所相信和提倡的宗教却是"以自然宗教为限"②。

那么卢梭的自然宗教是一种怎样的宗教呢？首先这种宗教中上帝的存在是可以推论和证明的。他的推论是当时盛行的运动的第一因推论，即认为只有某种外在力量才能引起运动，而这个推动宇宙、构造世界，给万物以生命和运动的最高主宰就是上帝。对于上帝存在的证明，卢梭提出了一些与他人不同的新的东西。他认为上帝存在，上帝创造世界的观念虽是他的智力所不能理解的，但他确信，由于"秩序的法则为万物所遵守"③，因此，可以通过认识自然的秩序和"良知的直觉"，去证明上帝的存在。他说："我把所有一切的书都合起来。只有一本书是打开在大家眼前的，那就是自然的书。正是在这本宏伟的著作中我学会了怎样崇拜它的作者。"④ 卢梭就用这样一种方法，即从现存的实在物中反推其创造者，这个创造者就是上帝。不仅上帝是存在物的作者，而且也是世界秩序的创作和维护者。在他看来，宇宙的各个存在物都是协调一致的，它们形成一个有系统的巨大整体，不管这个世界是无始无终的还是创造的，也不管万物的本原是不是消极的或是根本没有本原，总之，这是一个整体，在这个系统中的一切东西无一不是由一种独特的智慧所安排，无一不是在既定的秩序中保存这个整体。否则，整个宇宙就不会有条不紊、秩序井然。他说："我的确知道它是存在的，而且知道它是独立存在的。我知道我的存在是依附于它的存在的，而且就我所知道的一切事物来说，也同样是

---

① ［法］卢梭：《忏悔录》，黎星、范希衡译，人民文学出版社1996年版，第205页。
② ［法］卢梭：《爱弥尔》下卷，李平沤译，商务印书馆1978年版，第457页。下文引用此书皆据此版本，不再一一注明。
③ 同上书，第407页。
④ 同上。

依附于它的存在的。我在它创造的万物中到处都看见上帝,我觉得它在我的心中,我发现它在我的周围。"① 那么,我们所看到接触到的都是身边万物,问题是如何或凭借什么能由此而认识无限的上帝。卢梭发明出一种"良知的直觉",这是上帝赋予我们的固有本能,凭这种"神赋的本能",借助上帝的创造物,就能认识上帝。由以上可以看出,卢梭关于上帝存在的推论和证明方式,具有"宇宙论证明"的色彩,即借助上帝的创造物(宇宙万物的存在)间接地来证明上帝的存在。

上帝虽然通过万物显现,却不通过自身显现,或者说,我们不能通过上帝自身把握上帝。卢梭说,当他想就上帝本身来思考上帝的时候,当他想寻找上帝在什么地方,想知道上帝是什么形象,上帝是由什么东西构成的时候,上帝就逃避了他,使他迷茫的心灵什么也看不到。但这并不妨碍上帝是普遍、无限、全智全能的。这也是卢梭的自然宗教给上帝规定的属性。首先,上帝是普遍的、无处不在的,"它不仅存在于旋转的天上,而且还存在于照射我们的太阳中;不仅在我们自己的身上存在,而且在那只吃草的羊的身上,在那只飞翔的鸟的身上,在那块掉落的石头上,在风刮走的那片树叶上,都存在着"②。这就说明先有上帝,后有万物,即使有一天万物毁灭了,上帝仍然存在。其次,上帝是聪明的、纯直观的。它的聪明达到了这样的程度:人在进行推论时虽然是聪明的,而最高的智慧则不需要推论,它不要什么前提,也不要什么结论,甚至连命题都不要;上帝的纯直观使它既能认识已经存在的事物,也同样能认识可能存在的事物。最后,上帝是万能的、善良公正的。上帝能行使意志,它的意志就是它的力量,正是靠这种意志的力量它才能创造万物。也是靠这种意志的力量

---

① [法]卢梭:《爱弥尔》下卷,第395页。
② 同上书,第391—392页。

统治着万物。上帝的善良表现为对秩序的爱，这份爱使世界连为一体。公正与善良密不可分，上帝的公正是善良的结果；人类不公正的行为都是人类自身造成的，而不是上帝造成的；人的公正表现在给予每一个人应得的东西，而上帝的公正表现在要求每一个对它给予的东西付出其代价。这些都是卢梭眼里的上帝的属性。

卢梭对上帝的观念并非一贯的，而是充满了矛盾。虽然认定上帝是永恒普遍的、聪明的、万能的、善良的和公正的，但这些属性只能是想象的，它们不能直接被认识。他说："既然我们的感官是我们取得知识的第一工具，则我们可以直接理解的东西就只能是有形的和可感觉的东西——那拥抱万物、推动大地、创造一切生物的不可思议的上帝，是我们的眼睛看不见，我们的手摸不到的；他逃避我们的感官，创造的东西呈现在我们的眼前，而创造东西的人却隐藏起来。要能够认识到他的存在，是一件很不容易的事情；当我们终于认识到他的时候，当我们在心中自问：'他是谁？他在什么地方？'的时候，我的心灵感到惊惶，感到迷茫，不知道怎样想法才好了。"① 这就说明，卢梭认为上帝既不能被感觉到，也不能被理性理解。他说：我愈是沉思上帝的无限本质，我便愈不理解这个本质；但是它确实是存在的，因为我愈不理解它，我反而愈崇敬它。通过上文提到的"良知的直觉"所认识到的就是上帝的全部，对这样的上帝我们仍须五体投地地崇拜，他说："万物之主啊，我之所以能够存在，是因为你存在；我这样不断地对你思索，为的是使我明白我的根本。要想最恰当地运用我的理性，最好的办法莫过于使它听从你的旨意；我的心灵之所以这样喜悦，我柔弱的体质之所以这样可爱，正因为我感受了你的伟大。"②

由以上论述可知，卢梭所信奉的自然宗教不同于制度化的传统宗

---

① ［法］卢梭：《爱弥尔》上卷，第361页。
② ［法］卢梭：《爱弥尔》下卷，第410页。

教。特别是他不把上帝理解为人格化的。卢梭反对世俗宗教中所盛行的繁文缛节，也反对讲宗教惩罚，反对去掉宗教的情感骨肉而将其形式化、空洞化。他指出，要使人们真正信仰宗教，就应该使他们对宗教有正确的理解，特别重要的是他们应当从内心里热爱宗教，而不能靠盲目信仰。因此，卢梭强调，在向人们讲解宗教时，千万不要使宗教在他们心中变成一种阴森可怕的和令人厌恶的事情，不要使他们感到信仰宗教是他们的一项义务或天职、一个繁重的负担，也不要强迫他们去背诵宗教教条和祷文。在卢梭看来，真正的宗教信仰，应使每个人都知道，人类的命运有一个至高的主宰，大家都是这个最高主宰的儿子，他要求我们为人公正，彼此相爱，对人要善良和仁慈，遵守同一切人的信约。卢梭还主张把那些毫无意义的、神秘的、空洞的教义束之高阁。他认为，人们去研究这些荒唐无稽的教义，就会忽略道德的修养，结果，这不仅没有使他们变成好人，反而使他们都成了疯子。由此卢梭得出结论：必须使人们始终学习那些涉及道德修养的教义；必须使他们相信，只有那些指导我们行为端正的教义才对我们有所裨益；必须以上帝作为他们的行为、思想、美德和欢乐的见证，要使他们因上帝爱善而诚心爱善，因上帝将补偿他们所受的痛苦而毫无怨言地忍受痛苦。总之，要使他们在一生之中，都要保持他们将来出现在上帝面前的那种快乐的心情。这才是真正的宗教、真正的信仰，有了这样的信仰，才不会产生邪恶和狂妄的弊端。

基于以上理由，他对当时的天主教进行了批判和揭露，他说在天主教中看到的"尽是世人的罪恶和人类的痛苦"[1]，并且说"这种宗教是最不公正的、最残忍的暴君"[2]。这个暴君实行的是肆无忌惮的专制主义的统治。对于正统天主教徒所信奉的天启神迹，卢梭也提出

---

[1] ［法］卢梭：《爱弥尔》下卷，第426页。
[2] 同上书，第428页。

了批判。他认为那完全是一种欺骗胡说，是为了证明天主教教义而搞出来的，而大自然绝不会听命于那些骗子。卢梭同样抨击了宗教礼拜形式，认为上帝所要求的崇拜是心中的崇拜，上帝所希望的敬仰是人们精神上真实的敬仰，这是一切宗教、一切国家和一切民族都应该具有的天职。因此，切不可对上帝产生鄙俗的、荒诞的、侮辱的和不尊敬的观念。而人们只要是真心诚意地崇拜，则不论其崇拜的形式怎样，上帝都是不会拒绝的。

卢梭同时痛恨败坏人心的无神论，他认为真正的心就是上帝的真正的殿堂，要以爱上帝胜于爱一切作为法律的总纲。在道德的天职中，首要的是内心的崇拜，没有信念就没有真正的美德。正是基于此，他指责无神论者借口解释自然而散布"败坏人心"的学说，抹杀神明，不相信宗教，"使人的心变得十分脆弱，把所有的热情都倾注于低级的个人利益和卑贱的自身，一点一点地败坏整个社会的真正基础……把他们的爱都化为既严重地危害人类也严重地损害道德的秘密的利己之心"①。因此，在他看来，在哲学给人民带来的好处中，没有一样是宗教不能够更好地造成的。反之，在宗教给人类造成的好处中，有许多好处就是哲学所不能造成的。

卢梭认为对一个国家、一个社会来说，宗教是必需的，他在《日内瓦手稿》中指出："人们进入政治社会之后，就要靠宗教来维持。没有宗教，一个民族就不会、也不可能长久存在。"而现实中存在的宗教在各个方面又是不能令人满意的，因此，卢梭便设计出一种公民宗教以取代世俗宗教。在这样的宗教里，每个公民都会热爱自己的责任。对于国家来说，这个宗教的教条唯有当其涉及道德与责任时才是有意义的。而这种道德与责任又是宣扬这种宗教的人自己也必须履行的。最高权力管辖不了公民宗教，但它能够引导这种宗教的教条，只

---

① ［法］卢梭：《爱弥儿》下卷，第455页。

有遵守这些教条，公民才会成为良好的公民。在这样的公民宗教中，善、法律、正义等一切积极的因素都融为一体。卢梭曾试图说服伏尔泰来一同建立公民宗教，但遭到拒绝。这说明卢梭对公民宗教确实付出了相当的心思去构想、设计。

卢梭还主张宗教宽容和多种宗教并存。他指出，就宗教与社会的关系而论，可以分为两种，即"人类宗教"与"公民宗教"。前一种宗教没有庙宇、祭坛、仪式，仅限于对至高无上的上帝发自纯粹内心的崇拜，对于道德的永恒义务，它是纯粹而又朴素的"福音书宗教"。后一种宗教是写在某一国家的典册之内的，它规定了这个国家自己的神，特有的守护者。这种宗教有好的一面和坏的一面。好的一面是将对神明的崇拜与对法律的热爱结合在一起。坏的一面是由于不同的国家都有自己不同的公民宗教，这样就会由于信仰的不同而使各个国家、民族间处于一种天然的战争状态。除以上两种宗教外还有第三种宗教即"牧师的宗教"。这种宗教给人以两套立法、两个首领、两个祖国，使人们屈服于两种互相矛盾的义务。卢梭指出："所有一切宗教在上帝看来都是好的。"① 各宗教间应友好、和睦地相处。在《新哀洛伊丝》中，卢梭说："没有任何真正的信仰是会不宽容的，或者是会变成迫害者的。"他反对把神学的不宽容和政治的不宽容加以区别，认为这两种不宽容是分不开的，我们不可能采用一个而不要另一个。事实上，凡是存在神学不宽容的地方，都必然产生某种政治的效果。卢梭主张应该宽容一切能够宽容其他宗教的宗教，反对排他性的国家宗教。

有些有神论者不相信灵魂不死，但是反过来，相信灵魂不死的人一定是有神论者。相信灵魂不死是卢梭宗教信仰的一个重要方面。他希望从那里得到来生。卢梭一方面承认灵魂与肉体有联系，它与肉体

---

① ［法］卢梭：《爱弥儿》下卷，第428页。

结合，使人获得一种"内在感觉"；另一方面，他又认为灵魂是与肉体完全不同的一种无形的永恒的实体，它不依赖于肉体而独立存在。他指出，当肉体活着的时候，由于人们只是通过自己的感官去认识事物，所以一切不能触及感官的东西都逃脱了人们的注意；而当灵魂和肉体的结合一旦瓦解之后，虽然肉体死亡了，但灵魂仍继续存在，它并不是同生命一起结束的。因此，当人的肉体死亡时，他便开始过一种"灵魂的生活"。至于这种生活究竟是什么样子，灵魂是否由于它的性质而永生不死，卢梭说这是它所不知道的。因为他认为，人有限的智力想象不出无限的东西，人们只能够理解肉体怎样由各部分的分离而消灭，但无法想象一个能思想的存在也是这样毁灭的。

综观卢梭的宗教信仰，虽然有诸多的矛盾和含混不清，但有几点是确定无疑的。那就是：卢梭信仰上帝，有一种自己的宗教；他敌视无神论；他的整个哲学、思想处处都渗透着宗教信仰的痕迹。可以说，如果撇开宗教信仰去研究他的学说，最后的结果都会变形变色。总之，一句话，宗教信仰、有神论思想在卢梭的理论体系中充当着极其重要的作用。

三 伏尔泰

伏尔泰出生于天主教家庭，他的父亲、母亲及教父都是虔诚的天主教徒。他整个一生都没有明确提出改变自己的宗教信仰。伏尔泰一生都信仰和热爱着上帝。有一次，他邀请一位客人陪他去看日出，他们登上山巅，眺望那蔚然壮丽的景观。他摘下自己的帽子并拜倒在地，反复大喊，"我相信您，全能的上帝！"在临终前，美国政治家本杰明·富兰克林把孙子带到他的病榻前，请他祝福，他的祝词是："上帝和自由。"同样是在临终前，他发表了自己的信仰声明："我由衷地崇敬上帝，热爱我的朋友，不恨我的敌人……"

伏尔泰对上帝的信仰贯穿于他一生的作品之中。在戏剧《雅勒齐尔》中，他正面宣传博爱主义，歌颂他认为真正的基督精神。在序言中他说，这种四海之内皆兄弟的基督精神要胜于自然的美德。该剧本的扉页上还引用了某位教皇的一句话："行恶属于人类，宽恕属于上帝。"伏尔泰号召人们都应该成为基督徒。1750年，伏尔泰在巴黎发表了另一个为宗教辩护的小册子《真诚地感谢一位大慈大悲者》。在这本小册子里他提出了他所信奉的自然宗教的三原则：自然宗教无须与天启宗教为敌；自然宗教的杰出倡导者如蒲柏和孟德斯鸠，不仅是有德性、有节制的人，也是一切时代最伟大的人物；社会中，尤其在天主教国家中需要宽容精神。

这种不否认上帝存在，不主张消灭宗教的思想在《哲学词典》中表现得尤为突出。在上帝—诸神条目中，他写道："我唯一的理性为我证实有那么一个匠人，他安排了世上的物质；但是我的理性却没有能力为我证实这位匠人创造了这个物质，为我证实他是从无中生有的。"①

显然，伏尔泰所信仰的上帝并非完全意义上的基督教的上帝，而是更类似于"匠人"的上帝。这个神圣的"匠人"是世上一切奇迹的创造者，他一劳永逸地安排了宇宙间的万物，为它们制定了规律，但不干涉他们的运行。伏尔泰相信线性的因果关系，认为一切结果都有原因，万事万物的存在也有原因，这就是终极因即上帝。他说："既有些事物存在，所以就有些永恒的事物，因为根本没有无中生有的事。这就是我们思想所认为确切的真理。一切为我们显示出手段和目的来的作品，都宣告有一位制作者；所以说这个由许多动力和各具其目的的手段组成的宇宙，表明有一位能力很强大智慧极高超的匠人，这就是接近最大确切性的一种可能性。"② 伏尔泰对这位"匠人"

---

① ［法］伏尔泰：《哲学辞典》，王燕生译，商务印书馆1991年版，第440页。
② 同上。

怀有强烈的爱。这种爱也是他所终身信奉的自然宗教的基础，他认为，自然宗教是散布于一切宗教中的一种宗教，它是一种把所有其他宗教结合起来的金属，在这个基础上，它的血管伸展到世界的四面八方。

伏尔泰所信奉的自然宗教有两个基本原则：第一，道德在一切人中都是同样的；它来自上帝。崇拜是多种多样的；所以它是人的工作。第二，人人都是兄弟，都承认同一个上帝，兄弟相煎是恶，因为他们是以不同的方式爱着共同的父亲。这两个原则，前者是讲宗教的道德意义，后者是讲宽容精神和博爱。他坚信上帝是公正的，因而宗教既不是难以理解的形而上学的看法，也不是无用的装饰，而是崇拜和正义。他认为，行善是自然宗教信奉者的礼拜；服从上帝是他的原则，救济贫困者，保护受压迫的人是他的义务。由此可看出伏尔泰所持的上帝观念的道德意义非常明确。上帝的存在使每个人都有义务承认自己渺小、生命短暂以及大家都是兄弟，只有敢于承认这些，人们才能承担相互宽容、彼此相爱的义务。他认为，宽容是政治目标，也是宗教责任，是人性中的积极因素。他在《哲学词典》"宽容"辞条和《咏自然法则》中指出，那些因观点不同而迫害他人、迫害兄弟的人是魔鬼，我们必须彼此宽容相待，因为我们都是软弱的、对真理是难以持之以恒的，并会犯错误的。为了强调宗教宽容的思想，他专门写下了《论宽容》一书。在该书第 20 章中，伏尔泰提出他的社会宗教的主张：对人们来说，服从不流血的任何迷信，比没有宗教而生活更为适宜，这固然表现了人类的弱点和堕落，但是人总是需要约束的。虽然向农牧之神、森林之神和仙女献祭无疑是可笑的，但是崇拜有神论那些虚构的偶像比向无神论投降要合理和有利。掌握权力的无神论者，像血淋淋的狂热分子一样，对人类是可怕的灾难。无论哪里存在稳定的社会宗教都是必要的。法律是对公开的罪恶的约束，宗教是对私下的罪恶的约束。

由此可见伏尔泰与无神论和无神论者是势不两立的。这也就只能把在他书中多次出现的自然神论一词理解为有神论而不能理解为无神论。这里的另一个证据是在同一篇文章中，1742年标题为"自然神论"，为了避免误解，在1756年改为"有神论"。他这样表述一个有神论者是一个坚信既善良又有强大力量的最高存在者之存在，这个存在者创造了一切事物，使它们的种类不朽，惩罚罪恶而不残酷，用善意奖励有德性的行为。

宗教之所以必要，原因之一是它构成人的生活信心的基础。他说："在形而上学中，我们除了或然性以外，没有思考任何东西。我们都在看不到岸的大海中游泳。……没有岸；这使我失去了信心，夺去了我的全部气力。"① 在社会生活中伏尔泰也同样认为宗教是不可少的，特别是社会的两极即君主和百姓绝对需要宗教，"无神论在被统治的人中是最有害的怪物"②，同样，"宫廷的无神论者，无神论的君主，会给人类带来苦难"③。他要使上帝成为一个赏罚严明的执行者，一个基本的威慑力量，一个无所不知的"警察"。伏尔泰有句名言："如果上帝不存在，必须把他创造出来。"他也曾设想过他所信奉的宗教的祭祀活动：人们每年在音乐的伴奏下在圣殿聚会四次，以感谢上帝对他们的恩惠，犹如宇宙中只有一个太阳，这个上帝是唯一的上帝，因而只有一个宗教，四海之内皆兄弟。

伏尔泰有一个著名的信条和口号叫作"消灭败类"。这个信条从1750年《圣贤和百姓的声音》一书首次提出起，一直贯穿于他后来的一系列著作中，诸如《五十个说教》，他编辑的梅叶《遗书》《论

---

① ［法］伏尔泰：《哲学辞典》"上帝—诸神"条目。（参见中文版［法］伏尔泰《哲学辞典》，王燕生译，商务印书馆1991年版，第451页。）
② 《哲学辞典》"无神论者"条目。（参见中文版［法］伏尔泰《哲学辞典》，王燕生译，商务印书馆1991年版，第166页。）
③ 《哲学辞典》"上帝—诸神"条目。（参见中文版［法］伏尔泰《哲学辞典》，王燕生译，商务印书馆1991年版，第455页。）

宽容》《哲学词典》《英国绅士博林布罗克的重要研究》《关于百科全书的问题》《终于得到解释的圣经》等。

伏尔泰所不厌其烦地讲的"消灭败类"中的"败类"究竟是指什么呢？对此两百多年来一直争论不休，就是在今天也没有一个公认的答案。归结起来，无非有四种解释。第一种解释是"败类"指宗教狂热、宗教迫害等宗教中的极端行为。持这种观点的研究者指出，伏尔泰从未放弃过生而具有的宗教信仰，有时甚至参加天主教仪式，他像其他有教养的天主教徒一样反对狂热和迷信，但他并不反对罗马天主教；他十分尊敬和爱戴他的耶稣会士的老师；他对基督教的激烈攻击，可以看成是他的夸张手法，不能作为判断依据。第二种是把败类理解为天主教。持这种观点的学者说伏尔泰是共济会的成员，共济会虽是基督教的组织，但与天主教对抗。伏尔泰主张新教优于天主教，他与日内瓦的牧师非常友好；他赞扬新教国家的自由和宽容；他认为自然宗教在宗教改革中日渐成熟，已经到了能消灭天主教这个宗教败类的时候了。第三种理解是败类等同于包括天主教、基督教等一切现行的制度化的宗教。这类学者指出，伏尔泰激烈地抨击天主教和新教都拥护的学说；他相信基督教的一切形式都是致命的社会危害的滋生地；他对日内瓦的牧师曾经感到失望，在《亨利亚特》中他写道："我不在日内瓦和罗马之间做任何选择。"第四种理解则是把"败类"当作一切形式的宗教。这类学者认为伏尔泰天生狡猾，他虽不公开冒犯社会习俗和宗教信仰，但骨子里却是想彻底抛掉一切信仰。

纵观伏尔泰的一生，分析他的整个宗教信仰和行为，我们认为，他的"消灭败类"所指比较符合第一种解释，即消灭一切宗教狂热和宗教迫害。其实伏尔泰总是抓住每一个时机不遗余力地抨击宗教狂热。从《查第格》到《如此世界》，从《圣贤和百姓的声音》到《咏自然宗教》都体现了这一思想。他曾说"塞尔维特是傻子，加尔文是疯子"，他指责加尔文有一个丑恶的灵魂和暴虐的性格，当塞尔维特被活活烧死时，加尔文感到特别满足和快乐。伏尔泰对日内瓦人时时表现出的宗教狂热十分担心。他在鼓励伙伴达兰贝投入"消灭败类"的一封信中说："行动起来，为人类效劳吧；消灭宗教狂热……在我死亡前，让我满意吧！"《论宽容》的第二章着力揭露宗教狂热和教派纷争给社会带来的危害，从而教导人们实行宗教宽容。这都表明，"消灭败类"所指的是宗教狂热、宗教迫害比较恰当。

另一个更为有力的证据是作为"消灭败类"的宣传品，《哲学辞典》也无情地揭露了宗教狂热。在"褊狭或不宽容"词条中，伏尔泰用一段褊狭者绘声绘色的自白，讽刺了他们的丑恶嘴脸和肮脏灵魂。那个褊狭者把牛顿、弗里德里希、洛克、叶卡捷琳娜、丹麦君主、莎士比亚、瑞典国王、莱布尼茨、中国皇帝、英格兰议会等统统斥为异教徒、收税人、无赖、魔鬼，因为他们不相信他讲的神学。"因为我是正确的，你们是错误的；我有恩惠，你们没有。我有我的邻居中听取三个信徒的忏悔，而你们一个也没有；我曾签署主教的委任，它与你们无关，……因此，你们每一个人都应该被切掉右手、割掉舌头，严刑拷打，最后用文火烧死，因为上帝是仁慈的。"

作为18世纪法国启蒙思想家的泰斗，伏尔泰总是不失自己的文学风格。他嬉笑怒骂，轻松自如地表达自己的宗教信仰。因此，在后人读来，也是极为心情舒畅。但在轻松之余我们又不得不深深地被他的宗教信仰所吸引。可以说，几乎每部著作，不论是文学的还是哲学的，他都忘不了把宗教的立场贯彻其中。通过阅读他的作品，我们也会留下一个深深的印象，那就是：伏尔泰确实是一位具有虔诚信仰的有神论者。认为伏尔泰是一个无神论者是一个极大的错误。

四 前期狄德罗和爱尔维修

狄德罗（1713—1784）出生于传统的天主教家庭中，他的家庭是以制刀为生的制刀行会中的成员。他的父亲是个制刀师傅，他的两个舅舅都是神甫，其中一个还是司铎。在适龄的时候，家人将他送进耶稣会。父亲对他期望甚高，一心想把他培养成教会里的一个议事司铎。1726年，未满十三岁的狄德罗就由朗格尔主教和当地的公爵亲手给他洗礼入教，从此，就有人戏称他小神甫了。当他做司铎的舅舅去世以后，他就发誓苦修。他禁食、穿破衣、以稻草为床。他立志要当真正的耶稣会士，果然没多久，他便如愿以偿地到巴黎的耶稣会士学院进修。

在哲学和信仰上，狄德罗是从翻译莎夫茨伯利所著的《道德和功绩论》起步的。他基本赞同这位英国哲学家的宗教信仰立场，即一种调和的，一种伦理、哲学和宗教之间的妥协——自然宗教和天启宗教之间的妥协。莎夫茨伯利认为有神论者就是写信对你说"世界万物都被改造好并都安排得井井有条，世界万物都是由本质善良的唯一智慧完美无缺地驾驭着"的那个人。因此他主张充满宽恕容忍精神的有神论，同时反对宗教偏执和狂热。

狄德罗基本上吸收了莎夫茨伯利的观点，在译者前言中加上了下面一段表达他自己主张的话："本书的目的在于指出道德几乎总是和对上帝的认识不可分割地联系在一起的，人的短暂幸福是和道德不可分割的。没有不信上帝的美德，没有无关美德的幸福。"这时的狄德罗介于正统宗教与自然宗教之间，他谨慎地离开危险的无神论，但也和宗教狂热以及教条主义分道扬镳。

狄德罗的第一部著作《哲学思想录》不过是更为明确或更为谨慎地肯定了他的自然宗教。他认为在自然中发现的，由使用显微镜而获得的最新发现所证实的目的性，使他觉得不求助于一个神是很难得到解释的；他认为世界仅是一架机器，却是一架由神安装起来的机器，自然宗教的证据因此是物理学和宇宙学的。狄德罗在无神论和自然神论者之间建立的对话暴露了他的犹豫、顾虑和摇摆。但他在多次犹豫之后最终选择了宽容的自然神论。他说："神性印在一个小虫的眼睛中，不是和思维能力印在伟大的牛顿的作品中一样明显吗？……要知道我只是以一个蝴蝶的翅膀，以一个虫子的眼睛来反驳你呢！而我本来是可以用整个宇宙的重量把你压倒的。"① 这正是在有利于上帝存在的精神论据崩溃中残存下来的物理学论据，整个世界以及每个碎片都显露出一种神灵的原因。

在同一本书中，狄德罗写道："使人坚决不信宗教的，无过于那些虚伪的皈依宗教的缘由了。"② 在这一时期，他把保护真正的宗教视为己任。他一本正经地宣称："我生在罗马，使徒的天主教会之中，并且我以我全部力量服从着它的决定。"③ 但是，他却把所有以前被狂热的神学家所定罪、禁止和焚烧的人都拉到他一边来。"那些神学家谴责过笛卡尔、蒙田、洛克和贝尔；我希望他们还会谴责许许多多别的人。"狄德罗在自然神论中发现出一种通融的方式，一种可能接受的妥协，他于是得出这个结论："信仰最早依据纯属人为的。"他从传统宗教过渡到自然神论，可对怀疑论又频送秋波。

在狄德罗的第二部著作《怀疑论者的漫步》中，主要讨论的是自然神论者费劳赛和无神论者的交锋。他又把全部同情给予了自然神论者，但他的论述却起了重要的、意义深刻的变化，这里自然神论的论据主要是精神上的了。自然神论者和无神论者在字面上辩论着自然。后者把自然看作是一部巨大的陌生的机器，"运动把它安排起来，并从一开始就赋予它我们今天看到的它所具有的一切形式"。自然神论者以一种读者感到有些犹豫的声音答道，必须要有一个组织者，一个缔造者，并说偶然是无法解释的。只要狄德罗觉得自然是人们所说的一部巨大的装有"千只轮子"的机器，虽然人们从不曾检查其中一只

---

① 《哲学思想录》，第20条。（见《狄德罗哲学选集》，江天骥、陈修斋、王太庆译，商务印书馆1959年版，第10页。其中，《哲学思想录》为陈修斋译，王太庆校。）
② 《哲学思想录》，第56条。（同上书，第30页。）
③ 《哲学思想录》，第58条。（同上书，第32页。）

轮子，并不懂得它的"活动和结构"，他就不能不想到会有一个"伟大的造物主"。

在《自然宗教的满足》那本短篇论著中，狄德罗指出，应有一个像自然伦理学那样的宗教，它不同于宗教狂和迷信，是一种自发的、情感的、信赖最高智慧和善良的宗教感情。"自然宗教不需要人类付出一滴眼泪的代价。""自然神论"的概念在变化着，不久，他在《普拉德长老的辩护词》中写到，自然神论"否认天启，怀疑灵魂不朽以及未来的赏罚"。这就进一步淡化了自然宗教中宗教的意味。

在1794年发表的《论盲人书简》中，狄德罗终于抛弃了最后自然神论的空壳而孤注一掷地批判宗教狂热迷信，批判教会、天启，最后无情地批判一切宗教，从此狄德罗就由自然神论过渡到怀疑论，最终走向彻底的无神论。但无可否认，狄德罗的前期是信仰上帝并拥有一种自然宗教的。他的前期几部著作主要都是讨论宗教和信仰问题。因此，不能不说宗教信仰和有神论对他的前期思想有着重大的影响。

与同时代其他的哲学家相似，爱尔维修也是出生、成长在正统的天主教环境中。无论是亲朋好友，还是他所受的教育，都是正宗天主教式的。

爱尔维修虽然信奉一种宗教，但那绝不是传统天主教。爱尔维修的宗教非常简单，他只承认一种普遍的世界宗教，而其他所有类型的宗教都是伪宗教。

他这样描述他所信奉的世界宗教："一种世界宗教只能建立在一些永恒不变的原则上，这些原则和几何学命题一样，可以接受最严格的证明，乃是从人和事物的本性中取出来的。"①

那么这种宗教的具体教义是怎样的呢？爱尔维修在后文中做了交

---

① 北京大学哲学系外国哲学史教研室编译：《十八世纪法国哲学》，商务印书馆1963年版，第489页。

代:"神向人说过:我创造了你,我给你五官,我赋予了你的记忆,因而赋予了你理性,我愿意你的理性首先受到需要的磨炼,然受到经验的启发,为你供应食物,教你耕种土地,改进劳作务农的工具,以及一切最必要的科学。我愿意你培养这种理性,得以认识我的各项道德愿望,亦即你对社会的各项义务,各种维持社会秩序的办法,以及认识尽可能最好的立法。"①

爱尔维修认为:"这就是我愿意崇奉的唯一宗教,唯有这种宗教才能成为世界宗教,唯有它才与一位神相称,才盖着神的印记和真理的印记。"② 以此为基点,他攻击其他制度化宗教:"其他一切宗教都带着人的标志、欺骗的标志、妄想的标志。而一位正直善良的神所要求的,乃是土地的子孙幸福,乃是他们享受一切与公益相容的幸福。"③

爱尔维修又进一步说:"这就是真正的宗教,哲学应当向各个国家启示的宗教。在一种这样的宗教里,圣人只是人类的恩人,只是吕古尔各们、梭伦们、锡德尼们、只是发明某种技艺、某种新的合乎公益的乐事的人们。"④

客观地讲,爱尔维修这种世界宗教的确已经有名无实,或许只是他喜欢用宗教这个词而已,由此也就不难理解为何后来他走向了彻底的无神论,不过从中可看出宗教信仰对他的前期还是有一定作用和影响的。

---

① 北京大学哲学系外国哲学史教研室编译:《十八世纪法国哲学》,商务印书馆1963年版,第490页。
② 同上。
③ 同上。
④ 同上。

第三章

德国古典哲学的宗教取向

　　人类历史进入 19 世纪，近代哲学的地位已经根深蒂固，它基本上完成了从宗教那里争取生存空间的过程。在争取生存空间的过程中，哲学通过对宗教的批判和打击使自身枝繁叶茂了；相反，宗教及其世界在理论上的枯竭使其自身呈现出衰败景象。

　　随着资本主义及其思想的广泛建立，人们对资本主义由理想追求转变成了现实的思考，由于对资本主义革命及其现实的不完满性已经暴露出来，人们在冷却热情之下恢复到理智状态。由此而以客观心态面对未来世界和传统世界，并在思想层面达到某种融合。

　　德国哲学家们虽然身处落后于时代的现实之中，但他们正是由于这种境遇而有了正反经验的吸收机会，他们以普遍的宗教情怀代替了启蒙思想家的宗教仇恨。他们用冷峻的理智对精神世界作严密的演绎，演绎的结果自然是给人们精神世界的所有东西分别找个位置和空间安置好，其中宗教也不例外，以便使它们各行其道也相互关联，造成一幅网络状的人文景观。

　　宗教无疑是这个世界的终端和关联者。基于此，德国哲学的宗教取向显然十分重要。

第一节 思想导向问题

18世纪末到19世纪上半期（到1848年法国革命爆发为止），欧洲世界展开了两个领域的革命：一是意识形态的斗争；二是科学革命。

意识形态的斗争是指资产阶级同封建势力之间的拉锯战，主要战场在法国，当时法国是欧洲的中心。主要事件包括：1789—1798年资产阶级领导的法国革命；拿破仑专制统治；神圣同盟时期封建王朝复辟；1830年法国资产阶级再次革命。根据资产阶级力量的强弱，可以把这段时期细分为两个阶段，1830年以前为第一阶段，以后为第二阶段。

第一阶段的宗教状况比较复杂，主要经历了以下变化：首先，资产阶级领导的革命反对封建教会，采取一系列措施削弱教会权力，把教会变成国家统治的工具。主要事件包括：1789年11月的国民议会决议；1790年7月通过的僧侣公职法；1793—1798年恐怖时期，公安委员会推行非基督教化运动。其次，宗教习惯势力对革命措施进行顽固反抗，激发了宗教狂热，表现在：法国出现了为国家效忠的立宪教士和虔诚的天主教徒——倔强教士之分。最后，天主教信仰的复兴促使国家同教会和解，拿破仑从罗马请来教皇参加他的加冕典礼，并于1801年与梵蒂冈签订了宗教事务协定。实际上，拿破仑把天主教变成了资产阶级统治的工具。宗教经过这一系列的变化，渐渐失去了特权，丧失了牢固的地位，沦为资产阶级统治的工具。

1789年法国革命对德意志产生了巨大影响，德意志知识界的精英由于法国人民攻陷了象征专制制度的巴士底狱并宣布人人自由平等，并把卢梭的思想当作理想，因此而同情这一使人获得自然的政治权利和社会权利的革命。他们把专制主义和封建主义在法国的垮台看作自然的开明理想的意料不到的突现，并希望在德国也有那么一天。

在这一阶段，德国思想界都在为法国革命忙碌着。康佩、赖因哈特赶赴巴黎成为"自由的朝圣者"，德国本土有成群的狂热者和思想家一方面对革命表示热烈庆贺，另一方面在院校醉心于发表自由言论，支持法国革命在其开初是一种普遍的态度。

随着法国革命的演变，人们不久便对法国革命的看法产生了改变，像席勒、康德、歌德等人由于害怕这种无理性的颠覆会妨碍人们追求内心的修养与和谐的文化，便对革命采取了怀疑和克制的态度，这种态度导致了德国不可能模仿法国行事，并且德国在政治上和信仰上的分裂，使德国丧失了出现一场法国式的革命的任何机会。也正是这种态度伴随法国革命的激烈化与新冲突，对未来德国思想的发展产生了重大影响。一方面，通过接待许多法国流亡贵族，他们了解了法国革命的现状和后果，使原有的一些同情者由于法国继而发生的骚乱和暴行而转变成为反对这一无理性的革命，并对本土的一些革命派予以打击，这就形成了这么一种影响：德国把理性当作一个至关重要的范畴和尺度；另一方面，他们对革命的恐惧远甚于对革命的渴望，这便使人们拒绝以法国为榜样，并出于感情和宗教的价值而否定法国革命。这样一来，思想界由于法国启蒙思想运动的后果而反对启蒙运动，他们兴起了浪漫主义，这种浪漫主义精神也体现在哲学之中，即产生出一种不涉及政治的人道主义和唯心主义的思想结合体。

可见，由于德国现状，人们对于法国革命和由之而来的恐怖、战争，德国思想界处于矛盾之中，这种矛盾在现实之中找不到解决的途径，只能在思想上形成一种精神的图腾，即理性的全面而又崇高的演绎并与政治绝缘，这与浪漫主义的精神是一致的。

18世纪末到19世纪上半期，德国古典唯心主义哲学受当时欧洲意识形态斗争的影响，同时也深受德国社会背景的影响。在资产阶级革命思潮初起的德国，来自反动方面的强烈影响主要是两种势力，即封建贵族政治和封建教会宗教。从当时德国的社会状况来看，政治领域是一个十分容易引起迫害和镇压的领域，所以，弱小的德国资产阶级反对封建主义的斗争更多地在宗教领域展开。这是德国古典唯心主义哲学与宗教密切相关的一个现实原因。除此之外，德国古典唯心主义之所以选择宗教与资产阶级的革命思想有某些相通之处。再者，宗教是巩固资产阶级统治的强大力量，资产阶级需要宗教。所以，当时的资产阶级思想家几乎都成为宗教问题的研究专家，借研究宗教之名批判宗教之实。

德国古典唯心主义代表人物是康德和黑格尔，他们所处的社会环境不同，理论倾向也不一样。康德在腓特烈大帝的宽容统治下开始学术研究，他是启蒙运动的崇拜者，因而一开始他就对传统宗教持反对和批判的态度，但不久宗教宽容被解除，迫于封建统治的压力，康德不得不收敛自己的异端。他的思想一直在调和反叛与宗教，就是在有反叛的地方，康德也用反对唯物主义、无神论的手法来冲淡其反叛色彩；在有宗教的地方，又暗含反叛思想。康德调和的表现在：第一，他把形成知识的法则纳入人的心灵之中，得出自然是我的表象这样的结论，这个结论既反对了神学，又反对了唯物论，利用反对唯物论冲淡了反神学的色彩。第二，康德通过宣称自在之物的不可知，推论出基督教信仰不能被证实，也不能被证否，而唯物主义的物质实体也不能得到证明。他既反对了理性神学，又反对了唯物主义和无神论，重演了调和手段。第三，康德在道德领域保留了宗教，他这样做的目的并不完全是出于妥协。康德在道德领域引申出宗教有充足的理由，在实践理性的三个先决条件中，上帝成了一种必不可少的信念。康德实际上立志于建立一种新教思想，即道德宗教。但是这种道德宗教不把道德意识和规范当作源自于上帝，而从道德意识演绎出上帝，道德宗教把宗教限制在了道德的领域，并把宗教降低到有神论伦理学的地位。

青年黑格尔受资产阶级革命和启蒙运动的影响，猛烈地批判封建教会，但是在法兰克福时期，法国大革命的退潮使他由原来的激进变得温和。此外，他在这一时期还清醒地意识到民族主义情感，致力于建立统一的德国，于是斗争性转为和解，执着于宗教情感，企图借助宗教去统一人们的行动。所以黑格尔哲学的原体特征就是保守和妥协，他的绝对理念实质上就是上帝，但他作为资产阶级的思想家，其中不可避免地蕴含着对封建主义的反叛，他有许多合理思想被后人继承并发展，推动了革命。黑格尔哲学的反封建意识在于：第一，就绝对理念的来源看，黑格尔继承并进一步发挥了德国资产阶级哲学中的人本主义精神，通过膨胀人的精神能动性，提高了人的地位。第二，就绝对理念的具体精神来看，绝对理念实质上是资产阶级自由意志的升华。第三，就绝对理念能够实现自己这点看，可以推论资产阶级的自由意识必将在德国得到实现。第四，由绝对理念的辩证发展方式可以推论资产阶级革命必将爆发，普鲁士封建政府必将灭亡。第五，黑格尔把宗教哲学化、理性化，他就不得不从宗教中排除许多神秘主义的东西，这一点被青年黑格尔派继承，最终发展成为无神论。第六，黑格尔把宗教纳入一个从低级到高级的历史发展过程中，而且把这个过程描述为绝对精神逐步人化的过程，描述为人关于绝对之物的意识逐步转化为自由的自我意识的过程，因此，哲学高于宗教。黑格尔坚持人文主义的传统，这一点为青年黑格尔派继承发展，把当时德国的社会意识推向彻底世俗化的道路。

1815年以后建立起来的反动堡垒在1830年开始崩溃，1830年法国爆发七月革命，标志着资产阶级力量的进一步壮大。在奥法两国，资产阶级都取得了绝对的统治地位，各国资本主义迎来了上升时期。19世纪三四十年代，德国资本主义也得到了迅速发展，资产阶级力量随之增强，他们公开提出了政治要求，反封建主义情绪高涨，特别是他们对教会的反对。因为在德国，根据教随国定的原则，宗教一直被世俗的封建主控制着，是封建统治的依靠，而1815年以后教会联合，目的在于巩固封建政府的统治。因此，随着资产阶级力量的壮大，宗教成为公开的批判目标。这个时期的代表人物是费尔巴哈。费尔巴哈的宗教批判已经不再是神学范围内的宗教批判，而是从现实世界的立场直接表达了一种无神论思想；费尔巴哈宗教批判的另一个特色在于：他用唯物主义反对唯心主义，剥夺了上帝的避难所。费尔巴哈彻底批判了传统有神论宗教，同时建立起了一种类似于道德学说的"爱"的宗教，这表明他没有完全放弃宗教，他只是对上帝不满，对有神论的愚昧、荒唐不满。费尔巴哈的宗教批判造成了两个结果：第一，他在哲学与宗教之间，抛弃了思辨这个中介，将理性与信仰完全对立，并以理性反对信仰；第二，费尔巴哈将德国古典哲学中的人本主义发挥到顶点，明确宣称人是理性的尺度、人是宗教的本质，在一切方面，人都取代了神。

应该说，德国是一个有着思想传统的国家，宗教改革虽以三十年战争而结束，但这一发生在德国的事件却对德国产生了作用。长期的宗教战争所导致的人心创伤使人们渴求和平、安宁与历史的不间断连续，这种心态一方面使德国长期得不到统一，人们之间分裂、各守一方、各安所舍，从而形成政治上的散沙和不关心状态；另一方面，人们离不开由宗教改革和运动流血而来的结果，因而宗教情结大大强于其他各国。

在思想界，宗教改革的后果也十分明显，莱布尼茨所创立的颇具宗教色彩的哲学继由沃尔夫的努力，已经左右了思想界，这种体系的目的论中所含的保守倾向几乎是国民心态的一种静态的诠释。

新一代的哲学家，如康德，首先必须面对这一正统思想体系。正视的结果如下：

第一，静态的、排斥剧烈运动的倾向被继承下来，这便形成了一种从思想到思想的思维方式。

第二，他们要对这一体系做某种努力，也只能如他们想改变现实一样，用隐晦或作另一种更为精致的静态思考。

第三，哲学的视界是精神界而非现实层面，这是这一体系的基本框架。以后的哲学也就只能如此。

英国经验论和大陆唯理论显然对德国 19 世纪的哲学影响巨大，如康德所言，精神界的独断论已经打破，两股洪流并没有由分歧到融合，理性在滥用着，而理性本身的内容、空间等诸多问题并没有从哲学上加以独立。因此，排斥独断论、端正理性本身、融合欧洲思想和文化，就成了德国思想的最大问题。

启蒙精神在欧洲的流行，至少让人看到：一个新的理想世界是存在的，理性这种东西很容易被激情所掩盖和扭曲。德国早期的思想也是一种启蒙精神，但最后却归于无效。究其原因，最主要的不是恐惧法国革命而来的教训，而是由于理性本身的问题，理性的权威一旦建立，新的独断也就不可避免。

思想传统和哲学遗产留给德国哲学家的东西是多种性质的。

第一种性质：保守性与改良性。吸收和融合思想其本身就是两重性的结合体，当他们用冷峻的理性演绎—延续，它们就成为他们思想的实质。

第二种性质：静态和运动。寻求精神界东西的位置安放往往追求有条不紊，以求完好无损，并在新的框架内发出新的气息。哲学家们这种静态思维和运动渴求就成了他们思想的脉搏和路径。

第三种性质：体系和矛盾。融合总要有庞大的思想和思维空间，也即要在完整的体系内才有可能。但大凡融合，由于取舍和组合，总有不协调的地方，从而让矛盾表现在体系内部。

第四种性质：唯心和抽象。思想中的矛盾往往由现实的运动而解决，当没有解决的现实道路，那思想就不可避免地滑入唯心和抽象的轨道上去。由此，排斥唯物和现实也就成了致命缺陷。当然，这种性质在费尔巴哈那里有所改变，但按照马克思主义的看法，他亦只不过是精神的唯物主义而已。

所有这一切都说明，德国哲学家的思想境界和宗教境界有着惊人的类似。

19世纪上半期另一个大背景是科学革命和工业革命。

科学的长足进步和成果的社会化自然会引发人们生活、思维的变迁。科学的效用往往比精神的效用来得直接、具体和实际，因此，人们从精神界腾出一定的眼界、热情和智慧来笃信科学，也就显得理所当然。

18世纪的科学是繁荣的，这种繁荣体现在理论科学全面建立，并迅速占领人们的头脑；运用科学和技术已经勃兴，它们改变着人们传统的劳动组合，当这种改变达到一定程度，工业革命便在18世纪后半期到来了。

工业革命的影响是空前的。

第一，它打破了传统的劳作方式，改变了传统工业的运作机制。马克思主义认为，机器大工业在创造机器文明的时候，也加速了旧文明的崩溃，从而使社会出现贫富分化。

第二，社会结构也因此而变化，富有者崇尚工业革命，而贫困者则由于自身状态而对这种文明产生不满。因此，革新与守旧形成社会结构之中两股不相融的力量。有意思的是，革新者往往是有产者，而守旧者往往是无产者。只有当无产者走投无路之时，他们才成为革新者，但这种革新却是以摧毁为开始的。

这些变化反映在德国思想界，他们显然害怕这种无产者的革新，只能崇尚有产者的革新道路，当这条道路被法国革命所吓倒后，他们在社会的触觉便全部被斩断了。可见，工业革命对于德国哲学界来说，所起的作用恰恰是由于社会遭遇而使他们导向保守。

科学革命除了引发工业革命之外，它本身还导致了人们观念和行动价值的改变。

科学革命复兴了人的现实精神，这种精神包括功利在内。享乐主义已经摆脱了不名誉的尴尬处境，相反，倒让禁欲主义尴尬万分，由此科学革命的结果是使人们越来越不相信宗教，而乐于接受科学思想的指导。工业革命使人类权能感倍增，越来越怀疑神力，同时工业革命也使人们切身体验到科学的伟大力量。实证主义就是在科学的威望下产生的，反映了当时最伟大的科学成就——达尔文的进化论思想。科学与宗教向来水火不容，因此，实证主义的理论带有明显的反宗教色彩。第一，实证主义把哲学建立在科学基础上，把哲学局限在科学所揭示的现象界，拒绝回答形而上学问题，表明了对宗教争论的蔑视。第二，实证主义的社会理论充满了进化论色彩，进化论本身就是对上帝创造和统治世界的反驳。第三，实证主义主张人们的生活应该接受科学的安排，而不是神的安排。第四，实证主义崇拜人类，指出人类能够在一切方面独立自主，不再需要上帝的照顾。

实证主义的反宗教色彩适应了资产阶级发展科技的需要。要实现科技革命，促进生产力，就必须肃清宗教对科学的影响。但另一方面，资产阶级在战时已经取得了统治地位，他们在政治上也就不再要求革命，反而需要宗教来反对激进主义和无政府状态，以保障社会秩序的安定。实证主义为了满足这一需要，对不可知主义做了选择，斯宾塞通过把最终和最高的存在定义为不可知，调和了科学和宗教。

19世纪上半期是一个革命的时代，战争不可避免。战争带给人们的是一片衰败的景象，这直接触发了一些人对神圣秩序的怀疑，代表人物就是叔本华。叔本华驱赶上帝的途径同康德相似，但是康德用自在之物的不可知为上帝提供了避难所，而叔本华把自在之物明确定义为意志，就完全否认了上帝的存在。叔本华从悲观主义情绪出发，认为基督教就是悲观主义的一门深奥哲学，完全摒弃了基督教的宗教意义，而把它当作一门人生哲学。叔本华提倡人们用禁欲主义的手段去逃避人生的痛苦。可以说，他在实践上保留了神秘主义，使基督教义在此重新发挥作用。但是叔本华这样做并不是要达到神人和谐的目的，而是把它作为生活的一种手段。因此，也不具备传统宗教的意义。

叔本华的思想是当时的一个异端。因为：第一，叔本华的悲观主义不符合当时资产阶级的普遍情绪。1848年革命失败后，叔本华的学说虽然大受欢迎，但那只是资产阶级在革命受挫以后表现出来的一时的情绪低落，总体来说，作为革命时代的革命阶级，他们对前途抱有希望；第二，资产阶级取得统治地位以后，需要宗教作为统治工具之一，对付无政府状态，保障社会秩序的安定，叔本华把基督教当作一门人生哲学，成为意志的被动反映物。这样，宗教就不具有统一人们行动的力量，而且意志第一的学说容易助长无政府状态。所以叔本华哲学是当时的一个异端，不符合时代的主流，他的功绩在于开创现代西方人本主义思潮，而不是对时代的总结和反映。

在此之前所提到的人物及其哲学：康德、黑格尔、费尔巴哈和实证主义，他们分别体现了19世纪的两大社会背景，体现了资产阶级同封建主义的斗争在不同阶段上的势力对比。总体来说，传统宗教在19世纪前半期受到了资产阶级革命和科学革命的双重打击，宗教对科学的影响已经基本肃清，宗教对人的认识活动和知识形成已经没有影响，但宗教作为一种精神统治的力量，仍然是封建主义和资产阶级争夺的中心。封建主义千方百计要保存传统宗教，而资产阶级则企图摧毁传统宗教，建立符合本阶级利益的新教。所以，这是一个革命的时代，资产阶级的思想家们具有批判及保守的双重品格。这个时期宗教对哲学的影响主要在于以下几方面：第一，对传统宗教的批判始终贯穿于哲学理论之中，而且带有越来越明显的社会政治批判色彩；

第二，决定了这一时期的哲学具有不可知论和人本主义的特色。通过不可知论可以为宗教留下地盘，一方面可以躲避封建迫害，另一方面为新教留下发展空间。并且，人本主义是新教思想的核心和反对传统宗教的重要武器。第三，突出了对实践领域的研究，主要是道德问题，这是新教思想的出发点。第四，宗教哲学成为哲学理论的重要组成部分。

毫无疑问，哲学家和宗教之间有着精神的内在关系，这种关系不是英国经验论和大陆唯理论的样式，他们把宗教作为哲学，确切地说，当作精神界链条中的一个最高部分，伦理含义是它最本质的东西。由此，我们有了19世纪德国哲学的宗教取向，即理性宗教。这种宗教有这么几层含义：

第一，它是由理性建立的，或是由实践理性，或是由理性推演，或是由理性的气质而来，所以不同于以往由信仰而来的宗教。在这种宗教上，知识理性不起作用。

第二，它在理性的范围或空间内，被理性所包裹。这不是在愚昧和冥冥之中，而是人内在的良心等的合法规则。

第三，它以理性为基础和原则。理性并不是只有认识世界和改造世界的一面，它还有为世界立法的一面。这一面对于稳定人心和信念起着至关重要的作用，而这一作用又往往通过宗教和伦理来实现。

第四，理性和宗教并不矛盾。以往由知识理性来证明上帝，显然是有矛盾的，但如果站在生活的角度，或在知识之外，信仰的空间还是存在的，也即是说，理性的客观态度和宗教并无矛盾之处。

理性宗教与信仰宗教的最大区别在于：理性宗教有合法性，而后者没有，这便导致了这么一种后果，即寻求理性宗教的合法性就成了哲学家的重要工作。

第二节 德国古典哲学的出路

一 宗教领域的斗争

法国革命后的半个多世纪里，宗教状况变得复杂，宗教领域的斗争反反复复。它大致经历了以下变化：

首先，资产阶级领导的革命反对封建教会，采取一系列措施削弱了教会特权，把教会变成国家统治的工具。1789 年 11 月，法国国民议会决定没收教会的土地，用来作为发行法国纸币的担保品。第二年 7 月通过僧侣公职法，规定所有的主教和神父，必须经过人民选择，必须服从国家权威，他们的薪水从政府中开支，他们必须宣誓效忠于新的法律。同时，法国教会部分地同罗马教廷相分离，僧侣教职法规定，主教只能将自己的晋级通知教皇，不准在职主教承认教皇的任何权力，而且未经政府允许，教皇的任何函件都不得在法国印行或实施。法国教会只在名义上隶属于教皇。国民议会的目的是使教会世俗化，成为一种真正的国家机构，因此，后来国民议会竟不顾僧侣公职法，禁止宗教宣誓，解散了所有的修道院。

1793—1794 年恐怖时期，公安委员会认为一切宗教都是反革命，发动了非基督教化运动，颁布新的历法（共和历法），其主要目的就是要从人们的生活和头脑中抹去基督教的各种节日。此外，他们还推行"理性崇拜"，用崇拜最高本体和相信灵魂不朽的自然神论来取代上帝崇拜。但 1794 年的国民大会还是坚持宗教信仰只属于个人的私事，决定国家和教会应该完全分离。

其次，宗教习惯势力对革命措施进行顽固反抗，激发了宗教狂热。僧侣公职法公布以后，有半数教士宣誓效忠，半数教士拒绝宣誓，其中包括七名主教中的六名。这时法国存在两个教会，一个是秘密的,一个是正式的。前者靠自愿捐献和国外走私进来的资金维持,后者是由政府赞助或主办,前者由拒绝宣誓和未宣誓的教士,即"倔强"教士组成,他们强调罗马教皇是全世界宗教的最高权力,他们谴责"立宪"教士是蔑视教皇的教会分立论者,谴责他们是甘愿按照政府主张保持职位的十足的野心家。宣誓和拥护公民法的立宪教士认为自己是爱国者,是人权的保卫者。立宪教士的许多追随者最后都转向反对基督教。虔诚的天主教徒则不同,他们偏爱"倔强"教士。突出的例子就是国王本人,前贵族也自然偏爱倔强教士。上流社会人士对宗教事务显示出新的虔诚,农民在1789年他们自己的起义以及随之而来的废除采邑制度以后,对于革命没有什么兴趣,他们也赞同旧式的天主教;城市工人家庭,尤其是妇女,多数也是如此。面对这种情况,立宪教士害怕起来,他们不时搜捕并迫害倔强教士,这样一来反而激发了宗教狂热。

最后,天主教信仰的复兴促使国家同教会的和解。拿破仑进一步把教会变成了资产阶级的统治工具。拿破仑认为宗教是一种便利的工具,为了巩固他的王朝,他把庇护七世从罗马请来参加他的加冕典礼,取得了教会的支持,就不会有什么人敢反对他了。但他认为教皇只不过是作为上帝的代理人行事,不具有册封或废黜皇帝的国际性的至高无上的权威。当时天主教信仰的复兴在轰轰烈烈地开展,他看到了天主教的重要性,也认同了倔强教士是激励各类反革命的精神力量,他说,英国资助的五十名逃亡主教领导着今天的法国教士,他们的影响必须予以肃清。为此我们需要教皇的权威。于是,在1801年与梵蒂冈签订了宗教事务协定,双方都从和解中得到好处。教皇重新获得了权威,立宪教士和倔强教士都要受罗马教廷教规的约束,天主教礼拜仪式得以恢复,教会神学院也再次被允许存在。但是波拿巴及其革命继承者从中得到的利益更多,教皇由于签订了宗教事务协定,事实上也就承认了共和国,波拿巴做出让步,宣布天主教是法国多数人的宗教,可这已是法国的既成事实,波拿巴没有取消宗教信仰自由,同时,他还把新教各派的牧师都列入国家受雇人员的名单,从国家获得薪水;主教由第一执政者任命,这样就消除了人们会产生把天主教当成国教的想法。波拿巴仅仅通过一纸协定,就利用教皇解除了反革命武装,巩固了资产阶级的统治。

资产阶级的革命措施使宗教日渐失去了特权,宗教丧失了牢固的地位,一度被人唾弃,后来宗教的地位虽被恢复,但已今非昔比,只不过是资产阶级统治者进行统治的工具,服从于国家,而不是相反。19世纪开始,封建的天主教向资本主义宗教转变,这是因为资产阶级需要天主教这一精神武器,天主教会则要依附资产阶级而生存。保尔·拉法格对此有一段精辟的论述:在18世纪,资产阶级是被统治阶级,它反对僧侣支持的贵族,它当时是伏尔泰派,甚至与无神论调解,但是它刚一掌握政权便立即倒戈,急忙皈依先辈的宗教,这时它不再害怕宗教麻醉剂,并尽量利用这种手段,为它自己的利益服务。它通过法令恢复了当初按照它的法令废除的上帝,重新建立起被他推翻的祭坛,负责赡养它自己从前驱逐和迫害的神甫。

德国和欧洲大陆其他国家一样,自由派与保守派在政治和宗教领域展开激烈争斗。

德国18世纪是启蒙的时代,启蒙思想家主张宗教宽容和开明专制,发展世俗精神。普鲁士统治者腓特烈大帝是启蒙运动中的一个杰出人物,他在伏尔泰心目中简直成了完美的开明君主。他主张宗教宽容,倡导科学和艺术。由此,18世纪崇尚批判的理性主义精神、英国自然神论者及其反对派的著作、法国经过修改的激进通俗的自然神论,这一切都涌入了德国,启蒙运动在德国取得了迅猛发展。

1786年,腓特烈大帝去世,对启蒙思想的宽容随之结束。继位者腓特烈·威廉二世为巩固自己的统治,更多地借助宗教的力量,而不再关心启蒙思想家们所追求的思想自由。1788年7月9日,路德教会颁布了一项宗教令，明确取消了宗教宽容，对有违正统基督教的牧师和教师，威胁说要开除他们的神职和教职。

拿破仑时代，德意志民族主义运动高涨，同时带有同贵族、诸侯和国王相对立的民主思想，许多大学纷纷成立学院俱乐部，成为认真开展政治问题讨论的中心。1815年以后，保守派掌权，梅特涅决定镇压反对保守政权的民主运动，他强迫联邦议会通过了镇压措施的纲领，即1819年的卡尔斯巴德法令。这一法令条款规定：每个大学应设政府监督；开除反叛教授；解散学生社团；严格审查新闻出版。

在资产阶级革命思想初起的德国，来自反动方面的强烈影响是两种社会势力：封建贵族政治和封建教会宗教。从当时德国的社会状况可以看到，政治领域是一个十分容易引起迫害和镇压的领域，所以弱小的德国资产阶级反对封建主义的斗争只好在宗教领域展开。当时的资产阶级理论家们几乎都成为宗教问题的研究家，他们借研究宗教之名而行批判宗教之实。由于德国封建势力的强大，再加上新教教义与资产阶级的革命思想有某些相通之处，所以德国资产阶级的革命理性家并没有走到无神论的地步，而是把自己的理论改造成一种非正统的宗教思想，用它来向现实生活中强大的封建主义堡垒——基督教教会开战。此外，他们没有脱离宗教，还有一个原因就是资产阶级对宗教的需要。植根于传统文化的资产阶级仍旧怀有深厚的宗教感情，他们还意识到宗教将是统治的强大力量，就像宗教是封建统治者的工具一样也能成为资产阶级的工具。但他们毕竟不同于封建贵族，因此对宗教的要求也不同，封建主义的宗教不能适应资产阶级的统治方式，必须要对它加以改造，这个任务理所当然就落到了资产阶级理论家们头上。因此，当时德国的资产阶级理论家们无一例外，都有宗教哲学，阐述新教思想。

二 德国现实

歌德曾说:"我一念及德意志人民就感到痛苦。作为个人,他们是有价值的,但作为整体却毫无希望。"① 这是19世纪的德国,尤其是其前半期的真实写照。虽然德意志哲学对德国民族精神作了许多深刻推测和认真思考,但得出的结论却是十分悲观,这一点尼采有着清醒的认识。他说道:"德意志人的灵魂首先是多重性的、多源头的、混合重叠的,而不是实实在在地建立起来的;这是由于它的起源,因此,德意志人比起其他民族来,对他们自己就更为不可捉摸,更为复杂,更为矛盾,更为不可知,更难预测,更令人吃惊,甚至更为可怕。德意志人的特点就是,'什么是德意志人'这个问题在他们当中始终存在。德意志人的灵魂中有一些通道和长廊,其中有洞穴、藏匿处和地牢;它的杂乱无章具有神秘之美;德意志人很熟悉通向混乱的僻径。正如每个人都爱好自己的象征一样,德意志人爱好浮云和一切模糊的、发展变化的、朦胧的、不引人注意的和隐蔽着的事物;对他说来,似乎凡是不稳定的、不成熟的、自行转移的和成长着的东西都是'深邃'的。因此,德意志在任何事情上都是强有力的,在好事上如此,在坏事上亦然。"②

按自然条件,德意志不是一个单一民族,它居于欧洲中心,有交汇的特点。但这种自然条件并没有给19世纪的德国带来统一,相反,他们的思想中充斥的却是分裂。

宗教领域,基督教和异教的对抗贯穿整个德国历史,宗教改革运动又造成了宗教的更大分裂,这种分裂和政治分裂一道,把德国弄得毫无完整性可言。所以,德意志国家统一的延迟对德意志民族产生了

---

① [美]科佩尔·S. 平森:《德国近现代史》,范德一译,商务印书馆1987年版,第1页。
② 同上书,第7—8页。

巨大影响，这种影响映衬在哲人思想之中，就表现为一种渴望统一的意象，康德的理性世界和黑格尔的绝对精神都反映了这一点。

德国文化最光辉的象征即是从莱辛诞生到歌德老年这一百年的古典人文主义时期，这一象征在许多方面都颇具某种统一倾向。首先，它具有资产阶级性质，并以此对其他倾向进行反抗；其次，强调宗教中的人在道德方面的传统性，但同时又具有对人类崇拜的特点，并突出人的发展过程，以期发展个性；最后，由于社会现状，他们流连于理想，几乎不和现实关联，他们用敌视、猜疑和冷漠的态度看待国家制度，但同时又存在人类和世界公民的大同观念。

古典主义的这些特点深深影响到哲学，这种影响就是企图以思想的大全方式统领精神界。

在拿破仑战争时期，德国民族主义占据支配地位，仇恨法国和赞美自身成为古典主义的另一个主题。这一主题和所有基调一道，造成了这么一些特征：资产阶级性质、世俗性、容忍性、世界性、个人性。

唯心主义哲学几乎和古典人文主义同时发展又密切相关，从而带来了古典人文主义的特色，即二元和唯心性质，这便造成了精神世界的分裂，像康德，道德和法律的分裂是致命的，从而形成梦幻的感觉，这种感觉源于德意志知识分子中间就思辨领域的问题进行过激烈的争论，在这方面不能忍受任何束缚；但他们轻易地放弃生活中一切现实的东西，把它们交给人间强有力的人物。以后出现的俾斯麦等人的喋血统治便说明哲学思想界的弱点。

拿破仑垮台后的一段时期叫复辟时期，这一时期，德国在政治上注定是处于劣势的，因此强国便成了统一的主张；1848年革命前期，德意志经济和社会仍然落后于西欧各国，并且其思想上的软弱性更是表现得淋漓尽致，黑格尔和费尔巴哈，几乎都是思想上的巨人，但都是行动上的侏儒。

1848年对于欧洲大多数国家来说都是一个具有历史意义的年份，这一次革命充分表现出产业革命和科学革命的后果。德意志革命是内外原因相互作用的产物。宪法改革是这次革命的中心要求，由此引起全德国的骚动是必然的；它的失败给德国的自由事业带来令人悲叹的不幸，从而使德国陷入新一轮的迷惘状态，这种状态在新的革命再度来临才宣告结束，这段历史中的叔本华感染了这种状态。

德国现实表明：社会状态的落后、分裂对哲学产生了重大影响，其中最重要的是找不到现实的出路，只能寻找思想上的超越和解脱，从而导致宗教氛围，特别是抽象、神秘成分为主的包裹。

由包裹而来，哲学家们的出路即是在类似宗教的氛围里进行思想的理性演绎，除此之外，再无他路可走。

第三节　康德

伊曼努尔·康德生于1724年。这位大哲学家的宗教观念，在儿童时代起就受到他父母的深刻影响，他的父母和老师都是虔信教派基督教徒，早年他也信仰宗教，如他自己所言，"我的父母（出身于2区）那样正直的态度，道德和礼貌，都可为后人模范，他们辞世的时候，虽然没有留下一点产业（可是也没有一文的债款），但是给我这般的教育，从道德方面看来，是再没有能比这更为高尚的了。所以我每次想到这点，心中便非常感动"。他对虔信教派的精神这么认为："虔信教派的教徒都是一些严肃而又超群出众的人。他们最高尚的美德，就是稳重、乐天，与那不受情感打扰的内心宁静。一个人有这般修养，决没有懊悔急迫不如意的事，能使他陷入失意不快的困境。更没有争斗的事,能够引起他们愤怒与仇恨。"① 康德一直沉浸在这种感情之中,以至到他的晚年,他还常常以一种感激肃穆的态度谈论这一切。

康德所受的早期教育是那种务必使虔信教派精神一点一滴都灌输性的,但这种教育引起了康德的不满,他时常有对抗祈祷的表现。他认为儿童的心情应该处于愉悦之中,而非在这种背诵式的毁灭儿童信仰宗教的心理的教育之中。他在回忆这段教育时写道:"我们后悔痛恨当年那种褊狭的、暗淡的,但是颇为有益的迷信课程,到如今已相隔三十年了。那时人们对于你都怀有一种很大的希望,你若能努力前进,你在学术上一定能够登峰造极。"可见,这种宗教教育虽令康德讨厌,但对他内心的影响却不小。

康德的大学生活,西方有他是不是神学系学生的争论,但有一点是公认的,他在大学期间,早已确定了自己追求更高的精神境界。由于他在弗里德里希学校已学够了神学,这时虽未放弃,但主要兴趣却是自然科学和哲学。这时期对康德影响最大的老师是马丁·克努真,他和康德同乡,思想属于莱布尼茨—沃尔夫派哲学,染上了虔诚主义的神学气味。但康德由于对科学的兴趣,他的思想并不拘泥于这种影响,他自有主张:"我若想发明真理,那么牛顿、莱布尼茨的威仪,应当丝毫不顾。我已经认定了我所主张的道路,我将踏步上路,不断地前进,什么也不能阻拉我。"只是由于生活所迫,他不得不暂时搁置这种大胆的理想,去做了家庭教师。

在事业路上,康德的经历并不平坦,他的收入是浮动的,好在自幼养成的节俭习惯让他度过了艰难。严格地说,康德并不是一个书呆子,他虽喜欢与上层社会交往,但他既没有沉溺于交际场中,也没有

---

① [苏]古留加:《康德传》,贾泽林、侯鸿勋、王炳文译,商务印书馆1981年版,第13—14页。

限制在狭小的学术界的小圈子里,他说,偶然有一个高尚的念头,鼓动我突破这狭隘的范围,但是贫困却用粗暴的声调对我喊叫,逼我愈紧,使我即刻回到困难的工作中去。这时的康德处于经济困难和高尚理想的冲突之中。

在思想的道路上,首先是卢梭影响了他。他曾经说过,我生来是一位研究的人,我自觉求知欲很大,时时企求进步;或有分寸之效,便自高兴得很,那时候我以为这是人类很荣誉的事。我鄙视一般俗人,因为他们无一点知识。正是卢梭将我引入正规了,这个炫耀特长的心情消灭无遗了!我学会尊敬人类。若是我不把这个观察看作对于一切有回复人权的价值,那么我还不如一个寻常的工人呢!他对卢梭的敬佩是把卢梭比作牛顿,因为卢梭在纷繁杂乱的人类中,首先发现了人类隐匿的天性和秘密的原理,并阐明了人生宇宙的真义。但他不同意卢梭的方法,他虽然想到自然人的幸福,可人应为自然界的道德的人,所以康德用分析的方法,从道德的人入手。

休谟对康德的影响也是巨大的,最明显的是他吸收了休谟的怀疑精神,打破了独断观念。从他以后的著述看来,这一点影响甚为深刻。

康德步入大学讲坛以后,生活道路平坦起来,他做过哲学系主任,大学校长,但他视之为负担。他晚年的生活规范得令人吃惊。他一生没有结婚,起居一如既往,时间安排有如时钟一样准确。

在康德的声誉与日俱增以后,普鲁士境内开始了精神上的反动,这使康德的学说遭到一定程度的反对,特别是遭到禁止,以致他不得不注意自己的思想和方法。他后来的方法是:少学而精,胜于博学而徒有皮毛;当用观察和实验讲求真实的自然科学;但对于神秘的不法,因为怕触犯道德而没有表示意见,这一点类似笛卡尔。

纵观康德的一生,他自己的话可以作为概括:有两种东西占据我的心灵,要是不断地加以思索,就会给我以时时翻新、有加无已的赞叹和敬畏,那就是在我头顶的星空和我内心的道德法则。

可见,康德的一生是颇具宗教情怀的,这就使他的哲学和宗教产生了一定的关系,并且这种关系还是内在的。

康德在虔信教派的生活中长大。这个教派突破路德主义经院哲学式的倾向,维护基督徒经验感觉中感觉的首要地位。虔信教派认为基督徒更多的是一种生活而不是学术知识的争论,它以道德品格的高尚为追求目标,这对康德的道德思想产生了持久的影响,后来康德把宗教看成一种道德宗教,可说是这种思想的理论化。

康德是启蒙运动的崇拜者,在腓特烈大帝宽容统治的气氛中开始学术研究。"假如没有腓特烈大帝,我们将永远不会有伊曼纽尔·康德。《纯粹理性批判》与《理性界限内的宗教》之所以成为可能,乃是由于腓特烈的怀疑主义和宗教宽容,腓特烈死后不到两年,康德已经被普鲁士政府三缄其口了。"① 康德的一生不断被卷入政治与宗教,他是反封建的斗士,对传统宗教持反对和批判的态度,但迫于封建统治的压力,不得不缓和和掩盖其异端。康德同时是资产阶级的思想家,资产阶级对宗教的依赖使他不能完全放弃宗教,并且要建立新教,所以,康德的思想在不断地调和反叛与宗教。

1871年,康德发表《纯粹理性批判》,他在这本书里打算描述感觉、知觉、观念和理性,并且给他们以适当的范围和审判权。还有,他希望指出理性能给我们知识,不必依据任何确定的经验,即一种先天的知识。先天原则的知识能力可以称为纯理性,其可能性与范围的一般考察构成纯粹理性批判。康德把一切知识划分为经验的(依据经验的)和先天的(独立并超越经验的),他认为一切知识发端于经验,在这个意义上,感觉必须在先,然后唤起思维的作用。但是他相信开始经验的同时,经验已被心灵的结构构造成形,心灵的结构就是

---

① 威尔·杜兰夫妇原著:《卢梭时代的宗教》。

直觉和观念的固有形式,即空间、时间和范围。知觉是被时空固有形式所解释的感觉,知识是被介入判断成观念的范畴所转变的知觉。经验不是我们在感官上被动接纳客观印象,而是在于心灵活动对感觉材料的整理。这样,康德把建立起普遍的"自然法则"纳入心灵,他说,在我们称为"自然"的表象中,我们自己导入那种秩序和规则,没有我们自己的存在,在表象中也就永远找不到自然,因为我们自己心灵中的自然,原本就置在那里。自然法则不是客观的实体,而是有效处理经验的心理结构。康德把建立自然的权力从上帝那里夺回到人手中,同时也驳斥了唯物论关于自然是客观存在的论断。康德既反对了神学又反对了唯物论,实际上他正是利用反对唯物论冲淡了反神学的色彩,这是调和的表现之一。

既然人类的全部知识都是感官所得的感觉材料和人类知性先天固有的思维形式组合而成的,那么人类的一切知识只在经验中有效,它所认识的对象是现象,而不是物自身,物自身是非感性的、超验的,绝不是感性直观和知性范畴所能把握的,所以我们不能用理性来证明心灵不灭、意志自由和上帝存在。康德以此为由批判了理性神学关于上帝存在的种种证明,彻底批判了传统神学。但是理性不能证明这些信仰,也不能驳斥这些信仰,基督教的信仰得不到证明,唯物主义的物质实体同样不能得到证明,康德的不可知论反对了理性神学,也反对了唯物主义和无神论,康德施展了他的调和手段。

但是,人们不能满足于这样一种不可理喻的结论,即意志自由、不朽和上帝既不能被纯粹理性证明也不能被驳斥,于是康德极力主张:我们有些东西比起理性更为深奥,这就是我们的意识。道德是我们的一种意识,而宗教信仰对于道德是不可缺失的。他认为,假如没有不同于这个世界的原始存在,假如这个世界没有一个"作者",假如我们的意志是不自由的,假如心灵是像物质一样会腐朽的;于是道德观念和原则将失去一切效力。如果道德特性和社会秩序不是完全依靠法律的畏惧，我们就必须支持宗教信仰，把它当作一种调整原则，而且可以视为思想道德的救星。我们必须把我们的行为视为已经知道有一个上帝，我们的心灵是不朽的，我们的意志是自由的，我们可以用微妙的神人同形同性论，来表示世界的原因，除此以外，我们无法思想任何关于神的问题。这里，康德终于还是为宗教留下了地盘，把它导向理性不可企及的超验领域。当《纯粹理性批判》第二版即将问世的时候，宗教宽容结束了，康德不得不修饰了一些内容，缓和了种种异端，并在序言中写道："因此，我不得不扬弃知识，以便为信念腾出地盘……"① "惟有凭借批判，才能甚至连根铲除可能普遍有害的唯物论、宿命论、无神论、自由思想的无信念、狂信和迷信。"②

1788年，路德教颁布宗教令，明令取消了宗教宽容，就是在这种气氛下，康德出版了《实践理性批判》。康德认为一切道德概念都有它们的地位和起源，完全先天于理性，实践理性批判就是要去发明和阐明这种地位和起源，分析道德的先天因素。康德认为每一个人都具有一种良知、一种责任感，有遵从道德法则的意识，它不是经验的产物，而是我们与生俱来的心理构造的一部分，是每个人内心的判断，并且它是绝对的、无条件地指挥我们，无一例外或赦免。它是以自我为目的的，而不是获取幸福的手段，它的命令是至上的。道德责任感必须以意志自由为前提，假如我们没有自由去做或者不去做，假若我们的行动不能脱离因果链条，我们就不可能有这种责任感。我们所追求的道德成就在短暂的尘世生命里不可能实现，因此必须设定灵魂不灭。德行应以幸福为目的，但是世间的幸福与美德往往是不一致的，我们需要上帝来调和幸福与美德。康德在道德领域里恢复了上帝，但是他倒转了秩序，不把道德意识和规范当作源自于上帝，而从

---

① ［德］康德：《纯粹理性批判》，载《康德著作全集》第三卷，李秋零译，中国人民大学出版社2004年版，第18页。

② 同上书，第20页。

道德意识演绎出上帝，上帝再也不能任意命令我们去做什么，一切全凭自己的道德责任感。康德把宗教限制在道德领域，并且在这个领域中抬高了人的地位，无形中贬抑了神的地位，拉近了神与人的距离。

康德研究理性的原因是受法国启蒙运动的影响，他认为信仰必须服从理性，以此来批判基督教理性神学。康德的工作不但是批判性的，而且是建设性的。康德不可能放弃宗教，于是他在实践（道德）领域中保留了宗教。我们已经看到宗教在康德的思想体系中有深刻的根据，在实践理性的三个先决条件中，上帝成了一种必不可少的信念，他接着在《理性范围内的宗教》一书中专门阐述了道德宗教。道德宗教是一种新教思想，它把宗教道德化，认为道德和宗教具有相同的内容，对教义作了合乎理性的解释。康德用道德保护了宗教，它的价值在于显示了理性和信仰不仅是相容的，而且是不可分离的。资产阶级需要宗教，只是将宗教作为一种手段，因此，神与人相比，人才是最终的目的，康德的新教实际是把宗教降低到有神论的伦理学的地位，强调人的实践理性是宗教信念和道德行为的基础。

康德晚年帮助费希特出版了《一切启示的批判》，而他自己的《理性范围内的宗教》却由于显示了与正统教会和王权的冲突，而被普鲁士国王弗里德里希·威廉二世斥责为"滥用了哲学，歪曲并贬低了圣经和基督教的许多教义"，从而犯下了"玩忽一个青年导师的职守和直接反对我们主宰者最高意图的罪行"。他对此的辩解是，他并没有评价启示宗教的企图，他旨在考察理性宗教，并认为真正的宗教都以先天性为最高条件，他只是企图使宗教在实践上具有完满性。

康德将以往对上帝证明分为本体论证明、宇宙论证明、目的论证明，并认为本体论证明是最为重要的。他用逻辑分析证明了本体论证明的错误在于混淆了逻辑的必然性与必然性存在的区别，其实质就是逻辑的述语与实在的述语的混淆，这种错误也在宇宙论证明和目的论证明中有所体现，并且后二者的证明归根到底是以本体论证明为基础的，因此，既然本体论证明出现错误，那么其他两者证明也就不攻自破了。

关于康德对上帝存在的批判意义，海涅认为，康德引起了一次巨大的精神运动，根源于其包含的批判精神。康德自己也说，我们这个时代可以称为批判的时代。没有什么东西能逃避这批判。宗教企图躲在神圣的后边，法律企图躲在尊严的后边，而结果正引起人们对它们的怀疑，并失去人们对它们真诚尊敬的地位。因为只有经得起理性的自由、公开检查的东西才能博得理性的尊敬。

通过对上帝存在传统证明的批判，实质上贬抑了启示宗教，弘扬了理性的权威。据此，康德提出了自己的理性宗教的观点。

康德指出，最高存在者，对纯粹思辨的理性来说，是一个理想而已，但那仍然是一个完全无错误的理想，使全部人类知识得到完整而成为完全。上帝的客观实在性的确不能被证明，而且也不能为单纯思辨理性所否证。而且如果发现还有一种道德的神学，能够补思辨神学的不足，我们就会发现先验的神学不再只是概然的，而是为了确定一个最高存在者的概念所不可或缺的，而且是理性的继续批判所不可少的，因为理性是常常为感官所迷惑而不总是甚至和它自己的理念相和谐。

在此，康德企图以一种理性的、道德的宗教来代替正统宗教，这种宗教体现在康德的道德哲学里。

休谟的怀疑论以知性无力认识超越领域而作为结论，这便把超验的上帝留给了由于感情原因而来的信仰；卢梭是浪漫主义的，他认为人的道德良心的存在必须以对上帝的信仰为基础。康德的思想，尤其是实践领域内，受他们两人的影响，以至是他们思想的结合体。

康德的批判哲学的开端虽然是经验，但这种经验只是现象，而非本质。众所周知，休谟是怀疑本质一类东西的存在，但康德不怀疑，他承认了作为本质的"自在之物"的存在。

知性范畴的局限使自身的认识在极限上陷入矛盾，面临二律背反的困境，这种困境在纯粹理性的范围内无法解决，从而留下了信仰的地盘，进入到实践领域。

如同他在认识论中所完成的由传统的"认识必须符合客体"到批判哲学的"客体必须符合认识"的"哥白尼式的革命"一样，他在实践领域也进行了一场革命，即从传统的、以神学说明道德的必然性转到批判哲学的、以道德来说宗教的必然性。由此他说："宗教（从主观上来看）就是把我们的一切义务都认作是上帝的诫命。如果在一种宗教中，为了把某种东西承认为我的义务，我必须事先知道它是上帝的诫命，那么，这种宗教就是启示的（或者是需要一种启示的）宗教。与此相反，如果在一种宗教中，我必须在能够承认某种东西是上帝的诫命之前，就知道它是义务，那么，这种宗教就是自然宗教。"① 这样，他把启示宗教和自然宗教进行了严格的区分。

如前所述，康德把上帝的存在当作实践理性的一个首要的，也是最为基本的条件和要求，因为道德的目的是达到"至善"，而"至善"在此岸世界中是不可能达到的，所以至善只有在灵魂不朽的这个假设之下，才在实践上是可能的；而要实践，我们又必须假设有一个摆脱感性世界而依理性世界法则决定自己意志的能力，即所谓自由；有了自由，要想达到至善，这个至善的实现必须要以神的存在为前提，只有在假设一个无上的自然原因具有与道德意向相契应的原因性的范围以内，然后世界上才会有至善存在。这个无上的自然原因是一个有理性的存在者，一个神明，最高原始的善，即上帝。可见，康德的上帝是归属于他所区分的自然宗教领域的，而不属于启示宗教。

康德在他的《纯粹理性批判》中使思辨神学和自然神论不可能，而他自己又主张自然宗教，这看似矛盾，但这种矛盾只存在于认识的

---

① ［德］康德：《纯粹理性界限内的宗教》，载《康德著作全集》第六卷，李秋零译，中国人民大学出版社 2007 年版，第 155—156 页。

理性领域，他的自然宗教却是在实践理性领域的，只有用实践领域的理性，才能摆脱以往有神论的困境，也才能解决他所谓的在纯粹理性范围内形成的二律背反。

上帝存在在纯粹理性中得到否认，或不可认知，但在实践理性中却得到了论证，虽然是假设式的论证，可这种假设比思辨理性的证明来得更实在，它首先就是以一种必然信念之类的东西而存在的。

由于假定上帝存在，由神保证了至善的必然性，那么，人的义务必然与神不可分割地结合在一起，这便有了道德律。

康德说，道德律也必然如从前一样公正无私。单凭大公无我的理性，不能引导至与那种道德大小相称的幸福的可能性上，也就是说，它使我们不得不假设有一个与此结果相称的原因存在，即不得不设想上帝的存在，以为至善的可能性的必然条件。在《理性范围内的宗教》一书中，康德进一步说明了他的道德宗教。他认为人性恶，本性不道德，要克服人性的弱点和世俗的诱惑，必须发挥实践理性的指导作用。由此他认为：道德不可避免地要引导到宗教，通过宗教，道德使它自身成为一个强有力的道德规律的发布者。因而，道德的意志是在人类之外的最后目的，并且能够是和应该是人的最后目的。在道德准则下，理想的社会是一种家庭式的教会组织，人与人保持心灵的相通，而这种人与人心灵的相通又是各种宗教的依据。他认为理性的、道德的宗教与启示宗教的最大区别在于：前者有道德责任感，而后者则没有，所以后者没有可实践性，只是一种说教，为此只重形式的神职人员的堕落也就不可避免。

康德的宗教思想如同他的哲学一样，是矛盾的。这种矛盾源于他对宗教的态度，他对宗教自始至终的情怀不仅使他的宗教思想出现二重化倾向，即理性和宗教的矛盾又组合，而且还影响到他整个哲学思想。

首先，理性批判实质是为知识划界，以期为宗教及其情感留下空间。

其次，宗教情感是其哲学情感的主流，他的哲学研究在某种程度上实际是人的情感的纵深延展。

再次，道德是他哲学研究的最高目的，而道德，如他自己所言，道德必须导入宗教。可见，他的哲学研究的归宿却是宗教的。

最后，宗教对他的哲学起到了过渡作用，这不仅表现在方法上，而且表现在思想结构上，理性的结构正是由于信仰和思辨的缺陷而经康德的批判形成的。

康德哲学和宗教的关系是内在的，他虽批判了传统神学的上帝存在证明，但并没有否认上帝存在，而是在宗教风雨飘摇的时候，给予了它在康德看来是一个稳定的根基，即实践理性，一个高尚的空间，即道德。

总之，康德将理性区分为纯粹理性与实践理性这一思想本身就受到宗教思想的严重影响，这不仅仅是一个为宗教留下地盘的简单问题，更为重要的是精神家园的构建问题。

附录

康德对宗教合理性基础的批判与建构[①]

康德的三大批判最后都包含着一个问题——宗教批判，这一问题究竟在康德批判哲学体系中处于怎样的位置？与康德的《单纯理性限度内的宗教》又是一种什么样的关系？本文试图从康德的宗教批判角度来揭示这些问题，重新审视康德的批判哲学。

一　清除旧宗教的知识基础

康德在《纯粹理性批判》中对宗教的态度，是一个争议较多的问

---

① 本文发表于《哲学研究》2001年第3期。作者为徐文俊、林进平。为了让读者能比较集中地了解贯穿于康德三大批判中的宗教批判思想，特将全文照录。

题。在诸多争议中，如何看待康德对传统神学的批判是一个焦点问题。解决这个问题，有必要弄清这么两个相关的问题：康德为何要对传统神学进行批判？康德对传统神学的批判是否就意味着对神学的批判，以至于否定宗教？

对于第一个问题，笔者认为康德之所以要对传统神学进行批判，就在于传统神学是建立在知识的基础之上。传统神学一方面让知识为信仰服务使知识失去了固有的自由精神；另一方面，又使神学建立在知识的基础之上，这样貌似坚固，但它其实是把神学建立在不恰当的基础之上，它将使神学在失去其固有的光环的同时，也失掉了其应有的道德依据。这种神学必然受到来自神学内部和哲学的攻击。哲学方面，最为有力的攻击，莫过于休谟。休谟的彻底经验主义和精辟的论证惊醒了还对神学独断论有点迷恋的康德。康德在其《未来形而上学导论》中曾坦率地承认，"就是休谟的提示在多年以前首先打破了我教条主义的迷梦"①。

休谟使康德意识到关于上帝存在的知识的荒谬，把宗教建构在思辨理性之上，无异于把大厦建立在沙滩之上。文艺复兴以来的两三百年间，人们确信了思辨理性的力量，深信思辨理性可以伸展至社会的每一角落。理性的胜利带来了理性的狂妄。在宗教领域的表现主要有两种：一是利用思辨理性来论证上帝存在，并把宗教建筑在知识的基础之上；二是利用纯粹理性来批驳上帝。二者表现形式虽然不同，但实质都是迷信思辨理性的力量，以为思辨理性有能力审视宗教。康德在第一批判中所要进行的工作，其中一项就是对思辨理性的能力进行批判，他在第一批判的第二版序言中就指出："如果我不同时打掉思辨理性自以为无所不知的妄自尊大，我就根本不可能承认上帝、自由和不朽，以便使我的理性有一个必要的实践应用……因此，我曾不得

---

① ［德］康德：《未来形而上学导论》，庞景仁译，商务印书馆1978年版，第9页。

不抛弃知识，以便让信仰有个地盘；形而上学的独断论，即形而上学那种不对纯粹理性进行批判就盲目前进的偏见，乃是一切不信仰的真正源泉，不信仰是违反道德的，在任何时候都是极其独断的。"① 康德认为人不可能有关于上帝存在的知识；但他并没有因此否定上帝的存在，这是康德不同于休谟的地方，也是理解康德宗教观所要注意的地方。康德指出："我根本不赞成他的结论。他之所以达成那样的结论，纯粹由于他没有从问题的全面着眼，而仅仅采取了问题的一个方面。"② 即仅仅采取经验主义的方面，从纯粹的经验主义立场出发，必然带着普遍的怀疑主义。这种普遍的怀疑主义虽然对独断论的批判不乏是一个有力的武器，但由于其普遍的怀疑必然带来对知识的根基，对道德与信仰的怀疑与否定，这是康德所不能允许的。因而康德既要批判独断论，又必须批判怀疑主义。F. C. 怀特在《康德第一批判与其先验演绎》的导言中就指出："康德给自己设置了这么几项任务：检查人类心灵的运作和它所能建立的知识范围；回击休谟的怀疑论，描述并说明形而上学的本质和先验逻辑的本质，为科学的根本原则和一般合理性寻求确证；捍卫道德与宗教。而首要任务是探究形而上学。"③

笔者以为，认为康德是从否定传统神学到否定神学一般，在理解上至少存在着两个误区：其一，忽略了康德的哲学体系与休谟哲学体系的不同；其二，注意到了康德哲学体系中各批判的独立性，而忽略了各批判的相关性，缺乏把康德的批判哲学作为一个整一来看待。据此，笔者认为在第一批判中康德批判传统神学并没有因而否定神学一般，正如康德自己所说："我今主张'凡欲以任何纯然思辨的方法在

---

① [德] 康德：《纯粹理性批判》，蓝公武译，商务印书馆1960年版，第21页。
② [德] 康德：《未来形而上学导论》，庞景仁译，商务印书馆1978年版，第9页。
③ 见 F. C. White, *Kant's First Critique and Transcendental Deduction*, Published by Avebury Ashgate. Publishing Ltd, 1996, p. 1。

神学使用理性'之一切企图，皆完全无效，就其性质言，亦实空无实际，且理性在自然研究中使用之原理，绝不引达任何神学。"① 但是，康德并没有从否定传统神学到否定神学一般，且认为神学不需要基础，而是认为，"最高存在者就理性之纯然思辨的使用而言，虽永为一纯然理想，但为一毫无瑕疵之理想，即为完成'人类全部知识'之概念。此种概念之客观的实在性固然不能为纯然思辨的理性证明之，但亦不能由思辨理性否定之"②。康德只是说我们不能认识上帝，但并没有说我们不能思维上帝。康德用意无非在于清除宗教的不合理基础，以便为宗教确立新的基础。这一点在我们暂时把视角离开康德的第一批判，而转向第二批判时将显得更为清楚。

二 重建宗教的道德基础

康德在清除了宗教的知识基础以后，在第二与第三批判中便着力构建宗教新的基础——道德基础。康德对宗教合理性基础的建构基本上是在第二批判中完成的。康德要使宗教建立在道德的基础之上，就必然要求道德本身必须如磐石般稳固，才能承载起宗教。在康德看来，道德要能肩负起如此重任，就必须具有客观有效性（普遍必然性）。为此，"区别由经验原则构成整个根基的幸福论与毫无经验成分的道德论，是赋予纯粹实践理性分析论的第一的和最重要的任务"③。他认为经验论幸福观是从特殊的、偶然的、个别的经验事实归结出道德准则，难以具备客观有效性，是从根本上取消了道德之所以为道德的根本特性。康德指出，如果把道德建筑在幸福原则的基础上，那就没有客观的普遍有效性和共同标准了，因为对幸福的欲求和享受因人因时而异，可以由种种偶然的经验条件所影响和决定。另从宗教的角

---

① ［德］康德：《纯粹理性批判》，蓝公武译，第456—457页。
② 同上书，第459页。
③ ［德］康德：《实践理性批判》，韩水法译，商务印书馆1999年版，第100页。

度来看，这种幸福论的道德观，也实在难以为宗教的存在提供一个合理性基础。这使康德必须对传统的道德观进行批判，由经验论的道德观转向先验论的道德观，即形式主义的道德观，掀起一场哥白尼式的革命。这种形式主义的道德一方面具有绝对命令性，另一方面也因其绝对的纯粹性与独立性，不掺杂任何经验性的内容，只求不染尘埃地超越于芸芸众生的具体欲求，将失去对现实社会的指导力量。对此，黑格尔曾对康德这种形式主义的道德进行了批判："但什么是这个道德的内容呢？这里我们所见的又是空无内容。因为所谓道德律除了只是同一性、自我一致性、普遍性之外，不是任何别的东西。形式的立法原则在这种孤立的境地里不能获得任何内容、任何规定。"① 的确，康德的道德律是没有任何内容的，黑格尔的批评自有其合理之处，但康德的形式主义道德正是康德的"道德不可避免地导入宗教"的关键所在。黑格尔的批评也有点勉康德之所难，康德所思考的恰好不是关于道德的"是什么？"，而是关于道德的"为什么？"这种运思方式才能打通道德通向宗教的途径。这是康德常常为人所忽略的地方。在康德看来，宗教使道德得以切入社会。如果说康德在第一批判中是通过限制知识以便为道德和信仰留下地盘，那在第二批判中，康德则是进一步限制道德，以便让宗教发挥其"用武之地"。康德指出，"道德本来并不是叫我们怎样使自己幸福的学说，而是教我们怎样才配享幸福的学说。只有加上宗教之后，才有希望有朝一日依照我们努力使自己配享幸福的程度而分享"②。也就是说可以希望的是宗教的事情而不是道德的事情。道德所无能为力的地方，却是宗教得以介入的起点，康德是借助宗教这种媒介而使道德得以间接地引导社会。宗教是缘于道德的需要而切入社会，道德也就当然地成为宗教赖以存在的基

---

① ［德］黑格尔：《哲学史讲演录》，贺麟、王太庆译，商务印书馆1978年版，第290页。
② ［德］康德：《实践理性批判》，韩水法译，商务印书馆1999年版，第142页。

础。通过第二批判，康德得以从道德论的立场树立起宗教的道德基础，在第三批判中康德继续从目的论对宗教的道德基础加以论证。

很多人都以为康德的第三批判仅仅是关于美学或者说是关于艺术的研究的。然而，在《判断力批判》下卷特别是在附录中，康德却是进一步发展了他的道德神学，为宗教的存在进一步提供道德论证。这里有别于《实践理性批判》的是，康德已不是从道德哲学角度来论证上帝的存在，而是从目的论角度，或者说是从道德目的论的角度来论证上帝。康德认为，通过自然神学的方式，通过检查自然自身无法建立起自然的终极目标。即从自然的目标推导出自然的最高原因是注定要失败的。正如康德在第一批判中已经指出的那样，自然神学证明所导向的仅仅是第一因，而不是神学的上帝。根据康德的见解，在自然世界中，自然神学是从自然，而不是人类的道德目标去寻求世界的本质，其本身就是一个误导。只有当我们在自然中发现了道德目标，才能建立起道德目标，并有一个道德的上帝去解释这么一个目标的存在。在第二批判里，他是说人应该有一个道德目标，上帝是人的道德努力所必然要追求的；但在第三批判，他又补充说，上帝必然是解释自然的道德目的存在，二者的不同是前者证明上帝是联结幸福与德性，而后者是论证上帝是解释世界的道德目的存在的需要。第三批判与第二批判的一个不同就是：在第二批判那里，上帝是德性应配享幸福的必要条件，而在第三批判那里，则是用上帝来解释世界的道德目的存在。与第二批判相似，康德在第三批判中也证明道德建立起上帝的真实存在，因此，提供给我们关于上帝存在的知识，仅能是为了实践目的的需要。他在这里所要指出的是道德证明能够做上帝存在的理论证明所不能做的。

这一批判中富有新意的是康德使用了自然神学证明的相同论证方式而又赋予新的意蕴。他方法的不同仅在于他是在自然中寻找道德目的而不是在自然中寻求自然目的。他承认自然神学证明的优点，在于它在事实上把人们的心灵导向采取了目的路径,并指向自然的一个理智作者。康德的证明,与自然神学相似,他从一个目的观念开始,但它指向的是道德目的而不是自然目的。这一点在康德看来是一个本质上的不同,因为只有从道德的观念来看,我们才能设想在世界中创造出终极目标,世界也才有根基,康德为此改造了自然神学证明,并把它化为道德证明,以"旧瓶装新酒"的方式达到了自然神学的证明想达到的结论——一个创造的上帝。

至此,康德通过第一批判回答了"我能够知道什么?"的问题并以此作为视角审视了宗教,得出我们无法确知上帝是否存在,奠定在知识基础之上的传统神学是注定要失败的。通过第二批判,康德回答了"我应当做什么?"的德性问题,并以此作为基础,认为道德应该是宗教赖以建立的基础,只有在道德的基础之上,宗教才是可能的。通过这一批判,康德得出目的论正是理解上帝的关键,因目的论能把人与自然统一起来。但不应以自然目的论,而应以道德目的论,只有从道德目的论的角度才能理解上帝是一个最高的存在者,才能理解人是创造的最后目的。原因就在于实践理性优于思辨理性。康德在第三批判中对宗教的思考,其实是综合了第一、二批判,并试图在此基础上重新理解宗教。第三批判如仅从论证宗教的道德基础这一点来说,仅是宗教的道德基础的完善;但第三批判贵在采取了一个综合实践理性与思辨理性的角度来审视宗教,这已接近于从完整的人性立场去理解宗教。康德的三大批判最后都以宗教问题作为归宿,宗教问题成为三大批判的共同指向,而这一指向所蕴含的问题就是宗教的合理性基础应是什么的问题,它不可能是知识,而只能是道德且只能是康德所改造了的道德。经过三大批判,萦绕在康德思维深处的宗教问题也已渐趋成熟,宗教自身的合理性问题也进入了康德的思维领域——"我可以希望什么?"康德对这一问题的思考形成他的《单纯理限度内的宗教》。

三　对宗教自身合理性的论证

学术界的一种观点认为，康德的第一批判是对思辨理性的批判，是讲认识论的，从这种立场出发，作为知识的宗教受到了批判；第二批判是对实践理性的批判，是讲德性论的；而第三批判是对判断力的批判，是讲美学的。这种理解也不无道理，它注意到了三大批判的各自独立性。但三大批判有其独立性，也有其相关性，从三大批判最后都指向宗教来看，宗教问题是贯串康德批判哲学体系的一个主题，宗教哲学成了康德批判哲学不可分割的一个组成部分。然而人们研究康德哲学较多地把目光盯在康德的认识论、道德论方面，而较少问津康德的宗教哲学，或干脆不承认康德有宗教哲学这么一回事。但假如对康德的哲学体系不作断章取义式的理解，不对康德自己的一些宣称置若罔闻的话，至少不应该否定康德有对宗教问题的研究。康德在1793年5月4日致卡尔·弗里德利希·司徒林的信中就提到，宗教问题是他多年来试图解决的一个问题之一。①事实也如康德所说，他对宗教问题有一股深深的情怀，以其"前批判期"的《证明上帝存在唯一可能的根据》《视灵者之幻梦》等作品，到"批判时期"的三大批判以及《单纯理性限度内的宗教》与《学科间的纷争——科学与神学之争》等都在以不同的立场、不同的哲学方法思考着宗教问题。当康德已经从认识论立场、德性论立场和目的论立场去思考宗教时，宗教在很大程度上是归属于认识论、德性论和目的论，还未能作为一个独立的部分加以思考，而当他完成了《判断力批判》之后，康德已开始了从人类学立场来单独地思考宗教问题。这是理解康德的《单纯理性限度内的宗教》需要注意的一个问题。假如我们没有注意到康德立场的转换，还以为康德仍然是站在实践理性立场来思考宗教，便很容易把

---

① 参见李秋零编《康德书信百封》，上海人民出版社1992年版，第200页。

《单纯理性限度内的宗教》一书看作是第二批判关于道德理论的重述或延伸。事实上,康德在《单纯理性限度内的宗教》一书已转换了立场,他在该书的第一版序言中就指出,"为了弄清楚宗教和人性(部分是恶的,部分是善的)的关系,我写下了下面四篇文章,善的原则与恶的原则的关系作为影响人的两个自我维持的积极原因的关系……后面三篇是第一篇的完善和发展"①。康德是站在人性论的立场,以其独特的"哥白尼式革命"的思维方法从三个不同的角度,对宗教存在的合理性进行了论证。这一问题康德是通过两个相关的问题来展开的:一是宗教自身的合理性,另一是基督教作为普遍宗教的合理性。这也是康德在《单纯理性限度内的宗教》二版序言中所说的两种尝试。②

(一) 宗教自身存在的合理性

关于宗教自身存在的合理性,康德是从思考人的本性入手,从三个不同的角度、递进式地展开论述的。

首先,康德指出,人性中潜藏着善恶两种力量,是宗教存在的合理性根源。康德关于善恶的思考,不是从经验的视角来考察,而是采取先验的视角,即关注的不是恶的行为或善的行为,而是那些作为这些行为的准则、观念。康德认为人性中同时居留着善与恶两种力量,作为一对矛盾的统一体居留于人性之中。但二者在性质上是不同的:善是必然的、潜在的,而恶是偶然的、现实的。康德以恶的起源问题说明了恶的偶然性。由于善与恶的这两种特性才使得由恶到善成为可能。另外,也因为恶是现实的,人们的行为难免从恶开始,这又决定了人弃恶从善,除了要有善念外,还要摒弃恶的诱惑,超越现实,要有信仰。

---

① Kant, *Religion Within the Limits of Reason Alone*, trans. By T. M. Greene and H. H. Hudson, Harper and Row, 1960, p. 10.
② Ibid., p. 11.

康德关于人性恶的论述经常为他的批评家所忽视，他们宁愿忽略它，以求强调人的"善"的天性。然而，对人类本质这个问题的回答，对于康德的宗教理论是至关重要的，它相当于德性理论中的自由和知性理论中的时间与空间，康德是试图说明假如不是人性内在地具有善的目标和不可避免的恶的倾向，那么宗教的产生是不可能的。宗教存在的合理性的首要条件就在于的人本性中存在着善与恶的两个对立面。这两个方面之间形成的张力，才使宗教得以存在。

其次，既然人性中居留着善、恶两种力量，而要使善的力量战胜恶的力量也离不开宗教。康德从动态角度来考察人性善恶两种力量的争斗，以进一步确证宗教存在的合理性。康德认为，要让善战胜恶，首先，就必须靠事功；其次，是信仰。这不同于传统宗教神学的观点，如，马丁·路德就说："我们是因信得救，而不是靠事功。"但康德首先不是一个神学家，而是一个哲学家，他坚持理性批判的一贯性，把传统教会神学的观点倒过来，把事功放在第一位，信仰放在第二位。人要希图得救，首先就必须靠自己的事功。一个人要成为善的，就应该"以不懈的努力走在通向近乎崇高状态的道路上，遵循责任的坚定性，……完成了从由恶的习性向另一种相反的习性的转变"①。但这种转变是否可能呢？在康德看来，是完全有可能的，因在每一个人心中都有一个善的道德"原型"（archetype），这个善的道德原型才使得由恶到善的转变得以成功。②但当我们继续追问这个道德原型又是来自何方时，康德则认为，这是我们人力所无法深究的，我们只能相信它是来自上帝。而且这种可能性在现实中已有了实在性，耶稣已为人类实现这种转换树立起了第一个典范。③这样，

---

① Kant, *Religion Within the Limits of Reason Alone*, trans. By T. M. Greene and H. H. Hudson, Harper and Row, 1960, p. 42.
② Ibid., p. 54.
③ Ibid., p. 59.

康德就由道德转到信仰，从而达到了他对宗教合理性的论证。因此，康德在这里的意思是说：期望弃恶从善的人们，好好修德吧，相信上帝吧！你做你应该做的——修德，剩下的相信上帝会帮你解决。显然，当康德论证人是怎样才能弃恶从善时，其实也正是论证宗教的合理性存在。

最后，在现实社会中，人要弃恶从善也离不开教会。在前面，康德是着眼于从单一的个人角度去思考宗教存在的合理性，但人毕竟不是孤零零的，而是生活于社会中的。人要在现实社会中实现由恶到善，就要通过教会的形式，即"伦理共同体"（Ethical Commonwealth）来实现。康德说："最高的道德上的善，仅仅通过个人难以达到这个目的，必须把个人联合为一个整体，即一个道德善良的人们的体系，在这个体系中，而且只有通过这个体系的统一，最高的道德上的善才能实现。"① 因为假如不是以这样的方式联合起来的话，个体（不管他是道德上善的还是道德上恶的）仍然停留在"自然的伦理状态之中……深藏了人的善的原则，继续受到他自身的恶的原则和其他人的恶的原则的攻击"②。人们要过一种善的生活，就应该加入到康德所说的伦理共同体之下，换句话来说，我们应该在道德律的基础上，达成一种道德契约，组成伦理共同体。

(二) 基督教是合理的普遍宗教

如果说康德通过先验哲学方法树立起一个唯一的、真实的、放之四海而皆准的宗教，那么这种宗教由于它的纯粹性和普遍性，仅仅能充当一种宗教的理念，它对于我们现存的宗教生活而言只是一个必然的"应当"，或理想；只是应是，而不是实是。这种宗教要发挥效用，就应该让现实中的宗教以它为典范，使现实与理念，实是与应是不断

---

① Kant, *Religion Within the Limits of Reason Alone*, trans. By T. M. Greene and H. H. Hudson, Harper and Row, 1960, p. 46.

② Ibid., p. 88.

地拉近距离，才能发挥其作用。康德在论述宗教存在的合理性的同时，已逼问出宗教的理念，认为宗教是以道德为内核，信仰为外衣的综合体。道德为内核，使宗教具有了普遍性；信仰为外衣，则使宗教具有了世俗的种种形态。康德以此来指涉历史与现实中的宗教，认为基督教是最接近他的宗教理念，是具有普遍意义的、合理的宗教。在康德看来，基督教的前身是犹太教，但犹太教并不是一种合理的、带有普遍意义的宗教。它担当不起普遍宗教的重任。因其在总体上不是以伦理规则为核心联结起来的宗教团体，而是一个以政治法则为核心的政治团体。① 具体来讲，有这么三点理由：第一，"所有的命令……都是仅仅与外在的行为相联系"②，而没有直接指向内在良心。第二，犹太教缺乏对未来生活的信仰，缺乏一种终极关怀。③ 第三，犹太教的排他性，犹太教很大成分是建立在一种种族优越感之上，这使它难以成为一种具有普遍意义的宗教。④

犹太教自身虽难以成为一种普遍意义的宗教，但当犹太教与希腊思想相碰撞之后，犹太教被改造，产生了一种全新的宗教——基督教——的时候，作为一种合理的普遍意义的宗教便产生了。基督教能够作为一种普遍意义的宗教就在于：基督教首先是"作为自然宗教而存在的基督教"⑤，是以道德为内核的宗教，"这一宗教拥有了真正教会的首要本质，即称得上普遍性，一旦为人所理解，就将对每个人都有效"⑥。基督教是宣扬道德的必要性和首要性的宗教。基督教的创始人耶稣所倡导的就与理性的纯粹宗教相吻合。康德指出："如果现

---

① Kant, *Religion Within the Limits of Reason Alone*, trans. By T. M. Greene and H. H. Hudson, Harper and Row, 1960, p. 116.
② Ibid..
③ Ibid., p. 117.
④ Ibid..
⑤ Ibid., p. 145.
⑥ Ibid..

在有人要问，在到目前为止整个已知的教会历史中，哪一个时期是最好的？我会毫不顾忌地回答说：是现在。"① 在指出基督教能够胜任为普遍意义的宗教之后，康德指出，基督教虽然客观上内含着作为普遍意义的宗教，但基督教同时也是一种历史中的宗教，是人们凭借对"纯粹理性宗教"的理解在地上建立的一种教会，是一种信仰。就其与历史中的宗教，与现实中的宗教相比，基督教称得上最具有合理性与最具有普遍性的宗教；但如果就基督教毕竟是一种经验的宗教、有形的宗教，与那作为观念的纯粹理性的宗教还有一段距离的话，那么基督教还必须不断改进和完善。为此，康德对基督教加之以充满道德特色的改造，从而使基督教获得普遍宗教的合理性。

四 康德宗教哲学的思维方式

康德在《单纯理性限度内的宗教》的主旨是探讨宗教自身存在的合理性问题，康德对这一问题的思考体现了他固有的思维特色，其展开是通过康德惯用的先验方法，问题的求解则是放在理性框架来思索的。

（一）求解宗教问题的先验方法

阅读过康德宗教作品的人可能会有这么一种感觉，"奇怪，康德何以没有对宗教的起源、发展作一番考证"？在那本在宗教哲学界堪称奇书的《单纯理性限度内的宗教》里头，并没有像休谟等人那样提到宗教产生的历史根源与心理根源。这是康德不想老调重弹，还是另有原因？当我们对此感到疑惑时，可以说，我们还没有注意或理解到康德的先验哲学方法在这里的运用。但当注意并理解了这一点时，疑惑将随之释然。像理解康德的知识论、德性论一样，理解康德的宗教

---

① Kant, *Religion Within the Limits of Reason Alone*, trans. By T. M. Greene and H. H. Hudson, Harper and Row, 1960, p. 122.

哲学也必须把握其先验哲学方法。康德因其先验哲学方法才掀起他自诩的哲学上的"哥白尼式革命",康德认为传统形而上学之所以会由贵为一尊的女王到陷于流离失所的境地,①个中原因之一就是传统形而上学的思维方法——经验符合论的思维方法——只能把哲学导入迷途。康德意在指点哲学迷津,但要指点迷津,就必须寻找新的哲学方法。康德新的哲学方法是来自数学、自然科学的启示,他认为,这种科学之所以成功,关键在于有正确的方法。他自称他的哲学方法是"模拟自然研究者之方法,即在实验所肯定,或否定之中探求纯粹理性之要素"②,是"采用类似于化学的过程,把存在于其中的经验的东西与理性的东西加以区别"③。康德把在这一方法中,把人与研究对象的关系比喻为法官与证人的关系。"理性之受教于自然,非如学生之受教于教师,一切唯垂听教师之所欲言者,乃如受任之法官,强迫证人答复彼自身所构成之问题。"④简而言之,康德哲学方法的一大特色就是把研究对象作为一个当然的事实,然后对此研究对象进行分析、甄别,搁置对象的偶然性因素、经验性因素,以求离析出研究对象中带有普遍性与必然性的因素(康德此一研究方法有一预设,就是存在之中必有合理性因素)。康德这种思维方法也浓缩在他对问题的提出方式之中——"纯粹数学是怎样可能的?纯粹自然科学是怎样可能的?一般的形而上学是怎样可能的?"⑤这种对问题的追问方式,所能逼问出来的是其必然性、普遍性因素(即合理性因素),而舍弃掉偶然性、暂时性因素。缘于这种思维方法,康德对宗教的追问,不像霍布斯、洛克、休谟和费尔巴哈等经验主义者一样去寻求宗教的产生根源,而是对现存的宗教进行追问,似乎是说,"宗教,你为何能够

---

① [德]康德:《纯粹理性批判》,蓝公武译,商务印书馆1960年版,第3页。
② 同上书,第15页脚注。
③ [德]康德:《实践理性批判》,关文运译,商务印书馆1960年版,第178页。
④ [德]康德:《纯粹理性批判》,蓝公武译,商务印书馆1960年版,第13页。
⑤ [德]康德:《未来形而上学导论》,庞景仁译,商务印书馆1978年版,第37页。

存在，请出示你的合理性"。康德先验哲学的求解方法已经预设了宗教存在的合理性。因此，在康德的《单纯理性限度内的宗教》一书中，我们见不到关于宗教的起源和宗教的历史形式的具体描述。即使在说到基督教时，康德也是把它作为普遍意义的宗教的范例去论述的。①这样一来，康德的宗教哲学也就像他的德性论一样，受到黑格尔等哲学家的责难，责其虚有形式，没有内容。但当我们理解了康德特有的哲学方法之后，也就不会勉康德之所难了，从康德的哲学方法出发，康德所能追问出来的也就是宗教的合理性。然宗教的合理性又存在于何处呢？

（二）实践理性框架内的求解

康德对宗教的思考基本上是在理性框架内进行的，这正如他自己所说的，是"对宗教作哲学的考察"②。康德之所以这么做，可以从两方面给他寻找原因：第一，文艺复兴以来，启蒙思想家们都是从"人"的角度，而不是从"神"的角度去思考宗教，③康德承袭了这一传统。由于思想家们对"人之所以为人"的理解各异，他们对宗教的理解与诠释也就不尽相同。比如，斯宾诺莎、洛克、莱布尼茨等人较为看重人的理性（且主要是思辨理性），就着重从人的理性角度解剖宗教。而休谟在看到了人的理性的"虚妄"之时，对理性产生了怀疑，有了对理性"不以为然"的态度，则转从人的"自然感情"去理解人性，也就从"自然感情"的角度去诠释宗教。康德早期是一个"莱布尼茨—伏尔夫主义者"，对理性可以说是一往情深，但休谟对理性的打击，也使他警醒，使他对人性进行反思。反思的结果就是对理性进行改造、扩充。就康德来说，标示人之所以为人的还是人的理性。因理性使人从"单纯动物的野蛮状态过渡到人道状态，从本能的

---

① 李秋零编译：《康德书信百封》，上海人民出版社1992年版，第214页。
② 同上。
③ 吕大吉：《西方宗教学说史》，中国社会科学出版社1994年版，第431页。

摇篮过渡到理性的指导而已；总之一句话，就是从大自然的保护者过渡到自由状态"。①它使人得以"使自己超出于一切被定着的那种范围之外的能力"②，它体现了人之所以为人的创造性与超越性。康德为此对人的理性进行了创造性的改造，把人的理性区分为思辨理性（理论理性）和实践理性，并把理性的本质特征界定在实践理性上，因它最能体现出人的自由创造性与超越性；通过扩充人的理性，康德捍卫了来自休谟的攻击，又把人性中的理性由原来理性主义者狭隘的理性观提高到一个涵盖和超越理论理性的层面，然后，在此基础上去诠释宗教。第二，放在一个比较宽泛的历史中来考察宗教。这可以视为康德对理性与信仰关系的处理。哲学与宗教、理性与信仰一直是西方哲学史上一个永恒的话题。理性与信仰曾一度混合为一（古希腊时期），信仰也曾一统天下，让理性为信仰服务（中世纪）。但随着理性的不断成熟、壮大，理性越来越不满信仰的独断与专横，要求争得理性的独立，以求得与信仰分庭抗礼，这是文艺复兴到康德之前的那个时代的情形。要理解康德的宗教哲学，就要追溯到这么一个时代。文艺复兴时期，早期的人文主义者有一个比较突出的特点，就是在强调理性与信仰的和谐中去强调理性的力量，认为理性是上帝所赐予人类的最为珍贵的礼物，大自然是上帝的杰作。人类要通过认识自然与人去发现与理解上帝的伟大，要好好利用上帝所赐予的力量。这虽美其名曰崇尚上帝的尊严与伟大，实则"项庄舞剑，意在沛公"，在崇尚上帝、信仰的声威中，偷偷地培养着自己的理性力量。而随着理性的不断发展，特别是自然科学所取得的一系列进步，理性与乐观主义精神也成为文艺复兴以来的近代特征。伽利略就对此充满豪言壮语："给我一根足够长的杠杆，我将撬起地球。"理性的壮大也增长了理性的狂妄，

---

① ［德］康德：《历史理性批判文集》，何兆武译，商务印书馆1990年版，第67页。
② 同上书，第62页。

认为理性能够说明一切。理性不仅能够说明自然、社会，且能论辩信仰。原先不可理喻、充满神秘的上帝，在理性看来，已缺失。理性深信它有责任与力量去论辩神。"信仰不应该是盲目的，而应该是负责的。人不应该受到精神上的强制，而应该在理性上深信不疑，这样他才能够作出加以辩解的信仰决定。"① 以为应该把信仰放置在思辨理性的保护之下，这无异把宗教引上绝路。上帝接二连三地受到理性法庭的传唤，人们的信仰随之动摇。休谟的彻底的经验主义的有力一击，更使理性苦心经营的宗教知识基础几近土崩瓦解。信仰此种惨状，并不是康德所能忍受的。在康德的心目中，理性是他所爱，信仰也是他所爱，二者必须得兼；而信仰所不能放弃的，也在于信仰寄托着理性的追求与超越。康德在改造和扩充了理性的前提下，又在实践理性的基础上树立起宗教，实现理性对信仰的统一。

第四节 费希特和谢林

一 费希特

约翰·哥特利布·费希特生于 1762 年，他是母亲婚前怀上的，为此父母为了躲避流言蜚语不得不迁居他乡，母亲也因此遭受非议，这使费希特拥有了敏感的自卑感。

费希特在出生的当天受洗，入了路德教。由于早熟和聪明，他不合群，喜欢孤独地在旷野里思索。他母亲对他毫无关心之意和慈爱之心，使费希特处于严重的情绪压抑之中，导致了他一直在紧张的情绪之下生存。他的最初教育来源于他父亲，以后是一位牧师，但内容大多是宗教性质的。

---

① 转引自张志刚《理性的彷徨》，东方出版社 1997 年版，第 325 页。

在十三岁时他进了普夫尔塔学校的大学预备科，这个乡下孩子在这个完全陌生的世界中，在粗暴的限制和无耻的欺诈环境下备受压抑和摧残，他逃跑了，逃跑路上他做着祈祷。他虽然聪明，但他并不像年轻的谢林那样，人们在他身上找不到天才的征兆，甚至没有任何东西会让人们认为他未来会是一位哲学家。当他离开普夫尔塔时，他的决定是去学习神学。

在大学期间，神学是他的主要兴趣，但是通过研读康德的著作而克服了神学而来的决定论思想，这是费希特的一个具有转换眼界和观念的发现。

如康德一样，他也做过家庭教师，但生计问题一直困扰着他，直到他 26 岁，他还是穷途末路。这时他又同母亲和兄妹发生了激烈的争吵，他们的指责给费希特造成了巨大的心灵创伤，费希特几乎丧失了家庭的温暖感。

在苏黎世期间，他主要交往的对象是牧师，并学会了反思。他对决定论的抛弃，是通过阅读康德，"从读《实践理性批判》开始，我就生活在一个全新的世界之中了"，"对康德的研究使我的思想顿开茅塞"，从而使他投身于哲学，而且是投身于康德的哲学。康德哲学彻底粉碎了费希特思想发展中旧有的来自神学的决定论，从而对费希特产生了强大的影响，这就是唤出了他隐藏的自由意识。他说，在研究人类行动的必然性时，无论推理进行得多么正确，我们还是弄错了。因为我们是从一个错误的原则出发的。现在我完全相信，人们意志是自由的，我们存在的目的不是享有幸福，而是值得享有幸福。

虽然在当时的历史时期关于人的行动的必然性和不自由的理论被人们普遍承认，但康德的另一种声音却让费希特置身于理性自由的崭新世界之中，据此，费希特开始批判他生活于其中的世界了。经过思索，他找到了以后自己的哲学的主范畴——自我。

自我既然源于康德和他自己的思维体验，那么对于费希特来说，意义是非凡的。它具有两方面的内容，其一，个人承认自己是自由的；其二，在道德律法之中，个人被义务标准所制约。这种自我使费希特认定了自己。

费希特在彻底掌握了康德哲学的同时，成了康德的信徒，并着手赶写自己的著作。他说，我感到自身潜存着巨大的力量和冲动，决不应驯顺地做出决定去过那种像一个常人那样消磨自己生命的生活。在此期间他拜访了康德，但听康德的课时却有点失望，后来他把《对一切启示的批判》寄给了康德，这部著作由于起初被人误以为是康德所作，经康德申明，从而使费希特一举成名。

成名以后，他的思想发展的轨迹是：为自己的问题寻求满意的答案。起初在康德那里寻找，后来在莱因霍尔德那里寻找。莱因霍尔德把表象和主客体相区分，又使它们相互联系，这使费希特意识到：意识的原理不可能是哲学的第一原理，这一意识使他陷入思想危机。他已站在思想的前沿，如果想继续前进，只有独自探索了。这种探索就是把表象、主体、客体以另一种方式关联起来。为此，他陷入思考之中，突然由于一个思想而惊喜万分：自我意识捕捉自身、把握自身的活动，很显然就是一种认识，自我认识到自己是由自身所产生的。认识的自我与被认识的自我、认识和认识的对象都是一回事。一切认识都是从统一性这个点出发，而不是从起分解作用的观察出发，这种观察要求拥有时间、空间和范畴。一个知识学的雏形和知识学本身就这样产生了，费希特把那个原初活动命名为自我。

在大学讲课期间，费希特讲授自己的知识学，并获得了成功，他的讲稿汇总便成了他主要的哲学著作。

知识学是一个庞大的体系，它不仅包括哲学，而且还包括伦理学、神学。它们的原初根据都是绝对自我；知识学不仅把自我看作目标，而且也看作是前提条件，因此自由在费希特那里有着特殊的意义，即谁想知道自己是自由的，他就必须拥有自由，"哲学通过把握了它的人的灵魂而充满生气"。

同其他思想精英一样，费希特对法国革命在开初也持支持态度，甚至被人认为是雅各宾派而遭到指控，后来转为反对它的恐怖及其对上帝祭坛的摧毁。在某种含义上，费希特的绝对自我其实是上帝概念的代名词，所以法国革命的继续显然与他的思想不符。

费希特的声誉随着他的知识学体系著作的发表而增长，但因为他"给年轻的大学生所灌输高度先验的理念"和其他对社会的指责，也增长了人们对他的仇恨。在费希特看来，学者应该是自己那个时代道德上最好的人，但这种看法和行为并不能消除人们对他的误解。

此后，费希特卷入了德国旷日持久的无神论争论之中。他的文章使他遭受到"无神论"的指责，这种指责认为他发表了"与基督教，甚至与自然宗教也无法相容的学说，显然是旨在传播无神论"。费希特为了辩护，他以牙还牙，指责他的对手是无神论，并声称自己的言论并未超越神学讨论的范围，因而并不对宗教构成威胁。在他自己看来，由于他把一切包含着有限之物视作不充分，从而把它们与上帝隔离开来，并且宗教的本质不在于崇拜一个想象出来的上帝，而在于履行义务，道德心与宗教绝对是一回事。

费希特确实没有主张无神论，他的观念代表着一种新的上帝概念，它使传统的上帝概念失去了效力，这便是人们指责他的理由。费希特认为：他的对手只在乎他们需要一个上帝旨在为了信仰的人们感性幸福，而毫不考虑道德，因而他们的上帝只是偶像，这个偶像既不能与理性相统一，也不能起源于善良的心灵，所以是有害的。

费希特得到了包括席勒等人的支持和辩护，人们认为对于费希特的"无神论"指责是无根据的，但费希特本人却在这次争执中失败了。一方面由于统治者的残暴；另一方面由于他自身的性格和行为而"一颗星坠落了，另一颗星升起来了"，歌德的话是：前者指费希特，后者为谢林。

由于与康德、谢林等人的关系破裂，使他遭到许多打击，他过上了孤独的生活，他加入了共济会，但由于一次激烈争论，他又退出了。他晚年的思想主要是讨论对无条件的东西的认知与无条件的东西之间的关系，使他认识到：所谓认知就是纯粹的直观，并且认为：一个世界只有通过一个自我意识而存在，这就使他的思想渐渐与宗教相融。

他的墓志铭是《旧约·但以理书》中的一段："导师必将永放光芒，如同上天的光辉。他们为众生指明正义，犹如那永恒不落的星辰。"这段话概括了费希特一生的追求和活动，他所追求的自由和绝对自我终于在宗教的氛围里放置了。

费希特把哲学体系分为独断论与唯心论，并认为经验论归于独断论一类，他自己属于那种主体是唯一的实在，一切事物和知识都由这个主体创造的唯心论。据此，他批判了康德哲学，这种批判分为三个层面，一是他否认"自在之物"的客观存在，认为客体是主观的；二是对康德的"自在之物"对感官的作用予以否定，认为感觉也是主观的；三是主张感觉内容也是先天形式，进而否定康德感性材料的客观性。经过批判，他将康德的经验论成分全面剔除了，只剩下了唯心部分，他把这一部分加以发展，形成了自己的"知识学"。

费希特的知识学，如前所述，来源于他的苦思冥想和突然之念，但说起来比较简单，第一个命题："自我设定自身"，即自我通过反省，认识到它自身建立自己。既然第一原理不能是意识，那必定是一个意识者，这个意识者就是存在于认识之前的知觉者，即绝对的自我。绝对的自我是纯粹的，人应该永远自相一致，而绝不应该自相矛盾。这就是说，纯粹自我绝不会自相矛盾，因为它自身没有任何差异，而永远是同一个东西。所以这个自我与经验自我毫无共同之处。绝对自我通过纯粹直观去认知主体的"自我"存在，即自我设定自身。自我是自明的。

第二个命题：自我设定非我。经过自我设定自我，也就与非我分裂了，可见非我也是由自我建立的。非我即是通常所称的事物和经验一类的东西，它与自我相对立，但又是自我赋予了非我的意义。

第三个命题：自我设定自我与非我。自我与非我的对立是由于自我的活动而形成的，它们最后达到统一，自我与非我统一以后，知识才能产生。

在费希特的知识学里，自我实质上是一种意志、行动或活动，自己寻找对象、空间、排除阻碍，自己发展和回归，所以自我是万能的。从逻辑上看，它颇似基督教的上帝，它的活动过程又像上帝创世说。

从费希特的哲学思想来说，宗教至少产生了以下影响：

第一，他的绝对自我和自我活动与宗教思想是一致的，尽管他在当时被人怀疑是无神论，但实际上却是宗教精神的另一种说法和演绎，所以可以这么说，宗教世界是其思想的蓝本。

第二，绝对自我的循环和统摄力量是费希特哲学的基础，而这一基础是纯粹主观的，可见这种万能的主观是对上帝的一种复活。

第三，自我演绎的直觉作用及人的知识的形成皆源于自我，因此，他的知识学实际上是一种心路历程，这和通向上帝的道路几乎是一样的。

第四，自我既然是万物根基和意义的创造者，那么自我这种东西就是一个大全，一个唯一实在者。而他并不否认上帝存在，因此，自我就和上帝等同，或者包含上帝在内。可见，费希特的哲学主题依然是宗教性质范围内的东西。

总之，费希特的哲学和宗教，至少在精神演绎上是同一的，相辅相成的。

在费希特看来，康德所做的纯粹理性和实践理性的区分是正确的。但他认为，实践理性远比纯粹理性重要，因为实践理性是人的天职,他说:我一全神贯注片刻,注意我自己,"不仅要认识,而且要按认识而行动,这就是我的使命"的声音便在我灵魂深处强烈回想起来。你在这里生存,不是为了对你自己作无聊的冥想,或为了对虔诚感作深刻的思考,——不,你在这里生存,是为了行动,也只有你的行动,才决定你的价值。

人的价值在于行动,但人注定是过社会生活的,他应该过社会生活;如果他与世隔绝,离群索居,他就不是一个完整的、完善的人,而且会自相矛盾。社会是人按照理性而交往和行动的,所以作为一种手段的国家和作为目的的社会是有区别的:国家也和人类的一切典章制度一样,是纯粹的手段,其目的在于毁灭它自身;任何一个政府的目的都是使政府成为多余的。

在对国家的看法上,费希特为了自我的自由活动,显然对国家和政府的生存空间做了巨大挤压,并把它们置于手段的地位,这里有点类似传统的权力形式,从而为精神生活争取某种优越。

费希特转向民族主义后,他认为德意志民族是自由的民族,宗教改革证明了德意志民族有着自由的感情和精神,如果没有它们,就不可能提出宗教改革的主张,更不可能进行宗教改革运动。他认为德意志民族是世界上最优秀的民族,眼下最重要的是复兴民族精神,达到统一的目的。由此可见,他注重精神是一贯的。

到了实践领域,就以信仰为根据,意志也就有了理性的最高自由。他说,在我心里有一个向往绝对的、独立的自我活动的意向。再没有比单纯受他物摆布、为他物效劳、由他物支配的生活更使我难以忍受的了;我要成为某种为我自己,由我自主的东西。人在实践领域,自我能够摆脱他物所累,图腾自己,达到自由而成为自己。成为自己是受一种永恒的无限的意志所驱使,这个意志使一切自我联系起来,因此这个无限的意志也即是无限的、创造的理性。后来他认为这个意志超越于自我,可见,这个意志就是他早期绝对自我中的"精髓",即上帝。

他早年认为神学家对上帝的证实和无神论对上帝不存在的否定,从理论上来说都是不可能被证明的,宗教服从于道德规律而存在,道德的实现又必须依赖上帝的信仰,所以信仰上帝才能实现道德,这一点和康德如出一辙。后来他又提出信仰和道德规律同一,有限的自我和感觉世界之外还存在一种实践信仰的客观,这就有了理性宗教的含义。

费希特认为道德规律是灵魂的呼声和自我的良心,因此道德规律决定了我们的行动。由此,他认为人应该放弃自己而成为宇宙中的一分子,这样一来,在个人的渺小狭隘的自我已被法制消灭的这个地方,每个人爱任何别人,真像爱他自己,他是一个伟大自我的组成部分,这个大我唯独对他的爱感兴趣,而他在这个大我中也不过是一个只能与整体共同分担得失的单纯的组成部分。

可见他的道德思想实际上和宗教并无任何异处,他自己也说:"我的全部完整的使命,我不能了解;我应该成为什么,我将是什么,这超越了我的一切思维能力。这使命的一部分对我自己是遮蔽起来的,只有对一种精神,即这使命所付的精神之父,是可见的。"①

在费希特的一些言论中,他还表达了这么一个意思,即人类所谓的知识都是神的启示,是依神的格式的图画。至此,他的哲学思想也就成了依神的格式演绎而成的图画了。

纵观费希特的生平、哲学和宗教观,他虽和宗教的传统观点有这样那样的相异,但精神本质上,自始至终都是一致的。由此也可以看出宗教对他的影响,即这种影响是决定性的,这便是费希特有点像神学家的原因。

---

① 参见[德]费希特《人的使命》(第三卷:信仰Ⅳ),梁志学、沈真译,商务印书馆1982年版。

近代较优秀的哲学家都和宗教结下了不解之缘，其中最重要的原因，是由于欧洲有着深厚的宗教传统，人的精神家园不能缺少它，它是一种根，一个终点，一种象征，一种精神的依托。费希特深深感受到了这一点，并用自己的言语和理论演绎将它表达出来。

二 谢林

浪漫主义与创造性的启蒙思想不同，它偏重于良心和自然情感，是对启蒙运动的一种反动。德国浪漫主义不仅不崇尚理性，也不喜欢现实，表现为一种单纯的精神批判和精神神秘。

德国浪漫主义与法国浪漫主义的基调有所不同，后者以忧郁为情调，前者则发出一种痛苦和恐怖。正如海涅所说："它是基督的血液滋养而成的一朵西番莲花。……那是一种特别怪色的花，人们看到它的花托上宛如画着把基督钉在十字架时曾用过的刑具，如铁锤、钳子、钉子等等。它是一种完全不使人厌恶而只使人觉得怪异的花。的确，它的外貌甚至在我们内心深处激起一种令人畏惧的快意，就像从痛苦中产生的难以自禁的甜意感一样。从这方面来看，这种花也许最适于作基督教本身的象征，基督教最可怕的诱惑恰恰在于对痛苦产生快意。"[①]

康德哲学经过费希特的批判和发展，到了谢林，便成了一种神秘主义的东西，这种东西被称为谢林式的浪漫主义。

谢林（1775—1854）出生于一个新教家庭。他与费希特早年不同，他天资聪慧，成绩优异，过早地显露了自己的哲学天才。他在形成自己的思想过程中，曾受到费希特的巨大影响，但后来和费希特的关系却时好时坏，时断时连。

他于图宾根大学学习哲学和神学，后来也担任过家庭教师，

---

① ［德］海涅：《论德国》，薛华、海安译，商务印书馆1980年版，第30—31页。

1798—1803 年在耶拿大学任教，并染上了浪漫主义的气息。如同他的先驱者一样，他早期对法国革命表示欢迎，并参与了种植自由之树。他对自由充满信心和渴望，希望在人间建立一个以理性为基础的自由国度，"自由应该是必然，必然应该是自由"是他的信念，但他不把自由等同于放任自流。

他认为自由是人所赐予的，法国革命是人的革命，人的革命的本质在于实现人的本质，即使人取得自由，使人得到身心解放，以摆脱物质世界的痛苦和恐怖。由于法国革命所执行的新的恐怖和侵略，谢林转而对它进行批判，经过批判，他对革命的希望和热情也就消失了。

随着这种转变，谢林一步步滑入浪漫主义的哲学怀抱。

德国的浪漫主义和神秘主义一脉相承。早期的艾克哈特就带有这种强烈的倾向，因此这种浪漫主义可以上溯到 17 世纪和 18 世纪的虔信教派。由于启蒙运动导致了法国革命，谢林等人反对法国革命，自然也就反对启蒙运动。加上法国对德意志的占领，使德国浪漫主义成了反抗和批判法国革命的精神，并表现出强烈的保守主义和民族主义的倾向。

德国浪漫主义具有如下特点：第一，形式主义。它没有多少思想内容，尤其缺乏现实性，是一种纯思想形式的东西。第二，心理主义。它以一种对不能达到、已经丧失、无可回归的梦幻般的意欲和象征作为主题，并倾注渴望之情。第三，悲观主义。浪漫主义对工业革命、科学革命和社会革命所带来的后果进行反抗，并导致对未来缺乏信心，只能在幻想、黑夜和幽秘之中寻求解脱。第四，崇尚非理性。启蒙思想高举理性的大旗，它则认为这种思维是肤浅的，人实际上是矛盾的、复杂的。对一个透彻理解他的艺术性质的诗人来说，没有任何东西不是矛盾的、奇异的。他能用幻想的魔法把所有的时代、所有的世界联系在一起。奇迹消失了，同时每件东西又把它本身变成了奇迹。这种非理性的创造能力与启蒙思想正好相反。第五，内省和主观主义。内心体验和直观是它的所有活动的基础和源泉。因此在其思想之中不可避免地以纯粹的主观主义而出现。第六，极端个人主义和社会整体主义。在思想上推崇绝对的、纯形式的自我，但又认为这种自我是有限的，所以作为有限人的社会应该是大我、整体的我。

谢林的思想既然直接和浪漫主义关联，属于庞杂的浪漫主义的一分子，那么很自然带上了这些特征。

自从谢林离开耶拿大学并与费希特发生争执以后，他的思想由同一哲学向宗教方向积极推进，最后便成了天启哲学了。

蒂森指出，对于康德以后的大哲学家来说，不涉及其体系就阐述其思辨的历史哲学的困难性在谢林那里尤其突出，这是因为他不像费希特和黑格尔那样在相对与其体系分离的、差不多可使人普遍理解的讲演中讲述其历史哲学，而是在其1800年的《先验唯心主义体系》中推导出来的。

这一先验唯心主义体系即是同一哲学，它分为自然哲学和先验哲学两个部分。

在自然哲学中，谢林不同意费希特把自然界当作自我设立的对立面而必然超越的东西，他认为自然界有生命、精神、目的，受一种精神所指导，即"宇宙精神"，他说："我们知识中所有单纯客观的东西的总体，我们可以称之为自然；反之，所有主观的东西的总体则叫做自我或理智。"[1] "一切自然科学的必然趋势就是从自然出发达到理智的东西。"[2]

宇宙精神经过一系列的由不自觉、无意识的发展到自觉的意识状态的经历是矛盾的，所以站在宇宙精神的角度，"自然与我们在自身

---

[1] ［德］谢林：《先验唯心论体系》，梁志学、石泉译，商务印书馆1977年版，第6页。
[2] 同上书，第7页。

内所认作理智和意识的那个东西原来是一回事",即物质和精神同一,物质世界也就是精神世界,为此,"完整的自然理论应是整个自然借以把自己熔化为一种理智的理论"①。用理智融化自然,使自然消失。

由宇宙精神的"自乘"性发展,就产生了主客体的分离,这种分离转化为矛盾,要克服这种矛盾,达到同一,这种精神还必须发展到"绝对的自我意识",这便是先验哲学的内容了。

由自然哲学发展而来的先验哲学把主观的东西作为第一位的和绝对的东西,从它出发,并使客观的东西从它产生出来,因此,先验哲学和自然哲学一样,是哲学的另一门必不可少的基本科学。

"我们由此出发的自我意识,是唯一的绝对活动,……所有其他一般地为自我而确立的东西也都是由这一活动确立起来的"②,这种活动由对立面的矛盾推动自我意识的发展,最后达到同一,所以"对立在每一时刻都重新产生,又在每一时刻被消除。对立在每一时刻这样一再产生又一再消除,必定是一切运动的最终根据"③。

谢林这种一切以自我意识及其纯粹活动为基础的不断分裂又不断同一的运动,是由否定之否定的大小三环成套构制的,按他的话来说,这是客观的规律。意识的自我发展由原始感觉、经创造性的直觉,再就是绝对意志的活动,"理智只有以意志活动为中介,才会自己成为自己的对象"④。

在绝对意志活动阶段,谢林转入了实践领域,这个领域不是必然地,而是自由地在我们心中产生的那些意象,能够从思想世界过渡到现实世界,并取得客观现实性。实践活动就是自我不断地谋求理想和现实的同一,它体现于人类历史之中,所以人类历史便是一个永恒发

---

① [德] 谢林:《先验唯心论体系》,梁志学、石泉译,商务印书馆1977年版,第6页。
② 同上书,第53页。
③ 同上书,第148页。
④ 同上书,第189页。

展的历史。

在实践阶段，包括了道德、国家和历史三个环节。道德和康德的思想是一致的，自我通过道德，把自己变成了一个自我的客体；要达到道德目的，就必须要有法制和国度，由法制而来的国家也是有规律的，因此可以称为"第二自然"；国家的不断发展便构成了历史，谢林认为整体历史过程就是绝对的不断启示，以逐渐显露绝对自身。但他又与费希特不同，他认为精神哲学的归宿不是伦理，而是美学，是对美的沉思，只有艺术天才才能表现绝对，达到对现实的超越，这就和德国浪漫主义合拢了。

谢林的同一哲学继承和发展了康德与费希特的唯心倾向。他认为自然及其物质，人及其心灵都是绝对的产物，绝对则是物我纯粹的、无矛盾的同一，即太一、无异差、绝对的同一，是无限的实在，是宇宙本身。

绝对同一由实在的系列和观念的系列所构成。前者为自然哲学的对象，后者为先验哲学的对象，主客体从抽象的同一经过矛盾又复归于抽象的同一，这种过程以绝对自我为动力、源泉，由绝对同一所制造，也即是万能的，所以也即是传统含义上的上帝角色。

根据上述，我们可以得到谢林的同一哲学和宗教的关系：

第一，它和传统宗教有一定的矛盾。传统宗教崇尚静态，它着重于发展；传统宗教倚重上帝这一实在，而它着眼于意志活动，因此精神性是它的首先特征。

第二，它与传统宗教大致关联和一致。虽然它崇尚精神的演绎，但这种演绎和传统宗教的思想大同小异。他虽然承认自然界的规律性，但这种规律却来自宇宙精神，也即是精神规律，可见，它把世界当作精神统一的结构。

第三，它和传统宗教的归宿是同一的。如同他的同一哲学一样，它和传统宗教有过差异，但经过自我的演绎，最终同一了。

由此，我们可以得到宗教对他的哲学思想的影响：

首先，他的哲学主题源于宗教。绝对的同一只是上帝的另一种说法而已，这种说法旨在突出精神性的一面。

其次，他的思维形式和宗教一脉相承。可以这么说，这种思维形式其实就是上帝思维世界的方式。在上帝的思维里，一切都由它产生、驱使和创造，一切都以它的逻辑而存在和发展，他的绝对也是如此。

再次，他的思想结构是宗教世界图式的翻版，他只具体化出了大小三环，但这些环都是由宇宙精神、同一的自我而来的，这与宗教视界中的次序和结构并无任何异处；相反，他在有条不紊地安放它们的位置，复制一幅精神图画和精神等级结构。

最后，他的整个哲学思想弥漫着一种宗教气氛，或说，宗教气氛完整地包裹了他的哲学思想。除此之外，便没有其他气氛的空间。他同他的先驱者一样，早年都是在宗教的环境中长大的，后来又效力于神学，因此，宗教的影响并非只停留在模仿的层面，而是浸透于他的心灵，使他的作品带来深刻的宗教气质和精神品德。

我们从谢林的哲学，甚至在他早期的同一哲学那里，可以看到它和宗教的心灵相通的关系。

谢林晚年提出的"天启哲学"是他早期的同一哲学的必然发展。由于同一哲学是"清一色的形式主义的哲学"，并使绝对成为一个空洞的概念，晚年的谢林感到了这一点，为了使绝对具有内容，谢林干脆将绝对称为上帝。在与黑格尔的争论中，他一方面指责黑格尔剽窃了他的思想，又说这种剽窃是形式主义的剽窃，他认为黑格尔哲学理性味太浓，是消极的哲学，而消极的哲学是不能解释现实世界的，积极的哲学应该发现现实的最后原则，这种哲学不单纯从观念的上帝出发，而是从存在的上帝出发。他的"天启哲学"便是这么一种积极哲学，即诉诸意志，而非理性，神的存在必须要以这么一种意志信仰为基础,从而形成一种人格的上帝的宗教,真正的一神教。

在谢林看来,一切存在物都是人格神的启示,他的天启哲学就是基督教哲学。

谢林虽然贬抑他所谓的消极哲学,但他同时又认为,消极哲学也是有存在价值的,它可以服务于积极的哲学,为积极的哲学作论证,他的这种观点实质上将神学置于哲学之上了。

谢林还将神话宗教提了出来,他认为神话宗教是宗教发展的一个阶段,但它是盲目的,不自由的,而启示宗教却是神的自由的表现。他借助基督教言语,把绝对称作上帝,而人又通过自己的历史,不断地做出上帝存在的证明,而这种证明也只能由全部历史来完成。这样一来,谢林的哲学就和目的论、宿命论和天意一类的东西等同了。

在这种思想体系的深处,除了包涵发展含义以外,几乎是一种神学,再无哲学,即理性意义上的哲学成分可言了。

谢林的哲学由此经历早期的与宗教稍有差异的同一哲学,发展到最后,终于倒向了神学。虽然从原因方面来说是多重的,但关键还在于他根深蒂固的宗教情结,这种情结决定了他的思想之路只能沿着宗教的轨迹走到宗教的怀抱。

从哲学史看来,谢林的思想除了作为康德和黑格尔两种哲学之间的桥梁,作为德国古典哲学中的一环之外,几乎没有其他价值可言;但就神秘主义,以及和宗教汇合的一面,他的思想表现得比任何其他哲学家都要彻底。

我们可以看到,谢林思想的全部宗教化并非什么偶然,而根源于他的宗教观和由宗教演绎出来的精神。这种精神一直左右着他的思想,以至他所推崇的自由也都具有神性。

第五节　黑格尔

黑格尔（1770—1831）生于一个市民家庭，1788年入图宾根神学院学习神学和哲学，在此之时，谢林也在当地学习。黑格尔毕业后做了几年家庭教师，后来成为耶拿大学讲师，直到1805年，他还是谢林哲学的追随者，所以早期的黑格尔没有什么辉煌的经历，有点大器晚成。

黑格尔说过，那在时间上最晚出现的哲学体系，乃是前此一切体系的成果，因而必定包括前此各体系的原则在内；所以一个真正名副其实的哲学体系，必定是最渊博、最丰富和最具体的哲学体系。的确，黑格尔继承了自康德以来的所有哲学成果。

青年时代的黑格尔对各种知识都有着广泛的兴趣，并受到卢梭、伏尔泰等人的启蒙思想的巨大影响。他推崇理性和人权，认为上帝只不过是人按照他们自己所知道的主人模样造成的，所以理性的人不会视幸福为神赐。可见青年黑格尔的思想具有启蒙思想的性质。

法国革命的爆发使黑格尔欢欣鼓舞，他成为宣传自由、平等原则的积极分子，并奋笔直书自由万岁、卢梭万岁、打倒暴君。直到晚年，黑格尔还一如既往地颂扬法国革命的理想，他写到，自从太阳站在天空，星辰围绕着它，大家从来没有看见，人类把自己放在他的头脑、放在他的"思想"上面，而且依照思想，建筑现实。但是直到现在，人类才进而认识到这个原则，知道"思想"应该统治精神的现实。所以这是一个光辉灿烂的黎明。一切有思想的存在，都分享到了这个新纪元的欢欣。一种性质崇高的情绪激动着当时的人心；一种精神的热忱震撼着整个世界，仿佛"神圣的东西"和"世界"的调和现实在首次完成了。

随着法国革命执行恐怖政策，黑格尔对法国革命的热情锐减，以致动摇了信念，但对法国革命的理想仍始终不渝地相信。在他看来，人类自身像这样地被尊重就是时代的最好标志，它证明压迫者和人间上帝们头上的灵光消失了。哲学家们论证了这种尊严，人们学会感到这种尊严，并且把他们被践踏的权利夺回来，不是去祈求，而是把它牢牢地夺到自己手里。

此时，他在一些著作中将宗教分为古希腊罗马时期的民众宗教和实证的基督教。他主张民众宗教，因为民众宗教和人的政治自由紧密相连。因此，他批判了宗教神学，他还明确地感到：宗教和政治是一丘之貉，宗教所教导的就是专制主义所向往的。这就是，蔑视人类，不让人类改善自己的处境，不让它凭自己的力量完成其自身。他认为，只要正统教义的功能还是和尘世的利益紧密相连的，还是交织在国家整体之中的，那么它就不可动摇。这利益还很密切，还不能很快被废除，尽管人民自身并不完全明确地意识到这一点，但它还在起作用。

在这基础上，他无情地批判了封建制度，指出"我们必须超出国家"，对国家予以否定。此后，他的思想悄然变化，他虽然贬抑国家的作用，但采取和平改良。

由于"德意志已不再是一个国家"，所以他强调实现德意志民族的统一和民族的独立，并主张用宪法来制约君王权力，以保障公民的平等权利。但他把这种希望寄托在类似拿破仑的伟大人物或是开明君主身上。

他和谢林曾有过一段深交，可谓志同道合。但这时的黑格尔并不因为年长谢林而为主导，相反，他只是谢林的合作者和辩护人。当黑格尔思想成型以后，他和谢林的分歧愈来愈大，两位哲人最后分道扬镳并开始了无休止的相互指责。在此之前，黑格尔曾写信给谢林说，"我不能满足于人类低级需要的科学教育，我必须攀登科学的高峰。

我必须把青年时代的理想转变为反思形式,也就是化为一个体系"①。这个体系在《精神现象学》中初步表现出来了,但由于书中指出了谢林哲学的形式主义弊端,从而导致了二人的决裂。

虽然拿破仑侵略了德国,但由于拿破仑执行了资产阶级性质的民主改革,宣告了"神圣罗马帝国"的终结,所以黑格尔热烈地崇拜拿破仑。在他看来,拿破仑是德国资产阶级的创造者,他希望借拿破仑之手彻底摧毁封建主义,由此他把拿破仑誉作马上的世界精神。

拿破仑的失败导致了封建主义的全面复辟,这种复辟尤以德国为甚。黑格尔的思想也由此而日渐趋向保守,这是社会变化的结果。如他所言:"就个人来说,每个人都是他那时代的产儿。哲学也是这样,它是被把握在思想中的它的时代。妄想一种哲学可以超出它那个时代,这与妄想个人可以跳出他的时代,跳出罗陀斯岛,是同样愚蠢的。"①

到了1816年,他公开承认了普鲁士国家的合理性,并确定了历史必然性的观念。

晚年的黑格尔思想虽然保守和落后,但他同情当时的革命者,并没有让政府借自己的威望来平定人心。

德国古典哲学家都是一些教书匠,他们是"一些教授、是一些由国家任命的青年的导师;他们的著作是公认的教科书"。所谓"合理的就是现实的,现实的就是合理的",每个人都是时代的产儿,用在他们身上是再也合适不过的了。

从康德开始的德国古典哲学到黑格尔,可以说是发展的必然。

黑格尔善于抓住哲学的关键问题,他指出:现时哲学观点的主要兴趣,均在于说明思想与客观对立的性质和效用,而且关于真理的问

---

① [德]黑格尔:《法哲学原理》序。转引自北京大学哲学系外国哲学史教研室编译《西方哲学原著选读》(下卷),商务印书馆1986年版,第442页。

题,以及关于认识真理是否可能的问题,也都围绕思想与客观的对立问题而旋转。他说,思维与存在的对立是哲学的起点,这个起点构成哲学的全部意义。所以在思维与存在同一性问题上,他一方面继承了先驱者的基本思路;另一方面又给予了批判性的发展,从而形成了"绝对精神"或"绝对观念"这一基本概念,这个概念也是多个思想组合而来的。

在黑格尔的思想中,如他自己所说的,包容了前此众人的思想成分,并以网络和圆圈安置在自己的体系里,使他的思想体系成为一个空前庞杂的包容体。从这一点可以看出,黑格尔的精神视界颇似上帝,是容万象于一身。

如前所述,青年黑格尔受法国革命的熏染,并受到启蒙运动思想的影响,这时他是资产阶级理性主义者和人道主义者,用道德、理性、自由和人性去批判封建教会。这种宗教批判带有强烈的政治批判色彩和社会改造的目的。但到法兰克福时期,由于法国革命在1794年达到最高点后就开始走下坡路,法国大革命的退潮使黑格尔由原来的激进变得调和,此外黑格尔在这一时期还清醒地意识到法国革命给德意志民族带来的是更加分崩离析,社会矛盾尖锐。黑格尔的民族主义意识受到激发,于是斗争性转为和解,追求理想转变为对宗教情感的执着,批判旧时代的意识形态转变为对其包含的现实合理性的论证,企图提高普鲁士专制政府的威信,为德意志民族建立一个统一的国家。黑格尔哲学一度成为普鲁士国家的官方哲学。但他毕竟是个资产阶级的思想家,他的保守与妥协之中不可避免地蕴含着对封建主义的反叛,他的哲学力图论证上帝的存在及伟大,自觉地把宗教当作哲学的重要内容。但他的辩证理性的宗教观比以往更激烈地批判了封建宗教,而且为后人开辟了批判的道路。

黑格尔哲学体系非常庞大,涉及自然科学、社会科学的各个领域,但他哲学体系的基础是逻辑学。黑格尔说逻辑学是一切科学的灵魂，逻辑学是自然哲学和精神哲学中富有生气的灵魂。其余部门的哲学兴趣，都只在于认识在自然和精神形态中的逻辑形式，而且自然或精神的形态只是纯粹思维形式的特殊表现。黑格尔的逻辑学揭示了绝对理念怎样按辩证法由抽象到具体向前发展。绝对理念是黑格尔哲学的基本概念，黑格尔认为世界上的一切事物都只是绝对精神的发展或异化，它是能动地创造万物的主体，实际上也就是上帝。但是这个上帝来源于人的自我意识。黑格尔把人看作一个纯粹的精神性实体，即所谓"自我意识"，认为人的本质就是自由。他把自我意识客观化为万物的实体，即绝对理念。可见创造万物的实质上是人的理念，黑格尔继承并进一步发挥了德国古典哲学中的人本主义精神，通过膨胀人的精神能动性，提高了人的地位，具有深刻的反封建意义。此外，就绝对理念的具体精神来说，他在很多地方反复说明绝对理念的本质就是自由。在历史哲学中把绝对理念叫作所谓"自由意识"，认为法国大革命就是理念的产物。

黑格尔认为，绝对理念能够实现自己。他说，哲学要我们养成这种识见，就是知道所谓"现实世界须如它应该的那样"，还有所谓"真正的善"——"普遍神圣的理性"，不是一个单纯的抽象观念，而是一个强有力的，能够实现它自己的原则。表面上看，他在讲上帝创造世界的力量，绝对理念是历史的主宰。实际上，在黑格尔看来，法国大革命是"自由意识"发展链条上的一次大飞跃，拿破仑是世界精神在当代的象征，黑格尔的哲学证明了"自由意识"也必将在德国得到实现。黑格尔的思想反映了19世纪初刚形成的德国资产阶级实现自己阶级要求的愿望。

黑格尔认为，绝对理念以辩证的方式实现自己。辩证的含义指，由"绝对理念"派生出来的各个具体事物，都是受一定条件限制的"有限事物"，它们只是"绝对理念"发展过程中的各个环节或阶段，任何一个具体事物都由于其内在的思维和存在的矛盾而运动、变化和发展，并最后归于灭亡，为另一个更符合理念的具体事物所取代。一切有限事物自在地都具有一种不真实性，因为凡物莫不有其概念，有其存在，而其存在总不能与概念相符合，因此，所有有限事物皆必不免于毁灭，而其概念与存在间的不符合，都由此表现出来。黑格尔在此赋予理念（概念）以绝对的神圣的意义，把它当成事物最终的目的。绝对理念既是支配世界的力量，又是世界的目的，这就是上帝的性质。只有上帝是永恒不朽的，而世界万物都是有限的，有生有灭的。但是黑格尔并没有完全否定有限事物，而是通过辩证法为每一个有限事物提供了必然存在的理由。

黑格尔的宗教观是辩证理性主义的。他认为哲学只有成为真正的知识才能成为真正的哲学，因此黑格尔从科学和知识的立场解释了哲学中的神圣事物，把它们理性化，用理性的哲学观点改造了基督教教义。与康德对传统神学的批判不同，康德批判传统神学的目的在于驳倒传统基督教，批判哲学的蒙昧与无能，而黑格尔在于维护基督教的继续存在与发展。他使基督教重新建立在理性的基础上，为基督教的存在和合理性提供了理性的保障，树立了哲学信仰的权威。但正因为理性是思辨的，黑格尔虽然将基督教扮演为绝对宗教，却并不是绝对精神自我认识的最后完成。宗教意识只是绝对精神自我认识的一种形式、一个阶段，绝对精神虽然在绝对宗教里体现了它的真实形态。但这个形态是以感性表象的形式体现出来的，绝对精神必须继续前进，过渡到概念，清除对象性的感性形式，而用概念来把握绝对精神的就是哲学，因此宗教的发展是哲学，哲学属于宗教。黑格尔用自己特有的理论形式曲折地表达了近代理性主义启蒙思潮的要求。此外，黑格尔把宗教哲学化、理性化，他就不得不从宗教中排除许多神秘主义的东西，抛弃纯粹的教义学，把宗教教条变为哲学的象征，这一点被青年黑格尔派继承，最终发展成为无神论。黑格尔把宗教纳入一个从低级到高级的历史发展的过程之中，而且把这个过程描述为绝对精神逐步人化的过程，描述为人关于绝对之物的意识逐步转化为自由的自我意识的过程，黑格尔坚持了资产阶级人本主义的传统，青年黑格尔派正是挖掘了黑格尔学说中的这种进步因素，而把当时德国的社会意识推向彻底世俗化的道路。

就黑格尔的哲学和宗教关系而言，黑格尔哲学显然和宗教有着同日而语的倾向。理性的可能性和神秘性颇似上帝的性质。

在其庞杂的体系中，宗教总有一个位置，并且这个位置是显赫的，绝对精神的最初和最高层面，都有赖于上帝性质的支持。

作为一种哲学形式，黑格尔对宗教的依托性只是在理性的强化下有所掩盖和减弱。

在黑格尔的思辨理性的具体统一的哲学中，思维以知性反思和神秘直观作为中介并包含于自身，通过概念自身运动和自我认识来扬弃二者的抽象对立，因而较之于以前的哲学，在黑格尔看来，是绝对真理，由于它以扬弃方式包含了一切前此的哲学成果，所以这个具体的理念是差不多二千五百年来精神的劳动的成果——它是精神为了使自己客观化、为了认识自己而作的最严肃认识的劳动的成果，因而是最后的哲学，这个最后哲学把以往哲学当作它的环节，把一切思想当作思想的发展阶段的必然表现，这已经把自己的思想体系当成了哲学上的《圣经》了。

绝对的、最终的真理既然为黑格尔所找到和把握，哲学到了最后，那么后人也只有诠释了，他由此也就有了思想总结者而来的思想终结者的心理，这种心理的霸道恰恰是独断论的。它包含着深沉的宗教气质，所以黑格尔的全能式的思想充斥着精神至上的神圣性，绝对精神的演绎为此而带上了神秘的光环。

19世纪三四十年代的"理论的德国"，"有实践意义的首先是两种东西：宗教和政治"。康德以后的费希特、谢林和黑格尔都把宗教问题作为自身思想的开端，他们首先是对宗教进行了某种含义的批判，后来逐渐向宗教靠拢，以致最后自称为宗教的神学，所以从本质而言，它们都是宗教，哲学和宗教的关系有如人和影的关系，哪里有思想，哪里就充满着神学的味道。

宗教问题不仅成为黑格尔哲学的起点、中介，最后还是他整个思想的目的。

早年的黑格尔对待宗教和宗教批判是矛盾的，这种矛盾表现在理智的作用能力到底有多大上，在他看来，宗教不仅只是历史性的或者理性化的知识，而且是一种令我们的心灵感兴趣，并深深地影响我们的情感和决定我们意志的东西，人在自身的本性和命运里认识和看见上帝，所以宗教乃是心情的事情。为此他主张民众宗教，诚然这种宗教不是时下流行的基督教。他说，当他说到宗教时，他总是完全从其中把关于神的一切科学的知识，或者毋宁说形而上学的知识、人与神以及全世界与神的关系等的知识都抽掉了。这种仅仅为抽象论证的理智所从事寻求的知识，是神学，而不复是宗教。宗教存在于充实深情的信仰中，所以宗教不是凭理智取胜，而是靠激情以使人的道德崇拜而占领人的心灵。

黑格尔哲学中弥漫着一种深沉的古希腊哲学的情感，他曾说只要一提到希腊这个名字，他便会激动不已，产生一种家园之感。他所主张的民众宗教正是由于对古希腊自由信仰的宗教的推崇而提出的，他说，如果说希腊的酒神侍女们的幻想曾醉到发狂的程度，以为看到了神明本身的现身，并爆发很多粗犷至极的、神魂颠倒的狂欢，那也应当说这是一种快乐的狂热热情，欢呼的热情，一种马上又返归正常生活的热情。但是那些宗教幻想的滥施却是极凄苦的、极可怕的绝望的发作，这种绝望情结会使它能彻底解体，而且每每不可救药。只有在幻想和热情的民众宗教，而非抽象的基督教之中，人才能达到与神性同一的境界。

由此可见，他较进步的早期思想也是在宗教的看护下形成的，没有超出宗教的视界。

由原来排斥理性，发展到推崇理性，黑格尔一方面受康德影响，另一方面受自己反思的影响。他认为理性是上帝赋予人的"神圣的火花"，它表现为永恒的道德律令，是人的尊严的内在依托，他说，那打破一切限制的纯粹理性就是上帝本身。因此世界的规划一般讲来是按照理性制定的。理性的功能在于使人认识他的生活的使命和无条件的目的。理性的修养是达到真理和宁静的唯一源泉。这种观点实际上是康德的声音。但是，黑格尔由主张情感性的民众宗教到理性宗教，思想上却是一次重大转变，只是他的思想还处于摇摆之中。

在批判实证宗教——基督教的过程中，他逐渐摆脱了康德影响，从而提出了用爱和生命来超越道德，这便使康德的道德律令不再是最后目的了。他说，爱为想象力加以实体化，就是神，神在客观方面，它的形态只有在这样的范围内才是客观的，即它只是把社团联合起来的爱的表现，只是那个爱的纯粹的对立面，除了在爱本身之内的东西不包含任何东西。信仰神只有在这样条件下才可能，即信仰者本人也有神性。所以对神的信仰是根源于自己本性的神性。只有神的一个变形能够认识神性，这显然是一种神秘主义了。

形成了自身体系思想的黑格尔已经认为真理的存在要素只在概念之中了，他说，我们这个时代是一个新时期的降生和过渡的时代。人的精神已经跟他旧日的生活与观念世界决裂，正使旧日的一切葬入于过去而着手进行他的自我改造。事实上，精神从来没有停止不动，它永远是在前进运动着，因此，新精神的开端乃是各种文化形式的一个彻底变革的产物，乃是走完各种错综复杂的道路并做出各种艰苦的奋斗努力而后取得的代价。这个开端乃是在继承了过去并扩展了自己以后重返自身的全体，乃是对全体所形成的单纯概念。

单纯概念首先是实体和主体的统一体，它以圆圈作为运动的轨，并以此形成世界万象和精神世界。他吸收了谢林的思维方式和思想逻辑，但他认为个别精神总要回归到宗教那里，宗教是它们的根据，这又以谢林无差别的同一有所区别。

可见，黑格尔的绝对精神演绎而成的思想体系，实际上是一种宗教哲学。

从黑格尔的宗教观中，我们可以得出，宗教是其思想的一个有机部分，而且还是一个核心部分，他从自身的体系出发，认为基督教只是认识上帝的低级阶段，而哲学才是高级阶段，这样一来，他便用理性改造基督教，形成一种理性宗教。

这种理性宗教和谢林的神秘主义有所区别，它还包括人本主义的一些因素，如他批判谢林的干瘪的形式主义所道明的，它还有一些现实的、时代的气息。

第六节　德国古典哲学的特征

德国古典哲学诞生于18世纪下半叶到19世纪上半期，此时的德意志叫作"神圣罗马帝国"。这是一个古老得有些混乱成分的帝国。它由众多彼此独立的小邦所组成，这些小邦各有自己的政治空间，使皇帝和联邦议会有名无实，起不到任何统一的作用，只不过是一种国家的象征而已。

当时的德国在经济和社会前进步伐上，不仅远远落后于资本主义的英国，连日渐走下坡路的法国也大大不如。

法国革命的爆发使优秀的德国思想家看到了某种希望而群情欢呼，但是法国革命随后的恐怖，对宗教的摧毁，对文化的冲击，又使他们惧怕革命而转向求其次，即寻求改良。

1792年，法国占领德国，拿破仑以专制的手段既为了自己，实质上也为了德国而在德国建立了类似资本主义性质的一些政权，此时，德国也进行了一系列的改革，使德国逐渐摆脱落后和分裂的状态，逐步向统一迈进。

拿破仑的失败导致了全欧洲的封建和宗教的复辟，但由于德国在工业上的发展、思想上的自由解放，这种复辟再也不能回复到以往状态，只是起到了延缓德国资本主义发展的作用。

自然科学的全面发展必然导致思想的整体改观，这表现在世界整体观念、人与自然统一观念的形成上，这些必然有助于人们克服思想上片面、机械的缺点，从而进入统一认识、重塑世界结构的阶段。

认识论问题是近代以来，尤其是英国经验论的核心问题，这给德国古典哲学以深刻的影响，即解决主观与客观的结合问题、认识的合法性问题、世界的统一问题成了他们的课题；从理论上讲，还要解决大陆唯理论与英国经验论的汇合问题；面对启蒙运动和德国此时的歌德、席勒等人的思想，又必须包括一些启蒙运动倡导的人类理想。这众多的任务就促使他们寻求精神的大容量空间，以便把它们一一安置并获得一定的地位和合法性。

自洛克以来，一直弥漫着一种批判的精神，这种批判或是以理性的常态，或是以理性的激情，或是以理性的反思为武器，在理性的天平上，对神学之中的论证、谬误、结构，甚至是宗教赖以存在的神迹和《圣经》本身，进行了全方位的批判、省察和考究。面对这种传统，德国古典哲学思想家由于自身的原因而与前驱者不同，当他们以冷峻的理性为武器，以严密的思辨为逻辑进行思考，他们就不可开辟出一个大全的思想空间，而只能取宗教的躯壳作为思想的身体，从而超越不了宗教。他们的先驱者，如英国经验论者、卢梭等人基本上在宗教以外确立了人的生存空间，而德国古典哲学却重新把这一空间归入宗教视界的一个阶段和环节。

德国古典哲学大家基本上没有过现实的积极行动，他们离政治很远，离现实更远，他们只是一些教授，抽象思辨也就当然地成为他们唯一的领域和空间。

自古以来，大全的思想都把自身的思想当作世界本身，亚里士多德是如此，基督教哲学也是如此，德国古典哲学自然也就不在例外了。大全的思想总是设法包罗世界万象，寻求世界内在而又神秘的发展轨迹，这就必然导致思辨的倾向。如果从感性、情感等角度，是无法求得大全思想的。

我们可以把这种由大全思想而来的体系看作是令人惊奇的丰富思想，但另一方面，它也是一种思想的主观夸大的错误，由这种错误，我们又可以得到：这种体系本身又是一个囚笼、一种贫乏的形式，它们虽然崇尚心灵和自我，却令人丧失想象力和生活的激情。

费尔巴哈做了某种程度的人本主义的回归，但这种回归也是思辨形式的。

身心分裂是思辨哲学的最大缺憾。这一分裂使世界抽象、人抽象，现实的触觉丧失。黑格尔虽说人是时代的产儿，但由于这一分裂，使时代的产儿也显示出多样性。英国经验论是时代鲜活的产物，大陆唯理论是时代组合的产儿，启蒙思想是时代困境的产儿，而德国古典哲学却是时代抽象的产儿。远离政治和现实不可能活泼地体现时代精神，他们只能在黑暗和阴晦之中加以体现；他们反对启蒙运动，实质上就是反对思想的现实性和流动性一面，这就使他们的思想表现出保守性和落后性、回归性，从而呈现出某种反时代性。

可见，宗教的投入和对宗教的信念不可避免地成为他们的思想影子，成为他们思想的核心和运动轨迹。

当时的德国还在宗教的强烈影响和主宰之下，宗教改革而来的各项成果都在德国云集和收成，新老宗教交互影响并形成一个差异性的宗教世界，这个世界的组成部分各有信徒和精神辐射，从而使德意志成为一个宗教王国，连国名都弥漫着浓烈的宗教味。在某种意义上，人们追求德国的统一就有追求思想统一的嫌疑，并且按照习惯的逻辑，国家统一的先决条件就是思想统一。哲学家们在这种宗教气氛中，使他们的统一思想的工作具有了宗教性，即统一信仰。

莱布尼茨—沃尔夫体系虽然为德国古典哲学大家很少提及其影响，但就他们的思想看来，它却起到了实质性的作用，而其他所谓的影响只不过是表面的、零件式的、新奇的东西，至少这个体系的目的论被他们牢牢固定于他们的思想之中了。

就他们的思想组合来说，真正意义上的哲学部分是有限的、阶段性的过渡环节，最后重要的、无限的、终极性的东西要么是伦理，要么干脆是宗教和上帝。可见，他们的思想打上了宗教哲学的烙印。

我们很容易由于哲学的后续发展和发展而来的现实成果而抬高前驱哲学，也很容易由此而看到这种哲学的优秀——确切地说——进步的一面，但从思想本身来考察，这种抬高和优秀的结论都是事实判断，而非理论意义上的结论。

德国本身的启蒙运动和稍后的浪漫主义无疑对德国古典哲学产生了影响。

康德拥有启蒙思想的气质，而谢林则打上了浪漫主义，尤其是德国浪漫主义的烙印，此前的费希特承继了康德，他之后的黑格尔则拥有了他的神秘性。

法国革命注定是德国古典哲学摆不脱的事件，从成熟的古典哲学，或说从其主流来说，这一事件的影响正是它的反面，而反面却是传统的世界。有一点正面作用应该指出，那就是对他们的政治理念和理想的影响，这使他们向往开明政体和开明君主，崇尚自由。但由于他们把自由看作一种对必然的认知，即自由是知识层面的，而非卢梭等人的自然层面的东西，这就局限了自由的范围，起码使平常人与自由无缘，这样一来，自由也就是精神贵族式的，或者说是一种不自由，是一种无限的上帝式的自由。因此，自由也就成了抽象的东西了。

自由，从近代以来，很容易使人联想到革命和社会改革，而德国古典哲学的这种自由，如果说它隐藏着社会革命和社会改革的要求，也必然是抽象的。

历史往往是奇特的。高扬的东西经常在现实效果上遭到掩盖和抹杀。德国古典哲学高扬自我，我们恰恰从他们的思想中找不到自我的内容，却看到一个抽象的概念，这种反差我们也可以从此前思想中发现。英国经验论高扬人的理性，却恰恰表明了对人的理性力量及其本身的怀疑。法国启蒙运动也推崇理性，而我们看到的却是他们那种抑制不住的激情。当自我的主观世界以客观的姿态和次序加以陈列以后，德国古典哲学的自我也就完结了，以致我们看到，推崇自我的往往导向物质或机械性的世界；而推崇物质的却与此相反，它们导向精神或能动性的世界。由此，我们或许可以得出这么一个结论：由精神或自我生演世界是一种向下道路，在生演过程中，物质性的力量逐渐增长的同时，自我也就死亡了；由物质或感情生演世界是一种向上的道路，在生演过程中，自我逐渐积蓄了力量，从而导致了物质作为底基而沦失，但同时增长了自我的建构力量，而最后形成自我的世界。自我世界要形成，在现实界，就必须向前冲动，即渴求革命。德国古典哲学，如果这种结论正确，它就不可能自己去破坏由自我向下构建的精神世界，也没有欲望和力量去破坏，因此，保守就是他们内在的思想倾向，那么它的宗教性也就不言自明了。

我们通常把德国古典哲学归入唯心主义系列，但就他们对世界的客观化方面来说，并不是传统意义上的唯心主义，即不是纯粹意义上的主观主义性质的。他们把主观定在并等同于必然性和客观实在，从而加大了主体的合法性。所以这种唯心，是唯意志和精神的大心，是一种追求自我客观化的企图。我们总把实在性、客观性赋予物质及其世界，其实，如果精神及其世界丧失了对实在性和客观性的追求，那么按照自由是对必然的认识的观点，自由及其物质世界的客观性也就丧失了。社会陷入混乱之时人们丧失信念，把物质世界当作无序世界这一事实就证明了这一点。德国古典哲学的这一企图，在这个意义上，的确包含了对革命和变革的愿望，虽然这一愿望散发着宗教气味，即抽象、隐晦，但这一愿望却在自我的思辨性的轨迹，即辩证发展中存在。

德国古典哲学的宗教性是明显存在的，而且从其成熟的、合逻辑的发展中，宗教性自始至终都贯穿着，由此，我们可以得到德国古典哲学的一般宗教特征：

第一，对宗教的依附性。他们虽然以理性的反思为武器，但反思的着重点和归宿都是宗教，这就使宗教不自觉地成为原始的、本源性的东西，而使反思成了派生性的行动。这种行动最后的结局又是对宗教的回归，从而颇似游子的思乡之情，浪子回头。

第二，对宗教的证明性。康德以纯粹理性的无力和实践理性的必然证明了上帝存在；费希特以大我的必然性确立了宗教，谢林的同一哲学的绝对其实等同于上帝，黑格尔的绝对精神是上帝的化身。他们都在进行着上帝存在的证明。

第三，对宗教世界的模仿性。德国古典哲学家都以阶段性和环节性的否定之否定作为自己思想的逻辑，这实际上划分了世界存在物的等级，这种等级由原始而低级到高级，从而在本质上是一种世界的宗教图式；他们的基本范畴都是上帝的近义词，并有着上帝的一切属性，所以是上帝本身；他们虽然以伦理等方面来使上帝存在，使精神趋向于上帝，却是宗教视界的，并且没有使传统的宗教世界丧失任何东西。可见，所谓的反思实质上只不过是曲径通幽，而幽秘处却有他们刻意追求的东西。

第四，对宗教的批判性。德国古典哲学在思想方面毕竟是建树性质的，但这种建树必须面对传统宗教。所谓不破不立，所以他们对传统宗教的批判也就不可避免。他们直接表现的批判超越不了英国经验论和启蒙运动的思想，但他们的间接批判则显然胜于后二者。他们或是以伦理，或是以意志，或是以精神改造了上帝的主要性质，所以这种批判较之以只破不立的法国启蒙哲学，更具有作用。

一般认为批判都是直接打击，其实这种批判只会伤及皮毛，正如德国哲学家看启蒙思想作为肤浅的思想一样，它也是浅层的。只有那些替换内核的作法，哪怕只是换一种称谓，才是深刻的，才能伤及内心。此前发生的宗教改革就证明了这一点。宗教改革并不是否认宗教，而是更换了它的制度形式，它却导致了一系列的人的运动。德国古典哲学也是如此，它所引起的后果之一是1848年革命和马克思主义的诞生，这如同路德和加尔文为了更好地纯洁宗教而改革所引起的革命一样，德国古典哲学为了使精神界合法、有序而保守，最终却导致了革命的爆发和革命哲学的诞生。

第五，与宗教的共融性。他们在现实中找不到解决的途径，在理论中解决不了思想的矛盾，所以只能导向精神，并且最后请出上帝。如他们所言，要想保持良心、精神，必然要导向宗教，纯精神的演绎和图式，自古以来，最高的存在总是万能的神、上帝，不可能还有另外的范畴，稍后的尼采引出超人才有了另一种说法。范畴的重合就是思想的重合，相对于起点和终点而言，过程往往并不重要，殊途同归总让人感到这一点，德国古典哲学与宗教的共融性也就在两端表现了，至于其间，只不过是并不重要的路径而已。

第六，对宗教的超越性。他们都以理性将上帝人格化了，这与传统的上帝偶像崇拜是不同的。康德的伦理的导入，费希特对行动的崇拜，谢林的同一过程，黑格尔绝对精神的体现，都对传统宗教进行了动态的超越。

德国古典哲学与宗教之间，由于上述特征，从而存在一种貌离神合的关系。貌离表现了对传统宗教的改造上，而神合则体现在对传统宗教的精神及其气质的同一之中。

结　　语

　　被人们拿来当作人类经历的主要事件往往又被人们置于时间的脉络上寻求其因果必然性或机缘巧合性，从而使其占据的时间前后延展，超出它们本有的时间。与此相应，它们所占据的空间也扩大了，由这样的事件按逻辑的方式组织起来的历史自然就夹杂一定的错误。

　　追求变异——无论这种变异是发展的，还是落后的，只要它新奇并能凝集人类就行——是人的本性或心理，对变异的追求导致了这样一种结果，即着眼于那些异乎寻常的方面并加以意义化，而无视于那些习以为常的方面并加以存在的否定。

　　历史的风光总是由那些变异的事件所披露的。这些事件被人们有意无意地置于欧洲所有历史事件的中心位置，从而形成一种所谓历史趋势的导向而暗淡其他事件。

　　在寻求近代欧洲逻辑的发展过程中，上述错误和倾向都存在着。这至少造成了在对待当时哲学家思想上的错误。

　　革命性和保守性的分野，如果站在程序化或所谓历史潮流的角度，他们的思想是能够这样来评价的。但如果把他们的思想当作一个整体，其组成部分本身就有一定的逻辑关联，那么这种评价就不贴切了。

　　理想和现实的距离，就欧洲历史来看，是由大变小的。在古希腊，由神话或由哲学所形成的理想和现实，二者距离甚远，再美好的现实也只不过是理想的摹本。中世纪,二者之间是上帝之城和尘世之城的距离,人只有在死后才可能达到彼岸。文艺复兴以来,放弃超验的理想,或理想现实化是一种新趋势,但这时以后的理想已不是一种实在的境界,理想本身也日渐沦为一个形容词。到了近代,理想和现实之间除了一些由传统而来的神圣性区分之外,二者等同了,即把理想的形容词取代了名词,而作为名词的理想却被悬置了。

寻求现实的理性化一经成为理想,相应地,那当作理念或信念性的理想则失落了。

优秀的哲学家们面对世俗理想的崛起和理念理想的失落,重新组合和寻找就不可避免,也义不容辞。

不管传统的精神家园带有多少欺骗性和虚伪性,但由于有神的光环和永恒的韵律,它总是绿草如茵,让人恬静和安宁,妥善地面对生和对待死,而人的生死就是人的本身。因此,生死问题才是人的根本。在这个意义上讲,传统精神家园的失落由于人的生死问题的始终存在,还必须重新寻找并缔造。

人在深层次上毕竟是一种意识和精神上的存在和存在者,作为存在者,它在一定的精神家园里定在和保存着;作为存在,它随精神家园的变迁而追求和表现着。

在近代以来的思维框架里,寻找精神家园和定在于精神家园的事实都被忽视。其实,这些事实才是社会和思想的主流。对于人的精神家园,废墟总是可怕的,因此哲学家总是努力使其带有田园风光,精神的树木和花朵便在废墟处植根,不论它们是旧的还是新的,都一样可人。

一

人类摆脱了纯粹的动物式的家园以后,文明便进入了三角洲的状态,三角洲虽然地盘不大,但土地肥沃,享有各种各样的便利。在这个时期，人类的群落制导致了人在生活、心理、信仰上的分离和孤立，排他性成了生存所需的首要条件，这样的生存状况很容易把精神家园当作自己的守护，而不把它当作自己的向往之地。

随着人类在自身和其他方面的生衍，三角洲已经太狭小了，越来越让人在生存空间里感到窘迫。因此，在人类迁徙和扩张之下，文明便进入了大陆时期。

大陆地形多样，具有诸多不便，人们依靠自己的能力也不能满足自己的所需，在这种状态下，人的生存、心理、信仰就不能孤立，而必须关联起来，这样一来，原有的地域概念被打破了，关联便成了首要的生存条件，而孤立的生存却成了人所追求的养性修身的境面。

物的关联往往以精神的关联为先决条件、基础和依托，并最终以精神的关联来实现。在这时的欧洲，基督教及其所信奉的上帝便不再以单纯的守护面貌而出现，上帝保佑只不过是精神家园的一个小功能而已，其最大的功能已是让人有灵魂的寓所，生前有一个向往之地，死后有一个去处，并且这去处还和人生前的旅途直接关联着。

在中世纪，上帝存在是一个最为根本的信念，它不可动摇，理想的力量达不到它，由它保持着人的精神家园的至上性、纯洁性和永恒性。所以人在生虽然不实在，但由于是永生的一个片断，反而是实在的。这种实在的虚拟让人活在大时空之中，从而使人的精神充盈。

信仰是欧洲大陆自古就有的传统，神的存在从来就没有被否认过。到了中世纪，上帝便以唯一的主宰而出现；由于这一观念历时长久，又影响深刻，所以使信仰成为一种牢不可破的精神活动。

文艺复兴以后的人的努力并不是对信仰的背弃，而是为信仰定位，以寻求人在生的意义。人在生的意义上在基督教里确有否定的倾向，所以将信仰和生活的关系处理好便成了文艺复兴以来的智慧主题。

最为明显的证据是二重真理论的推崇。二重真理的实质就是为人的生存这一片断谋求某种至上性，为人的在世寻求合法性及其合理意义，也即是使人的生活独立。二重真理论虽然是知识层面的问题，但最终却导致了人的精神的二重化，一重是传统的信仰，另一重是现实的精神，现实的精神是社会关联性的，而传统的信仰则是个人灵魂性的。灵魂问题和社会问题过去由信仰包揽解决，经过二重真理，社会问题始终让位给了知识理性。

近代以来，优秀哲学家的思想里明显具有二重真理论的痕迹，信仰和理性的分野包含着二重真理论的精神的回归，是对二重真理溯源式的合法解决。

如果说中世纪是为灵魂问题所困扰，那么近代以来则为现实问题所困扰。现实问题的凸现使灵魂问题隐藏起来，但并不是消失，只是由于人们将它作为一种传统的定在或穷尽而隐入深层，由此而成默认式的悬挂；如果说古代哲学家是体验性的，那么近代哲学家则是理性形式的，他们往往以批判、怀疑作为自己思想的发端，经由理性的推演而成一个体系，在这样一个体系内，道德性解决灵魂问题代替了以往的全面解决。

神、上帝的存在，虽然仅有康德明言，但他们几乎都认为这是使道德具有根基的最初和最终原因，也是道德的驱动力。如果上帝不存在，那么人的道德就毫无任何合法性之可能，更不用说它的神圣性了，而没有神圣性的道德则构不成道德，顶多只是一种寓言。

基于传统，也基于长期以来的智慧遗产和理性思考，更基于人的道德性，所以近代优秀的哲学家都没有否认神的存在。他们总是边批判边修正、边摧毁边建造，在二重真理的深深影响下，努力摆正信仰与理性、信仰与知识、道德与法律的关系，穷源究底，以期二重化人的世界。

由此，真理的二重化、人的二重化、精神家园的二重化，直到人的意义的二重化，终于如权力分割以及互相制约一样，人的世界、视野，甚至人的一切都分割了。这种分割是有效的，它使人自我矛盾，自我制约，从而使人产生多样性，因此，凸显了人，形成了人自身的主题，其他问题都是从属于这一主题的。

在对待近代的精神家园上，人们由于过多关注于人的递进性发展，而忽视了渐进性甚至是延续性一面，从而让人看不到精神家园的全貌。

时兴的观点在很大程度上是餐桌上的一道新菜，或是人们的谈资，于活着的人的生活并无多样的实质性内容而使他们改变自己的观念和生活逻辑，哲人的新鲜思想在当时尚且如此，那么，那些没有体系的奇谈怪论就可想而知了。

精神家园就是这样，它古老、持久，任何一种思想要成为其中的一草一木、一分一员，都要在时间和价值的洗练之中得到升华才有可能。

近代思想可以说它们还不古老，因此不可能站在永恒的层面来看待他们，但我们也不能由此而站在时效的角度来评判它们，所以中庸之道就合情合理了。

文艺复兴实质上是人的发现，人一经发现，神自然就沉沦了，失落了。神灵附体虽为一种迷信，但说明了一个真理：神要依附于人而存在，当发现的人不再探视遥远，那么神在人那里便丧失了表层的寓所，而表层总是极富表现力的，内心的存在没有这一表现力，则很容易陷入囚禁状态，这便是近代精神家园的象征。如果站在现实层面来看，近代的精神家园是失落的，真正意义上的失落。正是由于失落，从而空虚而废墟。

人的深层问题往往不能在现实中得到解决，而必须在精神家园里寻求途径，所以关注灵魂的哲人注定不会让精神家园日渐废诞下去，他们努力于它的复兴，使它免受人们的责难和打击，在理性，尤其是知识理性达不到的地方重新构建，以期不染尘埃。

可见，近代欧洲哲学家和宗教的休戚关系不是一个理性问题，而是一个情感问题。

传统一般来说是推不倒的，人们所努力推倒的只是那些与当下社会直接冲突并危害极大的地方，以期找到经由新疆域的途径。当抵达了，人们会在重新安定中修补那些曾经被打破的缺口，形成一种新的藩篱，但仔细审视，这一藩篱还是旧的格式、旧的循环，于是发现，理性的努力最终败在情感的延续那里。

理性，尤其是狂热的理性冷却以后，会发现自身的努力只是一场梦、一片废墟，当自暴自弃的时候，传统的世界却在那儿完好无损，所以理性最终又在传统的怀抱里。

近代欧洲哲学没有陷入理性，特别是狂热的理性之中，理性的软弱是他们的共同看法，也正因为如此，宗教也就合法又合逻辑和传统地保存在他们的思想里。

综上所述，我们得到这样一些结论：

第一，宗教及其信仰是欧洲的传统精神世界和行为，传统以其能屈能伸的姿态持久地影响着人的深层，这一点连近代优秀的哲人也不例外，他们没有以理性的强权替代传统信仰的强权，而是以理性力量中和信仰，使信仰达到个人意志，即自由层面。

第二，宗教传统并不是能够在短期内摧毁的，最终的结果表明：失败的往往是人的过分理性的努力，宗教的藩篱在新的平和环境中总能回归，并使理性投入自己的怀抱，有如一位老母接纳一个放荡子一样。

第三，精神家园不管如何失落，它总是存在着的，它一经失落，人们便开始寻找，最终却是在传统的框架里摆正位置，多一些成员而已，其他则外甥打灯笼——照旧（舅）。

第四，一般评判近代精神家园只看重它的递进面，而忽视渐进面，所以把哲学家的思想作进步与落后、革命与保守的分野，仿佛他们自相矛盾似的，其实不能，这些智慧者不可能这样犯一般人都不会犯的错误，他们的思想是一体的，也即是说，他们的思想在传统的框架之内，换一句话说，他们的思想带有宗教的特征。

第五，他们不从传统的理性途径解决人的信仰问题，而是从情感、道德方面来予以肯定，这就表现在他们不是在反宗教，而是在宗教面临理性审判的危险之时，拯救宗教，这种拯救是一种至诚的努力。

第六，精神家园的失落和寻找是由于传统宗教力量的萎缩而导致的，但哲人不可能为恢复宗教过去的强权而努力，只有为它的真正作用而寻找，并以理性的力量充盈精神家园，使其能够接纳新人的灵魂。严格地说，他们是哲学家，而非神学家，所以他们重理性而轻说教，由此而导致了人的误解，以为他们在反宗教。

总之，近代哲学家及其思想和宗教有着本质的关系，这种关系表明：他们所付出的努力是承传传统，而不是反传统。

任何一个优秀的哲学家都不是反传统的，他们把传统当作摇篮、怀抱和归宿，中国哲人是这样，欧洲近代哲人也是这样。

考察一种关系，往往以自己的立场和目的加以变更或突出其中一个方面，这种利己主义的做法，在对待哲学家的思想之时，是应该竭力避免的。

由于传统的失落，而导致了传统的寻找，人的发现暗淡了神，当人的发现可能导致理性的狂热之时，对精神家园的寻找就加倍努力了，但这种寻找明显是对宗教予以肯定的，而非一种否定。

失落和寻找是近代哲学家在精神家园努力的因果链，他们极其温和，以致拥有了一些宗教的气质，这些气质体现在他们的思想之中，从而使他们表现出一种宗教情结和情怀。

二

人类祖先由于经不住诱惑而偷吃了禁果，上帝一恼怒而将他们赶出了伊甸园。从此，人类虽怀揣着原始的智慧，却丧失了乐园，只好步入苦难的历程之中。

按照祸福相生的理论，以失乐园的代价换取智慧，并不能以单相的祸或福来概而论之。人类总喜欢在哪儿摔倒，再在哪儿爬起，或者选择了就应抱负起应有的责任，如今人类的第一次选择便取了智慧而放弃了乐园，那么，必然以智慧的历程去复乐园。

伊甸园虽锦绣如画，可人类没有智慧，没有智慧便没有精神，所以伊甸园虽然美好，但毕竟有物境的嫌疑，起码人类的祖先生活于其中达不到物我交融。伊甸园的丧失，如果站在精神层面上来说，算不上是人类的一大损失。动物式的恬绵毕竟不是人类的理想，并且它还为人类开了心扉，开始了智慧。

人类在苦难之中很容易陷入追忆过去的美好，因此亚当便经常为人所怨，但达观的人们并不为失乐园而扼腕叹息，他们深知智慧的力量，按照培根"知识就是力量"的涵概，智慧无疑是力量的源泉。悲观也好，达观也好，从恬绵的生活而言，乐园的丧失毕竟是一大遗憾。但上帝是仁慈的，也是公正的，他给予此而不给予彼，因此，既然人类拥有了智慧，也就不能拥有天赐的乐园。但上帝并没有说乐园再不会有了，如此一来，他等于默认了人可以运用智慧自己去建造乐园。

黑格尔的螺旋圆圈理论晓谕人们，就是复了乐园，这也不是以前的伊甸园，只能是更高一层的东西，那就是精神家园。

古希腊思想不在这一圆圈之中，他们拥有的智慧不是在建造社会的精神家园，而是在建造宇宙秩序或寻求个人的幸福。罗马思想更重视后一种，只有在中世纪以后，人们在明白丧失伊甸园之后，才开始寻找精神家园。

　　丧失伊甸园无疑对基督教及其信徒产生了深刻的影响，原罪和救赎决定了人生历程，如果伊甸园不失，那么人类便没有苦难，便没有罪人的感觉。

　　既然人类的苦难源于智慧的取得，那么抛弃智慧不就行了？但如果要抛弃智慧，又要有更大的智慧，这便陷入了康德的二律背反。在习惯上，人们把基督教信徒以愚昧无知一而概之，但按照二律背反，人是有知的，要使有知的人变成无知，那就应该具有更大的知识，由此也可以推知：基督教就其构造者来说是智慧的，基督教也是一种智慧形式。有一点可以得到肯定：基督教是复乐园的一种努力，这种努力虽然粗糙简单了一些，但它却适合于当时人们的精神所需。

　　基督教重视精神甚于看重物质，这又表明它所营造的乐园是精神性的，是一种精神家园。

　　文艺复兴自然使精神性的家园有所减抑，但它本身又是对人的精神家园可行性和有效性的进一步探索。

　　近代哲学明显继承了文艺复兴的探索成果，从而对基督教及其世界，尤其是其世俗组织制度方面是否真正引人达到乐园，让人幸福，有乐园之感有所怀疑和否定，由此而引人深入思考，这样一来，失乐园和复乐园也就成了近代哲学的主要情结和纽结，无论是17世纪的理性王国、18世纪的启蒙运动，还是延续了开明君主思想的德国古典哲学，都是在为了复乐园而做出智慧的努力。

　　人们对基督教所构造的世界的批判，大抵基于它的手段和世俗制度上，而非它所做出的为复乐园的努力。在运用智慧恢复乐园的历程中，基督教已经构成了一环，这一环如此之重要，以至于人们今后的努力还要以它为基础或跳板。

　　智慧的复乐园到了近代，已不再是简单地对伊甸园的追忆，也不再像基督教那样把今生和来世分割又因果，它是对一种具有浓厚生活气息的精神家园的追求，它本身就象征智慧，而非基督教那样象征愚昧，虽然这愚昧是后人加赐的，但正如拉伯雷的《巨人传》所言明的，它的学问确有使人蒙昧的成分。

在伊甸园的丧失到精神家园的恢复过程中，首先是物质性的美好境况的沦失，经由精神性家园的基督教、文艺复兴以来的人之生活美好的憧憬。到了近代，达到理想的现实化和现实的理想化，也即是在智慧上的二重化和在精神上的一体化，使精神家园具有了现实性，这种家园具有浓厚的物质气息，也即是一个圆圈运动，在更高一层上具备伊甸园的含义。

也许自由、平等、博爱在许多人看来不是伊甸园，但伊甸园只有亚当和夏娃二人，如果他们生育繁衍，伊甸园也不一定美好，并且那时人们只有性别之分，却无贵贱之分。到了近代，智慧和财产等方面的承袭使人相分了。

不论怎么讲，人类是否在祖先时期丧失了伊甸园都不重要，重要的是人类如何运用智慧构建精神家园，失乐园只是一种象征，一个源起，但构造精神乐园——不论这种乐园是精神性还是物质性的或是物我交融的——的努力却是永恒的，正因为永恒，所以也就存在牢不可破的继承关系。

近代欧洲哲学在智慧方面对精神乐园的失落所付出的寻找之努力，如此一来，便带上了以往努力的成果，而基督教的努力也就在其中了。

黑格尔一想到古希腊就会产生家园之感，其实作为欧洲人，家园之感最强的应该是提到基督教，只是因为黑格尔是自我思考的哲人，而对自由思考的古希腊哲人而心驰神往，但作为普通人，可能并不知道古希腊哲人的深奥思想，却把基督教的简单信条记在脑海、运用于生活，人的取舍往往是因人而异的。

久处海上和天空的人一旦踏上坚实的大地，便油然而生土地恋情，家园的怀恋也由此而来，普通人怀恋乡土，智慧者怀恋精神家园也就不言自明了。

传说有一种虫子，它们活着只为了寻找一个死处，本来它们不需吃喝，仅靠自身的能量，经过三次循环就可以永生，可它们寻找到一个，又以为还有更好的地方，结果能量耗尽，路死途中，没有一只完成了三次循环，所以非但没有永生，反而导致了绝种。

人自然不是这种虫子，可人在贪心方面却比这种虫子有过之而无不及。

人在寻找精神家园的过程中是需要吃喝的，并且与虫子寻找死处不同，人是寻找一种幸福的活法，但在活法中却带有虫子死法的含义，也即是说人在寻求精神家园的过程中任务有二重性，一要兼顾活，二要兼顾死，通俗一点说，活是易朽的身体，死是精神的不朽，在某种含义上，后者更为根本。正是由于如此，我们才把幸福家园以精神来修辞，称为精神家园。在这一点上，人类似虫子，都以精神不死为努力的目的。

基督教由于禁欲主义和生的否定性意义，在永生的追求中，类似虫子的地方颇多，但人像虫子的贪心一样，总不能满足于既得利益，于是向前向前，加上智慧，不但失去了伊甸园，也失去了基督教的世界。所幸的是作为整体的人类寿命不像虫子那样有限，所以能够一直寻找下去。

如果说虫子是本能驱使，那么人不但有本能的作用，还有智慧的参与，从而使这种贪心而来的努力更为强烈。

近代欧洲哲学把人日渐成熟的理性作为寻找精神家园的武器，把水到渠成的智慧作为寻找的双桨，从而使寻找的努力更合乎人性，这也是人们在继承基督教基础上发展人自身的力量的原因。

虫子由于没有继承性而绝种，人类有了继承性而代代生衍和发展，从而我们不难看出人类的高明和智慧之处。

人类的每一次发展就预示着智慧的一种胜利。按照基督教义，智慧使人失去了乐园，但在人类历程中，智慧又给了人力量，使人能够去寻找精神家园。尽管寻找是艰难困苦的，但依据当前的理论，得到的不能算是快乐，快乐在痛苦的寻找过程中。如果这种理论正确，那么，智慧的寻找就是精神家园本身了，而路死途中的虫子也不是一种悲剧的主角。

　　古希腊有一个神话，说是有一个美男子寻找意中人，他一直寻找着，遇众多天仙而不动心，唯独钟情于自己那个回声，以为回声一定存在应声者，所以他始终如一寻找，直到有一天他看到了自己在水中的倒影，他才敢开胸怀扑入水中，再没有起来。

　　人是自己的恋人，哪怕自己再丑陋，也相信天生我材必有用，自恋自怜自私是一种本能的行为，美男子的故事说明了这一点。

　　由于这一本能，所以人们在模仿雷同之时，也尽量另辟新径，虽然太阳日日依旧，也要看出太阳每天都是新的来的。

　　近代欧洲哲学在很多地方都和基督教是雷同的，但为了自身的生存空间和独特性，就寻求以另一种面目而出现，到最后再宣布和基督教是同一的，是一种真正意义上的基督教。

　　思想上的重复，确切地说，重复以往思想，便被人称作没有思想，所以在思想上评价者是以自私性为尺度的，由此决定思想者也必须自私，必须拥有独特性，以争取思想的地位，所以自怜自恋是思想界的通病。然而奇怪的是，思想史上没有哪一个为自己的思想而献身，这不同于古希腊的美男子，倒是有思想的信徒从容赴死，但既然是信徒，以他人的思想为思想，他们便没有自己的思想，这样一来，他们也就不是思想者了。

　　智慧的恋人和美男子相比，美男子由于走的全是自己的路，所以他自恋而死。智慧的恋人先是走了一段别人走过的老路，经过思考和观察，发现了另一条路径也可以达到老路的目的，才走上了孤独的道路。所以美男子有极强的自恋意味，而哲学家大多没有。

近代欧洲哲学大抵如此。他们的道路总是先吸收别的思想，然后才另辟蹊径，所以在开辟之前，继承已在先了。

宗教于他们，不是影响着他们的思想，就是他们的生活氛围，对宗教的依恋和模仿也就自然而然了，仅是在另辟抵达目的路径上充当了孤胆英雄而已。

从上述三则寓言和近代欧洲哲学的关系中，我们可以看出哲学和宗教的时间先后关系，这种关系可以用继承来概而论之，但同时还必须注意到它们的发展的方面。

首先，哲学和宗教一样，都是寻找精神家园的努力，也即是它们的精神实质是一致的，并且由于时间有先后，它们的一致是合乎逻辑发展的。既然是逻辑发展，也就不排除它们之间的差异性，但差异性只能从一致性的基础上去加以理解。

其次，人对精神家园的寻找是永恒的，要永恒，就必须有继承和发展。

最后，由于近代欧洲哲学只有在路程上和传统宗教有异，而起点和目的都相同，所以它和宗教框架有着类同之感。

寓言不仅是寓言，它们反映着人类深层的精神。这种精神表明：近代欧洲哲学和宗教的关系不仅由于时间的原因，而且由于人的使命等因素而缔结，这种缔结是牢固的，我们从众多的方面可以看到哲学中的宗教影子。

三

人类的各种文明都被一定的思想联系着，如果要将文明提纲挈领的话，首先应该抓住文明的精髓——思想。在所有地区之中，欧洲可谓是复杂多变的。

随着希腊城邦的建立，出现了一种有序同构，具有中心辐射的社会空间，这种空间的出现得助于希腊的思想。

人类的早期都是神话时代，之所以用神话或史诗来命名，是由于神话是一种思想形式，它至少标志着人的想象能力。荷马史诗几乎是早期欧洲的画卷，那时期人们在神人不分的情况下生活，生活中的英雄都是神的后裔，他们具有神的能力和思想；进入了稳定的城邦，神话就日渐变成宗教，而哲学也就此产生。古希腊哲学身处离神话不远的时代，人如何生活、如何信仰成了那个时代的主题，这在哲学上表现为如何对待神人关系。在神人关系中，神又是关系的主要方面，他们的探索从而阐明了神的各种属性和功能，几乎可以说是在为神正名正形正身，必然性、命运、规律、逻各斯、一神、造物主、隐德莱希、第一推动、太一，要么是神的能力、要么是神的别称、要么是神的形象，由于神的各方面又予以了揭示，从而使神具有了全真的含义。

古希腊文明首先是思想的繁荣和这种繁荣对以后的影响，并非它的城邦制及其法律体系，虽然这种思想的主题是神人关系，但正因为在神主世界中有人的位置，是人的探索，这就在实际上为确立人本身而开了一个好头。

罗马时期承续着古希腊思想的余晖，但辉煌已失，太阳下山，像黄昏时节，一幅老人迟暮状态，思想家们从古希腊的哲学范畴里再也产生不了一个动人心魄的体系，于是演变出一种劝世良言、警世格律的思想形式。这标志着神人关系在哲学探索上的终结，或者说站在有限智慧的人的视野里所达到神的步履和有效性却无法达到俗人和社会的地步。

人类已经经历了一些岁月，古老的宗教多样各异，彼此的信仰妨碍着人的关联和一体化，世界大同又是人类的理想，因此基督教这种来自民间的宗教便出现了。整个中世纪的统一是基督教思想的统一，人们所称的黑暗也即是思想的黑暗，但从另一个角度，却说明思想对欧洲的作用。

如果说早期欧洲是神话时代，神话是其思想形式，古希腊罗马时期是哲人时代，哲学是其思想形式的主流，那么中世纪就是神学时代，神学则为其思想形式。

在神学的思想里，最主要的是着眼于世界框架的构造，通过这一永恒的、定在的构造，为人提供生死空间，并指明永生的路径，从而让人按机械的程序走完人生的流程，如此一来，宗教便全盘左右了人，人也完全宗教化了。如果基于神学而来的宗教思想的效果，我们可以把中世纪称为思想的时代，在这个时代，思想的功能达到了登峰造极的地步。但具有讽刺意义的是，思想时代的人们，包括思想家在内，恰恰是没有思想，这当然不仅表现在中世纪。在别的时候，只要一种思想畅行无阻统治社会，而别的思想皆被斥为异端邪说而予以毁灭性的打击，那么这个时代一定是思想贫乏的时代，这个时代的人们一定是没有思想的活者。

大思想的统治是以扼杀个人思想为代价的，中世纪几乎没有个人的思想，起码没有闪现人性光芒的个人思想。但恰恰是这样的时代是思想的时代，是思想强权的时代。值得指出的是，思想家们以追求中庸之道为己任，但实际上没有一种思想是中庸之道，思想从来不是中性的，只要一种思想起着广泛的社会作用，对稳定社会抑或有利，但于社会和个人的发展，却有百害而无一利，尤其站在历史层面上，它所起的作用往往是阻碍历史进程的。

文艺复兴在表面上是对古希腊思想的复兴，但由于基于人，特别是个人的角度，本质上是人本、人文主义的构造。

文艺复兴早期是人的视角的复兴，以恢复人的眼睛的正常功能为己任，这个时代以艺术为主要形式，艺术的思想晓谕人们如何看；中期则为听觉的复兴。闭耳塞听是中世纪的通病，中世纪的思想还在牢固地影响着人们，使人仅去听上帝的声音；再以后才进入人的心灵的复兴，也即是思想的构造时期，以后所引发的宗教改革等便是解决心灵的出路问题了。

文艺复兴时期还是中世纪思想影响和作用的时代，它所发出的声音只不过是铁屋子里的人放风时的呐喊，但这种呐喊打破了宁静，为未来奠定了基础。在这个时代，思想以个人的、闪光的感性形式而出现，它几近挣扎，极富痛苦之状，仿佛新生儿诞生，它只是雏形，但意味着新生。

培根等人将这种新生命孕育出童年的渴望和想象，蒙田等人将它赐予怀疑的眼光，让它充分吸取自然的乳汁以成长。

17世纪是一个天才辈出、极富创造性的时代，这个时代有着青少年的特征，新思想自己交锋，以澄明人类一种现实、一种未来。

18世纪是中青年时代，所有的声音都涵盖着一种企盼、一种呼唤，大有山雨欲来风满楼之态，这种启蒙运动动摇着宗教的根基。

19世纪是中年时代，这时以德国古典哲学为代表，它和英国经验论一道，为未来的社会和思想提供了走向。

整个欧洲近代史实际上是人的控制力探索的历史，这集中反映在理性问题上。17世纪高扬理性的大旗，用理性来审视信仰的权威，并由此树立理性自身的权威；18世纪，在法国表现为理性信奉，在英国则表现为理性怀疑，这像两个中青年人，一个果断坚决，另一个沉着入世；19世纪是理性的创造时期，他们大力拓展理性的空间，使理性具有了神性的意味。

人类进步的步伐已不像从前那样老牛拉破车步履蹒跚了，轮子的更换注定了变迁的快节奏，所以穷尽了功能的理性，尤其是纯粹理性也像以往的神性一样被悬挂起来了，社会的发展由理性型过渡到操作型了。

纵观欧洲的历史，思想起到了刻骨铭心的作用，而让人有神圣性却是思想的真正的历史责任。

按自然状态，人如万物，机缘地诞生，机缘地消失，是一种漂浮物，思想的出现和发展正是为了改变这种状态。古希腊早期神话企图证明人即是神，是神的后代，以表明人的特殊性；古希腊罗马时期，试图说明人是由神以特殊材料和特殊方式而创造的，从而使人区别于万物；中世纪以上帝的选民出现，不但使人区别于万物，还使人相分，从而使选民具有至上性和优越感；文艺复兴则以人仅次于天使为目的，复兴人本身，使人在世也具有神圣的意义，这就突出了中世纪的思想框架；近代以人的理性赋予了人的上传下达的能力，从而使人的神圣性一体化，这又与文艺复兴突出人在世的神圣性有所区别，在某种程度上，它是中世纪思想和文艺复兴以来的思想的有机整合。

从欧洲和思想的关联中我们可以看到：近代哲学在追求人存在的神圣性方面和宗教也存在一种同构关系。

人的精神家园仿佛是海上飘荡着的灵魂的港湾和码头，码头不止一个，但属性和功能却大体是一致的。人们放弃一个码头而选择另一个码头，放弃就意味着失落，选择之始意味着寻找。在失落和寻找中，存在一个回归和修复问题，宗教无疑占据着一个良好的港湾，失落成了废墟总是可惜，所以寻找之中就可能去修复，近代哲学履行了这一职责，却以理性宗教的面貌再出现。由于是新旧结合，它便能吸纳新旧灵魂，理性的、信仰的，使这个码头停泊着众多的灵魂。

四

按照神话和宗教的说法，人类源自同一祖先，但自从分枝繁衍之后，没有血肉相亲、荣辱与共，而是互相残杀，仇恨有加，但这些都无法改变人类这一称名。哲学和宗教都源于神话这一共同祖先，当各自枝繁叶茂之时，就如人类的种族一样，从而形成了两大部类，因此它们这二者的关系也就不可避免地盘根错节，你中有我，我中有你，互相倾轧，又相互融合，从而使人的精神家园充满生命的气息，相反，如果它们之间没有了这种关系，人的精神家园便会成为一潭死水。因此，我们把哲学和宗教都冠为思想这一名称。

排除思想以外的其他手段，我们可以把哲学和宗教的关系称为对话关系。

在谈对话关系之前，我们先谈谈思想以外的其他手段，这些手段往往被人误以为是思想的手段，其实不然。

思想在其产生社会效益之前，总是以个人的思考结果而出现的，它这时并没有思想之外的其他力量，但在产生社会效益之后，思想便沦为一种工具，这就出现了工具的操作者，其他手段便由这个操作者而存在。

开明的操作者（这是法国启蒙思想家和德国古典哲学家所盼望的）基本上以国家和人民的利益为重，他操纵思想并非使思想面目丑陋、凶残骇人，而是把思想变成家园。令人憎恶的操作者，即史称的暴君，他操纵思想只为了自己，从而把思想界变成地狱，所谓人们生活在水深火热之中，首先是思想的高压所至，人们的贫乏也是首先是思想的贫乏。

暴君的时代集中体现在对思想的钳制上，如果他有思想可以操纵，那么这种思想就比其本人还要可怕，因为这种思想有政治的牙齿、法律的肠胃、欺诈的铁爪、冷血的头脑，运用这些思想之外的手段，思想成了囚笼、刑具、面目、象征和一种死亡的精神，从而使这种思想强大到没有对手，它本身也不再是一种思想形式，而是实体，它可见可摸，是一种空气、无人能摆脱它的窒息。

在纯粹思想的对话中，首要条件至少是二者都要存在并具有发展概念，其次要有宽容和相对自由的环境，最后要立足于智慧层面。拥有这些条件，对话才有可能。

也许有人会提出对话要求二者有平等地位和权利，但是平等是不可能的。平等只是一种信念，是弱方的信念，还要求强者的大方，这都是很难现实化的东西。这样的对话多少有些虚拟和不合实际，如果基于这种要求，那么对话也就像阿Q画圆，画出的永远是扁的。

歌德曾明言："理论是灰色的，而生活之树常青。"在思想界，自然以理论的面目而出现，当哲学和哲学进行对话，也只能理论对理论，所以灰色是它原有的本色，且在凝重的理性之下，更加重了灰色的成分，具备了铅色的特征，因此，这种对话不可能像男女对话那样彬彬有礼、含情脉脉。

古希腊时期，哲学家企图与宗教家对话，他们进行了原始的交谈，但很不幸，阿拉克萨哥拉被放逐，苏格拉底死于狱中，这种结果标志着古希腊精神家园的某种缺陷，也表明了对话的某种失败，同时表明二者的对话还为时过早。罗马时期的哲学思想明显宗教化了，由此也就不存在对话的可能。中世纪的哲学几乎是神学，至多是宗教思想的一个片断、一个阶段、一种工具，因此，二者的对话被一言堂所替代。文艺复兴以来人的思想的理性形式还不完全，它的存在空间也没有给出，由此也不可能有对话。

精神家园是由于宗教改革而失火的，宗教的多元化导致了自身堤围的分割，这种分割缩小了宗教的整体力量，从而形成了各种思想融合生长的氛围。哲学正是在这种空气里生长发育的。

近代欧洲哲学拥有了自身的空间和手段，这就是理性。理性这种东西是与信仰分庭抗礼的。有了理性及其空间，哲学也就有了位置。如此一来，便有了和宗教对话的条件和实力。宗教是靠信仰维持自己的地位的，如今哲学也可以依靠理性强大自己。

在这场对话中，哲学是主动者，从而能够包容宗教的基本真理，也能够以理性形式兼容宗教本身。诚然，这要以牺牲理性自身的某些能力和范围为代价，比如英国经验论对理性认识能力的圈定、康德的二律背反等。

也许有人会说，思想的变革要由社会变革来实现，但这里要说明，在社会变革之前，所谓的人民是分散的，因而没有力量。人民只有在整集之后才可能形成一股社会力量，因此在他们整集之前，我们看到的都是个人的力量，并且他们的整集还需要个人思想的影响。

哲学家以个人身份和宗教对话，自然是处于智慧层面的。这种对话表现在以下几个方面：

第一，在理性的旗帜下，对宗教的某些方面采取了批评、批判、打击和否定，从而使宗教达到纯洁，达到真正意义下的宗教，用他们的话来说，就是自然宗教或理性宗教。

第二，运用理性，给宗教筑起围堤，划出地盘，寻求它的真正意义，最后在伦理上得到肯定，从而否定了它的政治意义。

第三，梳理了有史以来的人的精神家园的所有家什、物件，并按一定的程序一定的功能摆放好，使它们之间产生一种良好关系，不至于它们之间产生无谓的、无休止的争论，大有终止争论的企图。

第四，这场对话中几乎揭示出这么一个真理，精神家园中的哲学和宗教有着同呼吸共患难的命运，因此，优秀哲学家站在主动者的立场尽显宽容的本性。

这场对话从宗教的角度反观哲学，就是宗教对哲学的影响。这种影响可以概括为消极性的，但这种消极由于是智慧和心灵层面的，从而让哲学家冷却了理性，使理性达到多元化的地步，达到了理性的立体结构层面。

理性的多元化在英国经验论那里并没有解决，他们使理性陷入了困境而无力自拔，他们批判了宗教，可最终却表明理性能力达不到宗教的高度，这近乎一种矛盾。法国启蒙运动并没有去考察理性为何物，只是一味地运用理性的热情方面，从而使理性带有强烈的情感色彩。这种色彩也伤害了理性本身，从而为德国哲学家所不满。

康德是第一个使理性多元化的人，理性的分割像当初宗教改革的信仰分割一样，从而让理性本身具有了空间感。

康德以后的德国古典哲学并没有沿着理性分割的道路走下去，而代之以一种圆圈式运动方式，自我的有限和大我的无限的分离和组合都包含了理性分割的意义，而圆圈运动也便是理性本身的分合，从而使理性一次次地回归和循环，这表明理性本身是矛盾的，正是由于矛盾，它也就是立体的。

五

一种较全面的思想大体上就是一个世界蓝本。无论是哲学还是宗教，大抵都是如此。人类对于历史变迁的观点不外乎前瞻后顾，这些观点总是基于思想家本人的感悟而发的。在基督教的视野里，人类祖先的生活是美好的，伊甸园里应有尽有，虽不是荣华富贵层面的，但毕竟是自然本性生活的美好。乐园的丧失由此而给人类带来了苦难，而这一苦难是永远解脱不了的，只能祈望来世或永生。由此，基督教的历史变迁观点一方面是前瞻的，即把个人的生命看作是一个过程，并且把目光放在未来的终结上；另一方面又是后顾的，即以宿命论为基础，对伊甸园式的家园充满依恋，其中的因果报应甚至比佛教具有更深层而广泛的意义。

如果我们不从宗教的视角来观察历史，仅站在人的智慧层面上，我们依然会发现由智慧而来的思想和宗教一样，对历史的观点也是在失落和寻找的矛盾之中，一种苦难意识同样遍布于人的智慧中。

由苦难奠基，时间便切割为三段，即过去、现在、未来。在它们所占据的时间容量来看，"现在"最小，"过去"次之，"未来"最长；与时间切割相应，空间便切割成定在的空间、不定在的空间和幻想的空间。定在的空间是由过去的社会缔结而成的，不定在的空间就是当下的生活空间，幻想的空间就是指未来的、多半是人头脑中所理想和认定的未来社会。对于空间而言，人的理智和情感的分配基本是定在空间支配的更多，幻想空间次之，而不定在空间最少。因此，无论是怀旧或向往，都无一例外地非议现在。现在成了替罪羊，这便是一切思想的症结所在。如此的时间和空间连接，造成了两个终端的大致平衡，而现在在时空中遭受两端挤压，从而窘迫不堪。

如果说基督教使这种窘迫合法化、合理化，那么近现代欧洲哲学则是在解救这种窘迫，并使现在在时间和空间上得到合理延展，从而在人的基础上，确立现在的有限视界的合理性和合法性。

毋庸讳言，这种确立并非是对基督教视界的全盘否定，而是一种更正。如果这一看法正确的话，那么近现代欧洲哲学视界的二元化就是其最为明显的特征。

这一特征包含两方面的含义：一方面是哲学家本人的思想由于宗教和自身智慧的合力，使它具有二元化的结构；另一方面则是哲学视界中有传统的一面，也有非传统的一面，这两方面的含义又集中体现在近现代欧洲哲学的基本主题——理智和信仰——的矛盾处理中。

在基督教中，理智是从属于信仰的。信仰是精神家园的支柱性行为，所以其精神家园是一元的、统一的，没有分割；近现代哲学则有理智高于信仰的企图，但最后都终止于二者平等而公平分割，因此，其精神家园是二元的、分裂的。

近现代欧洲哲学对宗教的依恋基本上可用其对宗教的来源和基础的探究来表明。知识的非情感性和信仰的情感性成了一种公认，而人又是理性和情感的统一体，因此，有限的理性最终在边缘问题上还是离不开信仰，信仰由此也便成了生命意义之根。

近现代欧洲哲学家基于这种二元结构，他们对精神家园的建构也就遵循了这一内在的轨迹。对这一轨迹的遵循也就决定了近现代欧洲哲学与宗教之间存在着一种休戚关系。

只要一种哲学还在企图寻找一种赖以固立的根基，它就具有如今人们所指责的形而上学的性质，而这种性质在近现代欧洲哲学中是普遍存在的。诚然，这种性质在古希腊哲学中也存在着，或许我们可以做出这样的解说,古希腊哲学的这种性质源于神话和当时的信仰,或者说受它们的影响,从而想追溯到原初,并把原初的东西作为根基。而近现代欧洲哲学则是受基督教思想的影响,总想寻找到一种终极保证。

  知识的非情感性注定了它是有限的,所以这种有限的东西虽被看重,但最终不免要被无限的东西所保证和包容。由此,想确立现在的合理性和合法性的企图还是消融在无限的时空之中。

  只要一种思想企图给人类以原初基础和终极关怀,确立现在的努力和结果总是伤感的。由此,这种思想本身也就很难摆脱宗教性。

主要参考文献

［英］汤因比：《历史研究》，曹未风等译，上海人民出版社1986年版。

［德］格·伊尔尼茨、狄·吕布克：《马克思恩格斯论哲学史》，陈世夫等编译，陕西人民出版社1988年版。

［法］F.基佐：《一六四〇年英国革命史》，伍光建译，商务印书馆1986年版。

［德］马克斯·韦伯：《新教伦理与资本主义精神》，于晓、陈维纲等译，生活·读书·新知三联书店1987年版。

［美］T·S.艾略特：《基督教与文化》，杨民生、陈常锦译，四川人民出版社1989年版。

［英］罗素：《西方哲学史》，马元德译，商务印书馆1981年版。

［美］梯利：《西方哲学史》，葛立译，商务印书馆1979年版。

［英］索利：《英国哲学史》，段德智译，山东人民出版社1992年版。

［德］海涅：《论德国宗教和哲学的历史》，海安译，商务印书馆1974年版。

钟宇人等：《西方著名哲学家评传》（第三至六卷），山东人民出版社1984年版。

吕大吉：《西方宗教学说史》，中国社会科学出版社1994年版。

柴惠庭：《英国清教》，上海社会科学出版社 1994 年版。

尹大贻：《基督教哲学》，四川人民出版社 1988 年版。

高师宁、何光沪编：《基督教文化与现代化》，中国社会科学出版社 1996 年版。

Robert Mandrou, *From Humanism to Science.* London: Penguin Books, 1985.

Robert Merton, *Science, Technolopy &Society In Seventeenth – Century England.* New York: Howard Fertig, 1970.

The Age of Reason, the 17th Century Philosophers. Edited by Stuart Hampshire, A Mentor Book, New American Library, 1958.

The Age of Enlightenment, the 18th Century Philosophers. Edited by I. Parlin, A Mentor Book, New American Library, 1956.

Richard Foster Jones, *Ancients And Moderns: A Study of the Rise of the Scientific Movement in Seventeenth – CenturyEngland.* Washington University Studies, 1961.

Richard S. *Westfall: Science And Religion In Seventeenth – Century.* Yale University Press, 1958.

Basil Willey, *The Seventeenth Century Background: Studies in the Thought of Age in Relation to Poetry and Religion.* New York: Columbia University Press, 1967.

George F. Moore: *History of Religions* Ⅱ, Part 2: Christianity. New York: Charles Scribner's Sons, 1920.

James Thrower, *A Short History of Western Atheism.* London: Pemberton Publishing Co. Ltd. , 1971.

后　记

本书初版于 2000 年在中山大学出版社出版，再版于 2004 年。原为广东省教育厅高校人文社会科学研究项目"近代西欧哲学对宗教的叛逆与融合"的结项成果。今年，中山大学哲学系为庆祝复办 60 周年举办教学科研成果巡礼，本书被纳入出版计划，得以在中国社会科学出版社出版。

本次出版进行了修订，但我深感仍有不足之处，敬请读者批评指正。

十分感谢中国社会科学出版社责任编辑孙萍博士的辛勤付出，本书在长达一年半的修订过程中，她一丝不苟、严谨认真的治学精神，令我十分感动和敬佩。同时十分感谢中山大学哲学系张伟教授的热情帮助。

徐文俊

2020 年 6 月 5 日